“中蒙俄国际经济走廊多学科联合考察”

丛书出版得到以下项目资助：

科技部科技基础资源调查专项“中蒙俄国际经济走廊多学科联合考察”（2017FY101300）

中国科学院A类战略性先导科技专项“泛第三极环境变化与绿色丝绸之路建设”项目“重点地区和重要工程的环境问题与灾害风险防控”课题“中蒙俄经济走廊交通及管线建设的生态环境问题与对策”（XDA20030200）

国家出版基金项目
NATIONAL PUBLICATION FOUNDATION

"十四五"时期国家重点出版物出版专项规划项目

中蒙俄国际经济走廊多学科联合考察

丛书主编　董锁成　孙九林

俄罗斯北极地区：地理环境、自然资源与开发战略

李泽红 〔俄〕Tcogto Bazarzhapov 等　著

科学出版社
龍門書局
北　京

内 容 简 介

本书在“一带一路”倡议背景下，围绕北极保护与开发重大科学问题，在中蒙俄经济走廊建设框架下，针对俄罗斯北极地区地理环境、自然资源及开发战略等科学问题，开展科学考察、文献调查、统计和空间分析，重点总结俄罗斯北极地区地形地貌、气候水文、土壤植被、动植物、冰川冻土等自然地理要素分布与特征；评估矿产资源、森林资源、淡水资源、渔业资源等典型自然资源的储量和分布；分析俄罗斯北极地区主要人类活动及其存在的问题；在分析俄罗斯北极地区可能存在的气候变化风险、生态恶化风险等重大风险挑战的基础上，提出俄罗斯北极地区可持续开发利用的战略路径与建议，服务于中俄共建“冰上丝绸之路”的决策。

本书可作为世界地理、世界资源相关专业教学和科研参考用书，也可供对俄罗斯北极地区感兴趣的专业人士、大学生和探险爱好者等广大读者阅读。

审图号：GS 京（2024）2351 号

图书在版编目（CIP）数据

俄罗斯北极地区：地理环境、自然资源与开发战略 / 李泽红等著. -- 北京：龙门书局，2024. 11. --（中蒙俄国际经济走廊多学科联合考察 / 董锁成，孙九林主编）. -- ISBN 978-7-5088-6485-3

Ⅰ. E815；D822.351.2

中国国家版本馆 CIP 数据核字第 20244UW973 号

责任编辑：周 杰 祁惠惠/责任校对：樊雅琼
责任印制：徐晓晨/封面设计：无极书装

科学出版社
龍門書局 出版

北京东黄城根北街 16 号
邮政编码：100717
http://www.sciencep.com

北京中科印刷有限公司印刷
科学出版社发行 各地新华书店经销

*

2024 年 11 月第 一 版 开本：787×1092 1/16
2024 年 11 月第一次印刷 印张：13
字数：310 000

定价：180.00 元

（如有印装质量问题，我社负责调换）

《中蒙俄国际经济走廊多学科联合考察》
学术顾问委员会

主　任　孙鸿烈

副主任　欧阳自远　刘　恕

委　员　叶大年　石玉林　李文华　刘嘉麒　郑　度
　　　　刘兴土　方　新　王艳芬　田裕钊　陈　才
　　　　廖小军　毛汉英　叶舜赞

项目专家组

组　长　陈宜瑜

副组长　孙九林

专　家　尹伟伦　秦玉才　葛全胜　王野乔　董锁成

“中蒙俄国际经济走廊多学科联合考察”
丛书编写委员会

《俄罗斯北极地区：地理环境、自然资源与开发战略》
撰写委员会

主　　笔　李泽红　Tcogto Bazarzhapov

参与人员　夏　冰　任　扬　陈　健　姜曙光　陈　枫
王　平　赵川宇　梅　婕　耿　飚　高子琪
Nikolay Kasimov　Bredihin Viktorovich
Ayana Yangutova　Tamir Boldanov
Alexey Bilgaev

总 序 一

科技部科技基础资源调查专项“中蒙俄国际经济走廊多学科联合考察”项目，经过中蒙俄三国二十多家科研机构百余位科学家历时5年的艰辛努力，圆满完成了既定考察任务，形成了一系列科学考察报告和研究论著。

中蒙俄国际经济走廊是“一带一路”首个落地建设的经济走廊，是俄乌冲突爆发后全球地缘政治研究的热点区域，更是我国长期研究不足、资料短缺，亟待开展多学科国际科学考察研究的战略重点区域。因此，该项考察工作及成果集结而成的丛书出版将为我国在该地区的科学数据积累做出重要贡献，为全球变化、绿色“一带一路”等重大科学问题研究提供基础科技支持，对推进中蒙俄国际经济走廊可持续发展具有重要意义。

该项目考察内容包括地理环境、战略性资源、经济社会、城镇化与基础设施等，是一项科学价值大、综合性强、应用前景好的跨国综合科学考察工作。5年来，项目组先后组织了15次大型跨境科学考察，考察面积覆盖俄罗斯、蒙古国43个省级行政区及我国东北地区和内蒙古的920万km^2，制定了12项国际考察标准规范，构建了中蒙俄国际经济走廊自然地理环境本底、主要战略性资源、城市化与基础设施、社会经济与投资环境等领域近300个综合数据集和地图集，建立了多学科国际联合考察信息共享网络平台；获25项专利；主要成果是形成了《中蒙俄国际经济走廊多学科联合考察》丛书共计13本专著，25份咨询报告被国家有关部门采用。

该项目在国内首次整编完成了统一地理坐标参考和省、地市行政区的1∶100万中蒙俄国际经济走廊基础地理底图，建立了中蒙俄国际经济走廊“点、线、带、面”立体式、全要素、多尺度、动态化综合数据集群；全面调查了地理环境本底格局，构建了考察区统一的土地利用 / 土地覆被分类系统，在国内率先完成了不同比例尺中蒙俄国际经济走廊全区域高精度土地利用 / 土地覆被一体化地图；深入调查了油气、有色金属、耕地、森林、淡水等战略性资源的储量、分布格局、开发现状及潜力，提出了优先合作重点领域和区域、风险及对策；多尺度调查分析了中蒙俄国际经济走廊考察全区、重点区域和城市、跨境口岸城市化及基础设施空间格局和现状，提出了中蒙俄基础设施合作方向；调查了中蒙俄国际经济走廊经济社会现状，完成了投资环境综合评估，首次开展了中蒙俄国际经济走廊生态经济区划，揭示了中蒙俄国际经济走廊经济社会等要素“五带六区”空间格局及优先战略地位，提出了绿色经济走廊建设模式；与俄蒙共建了中蒙俄

“两站两中心”野外生态实验站和国际合作平台，开创了“站点共建，数据共享，实验示范，密切合作”的跨国科学考察研究模式，开拓了中蒙俄国际科技合作领域，产生了重大的国际影响。

该丛书是一套资料翔实、内容丰富、图文并茂的科学考察成果，入选了“十四五”时期国家重点出版物出版专项规划项目和国家出版基金项目，出版质量高，社会影响大。在国际局势日趋复杂，我国全面建设中国式现代化强国的历史时期，该丛书的出版具有特殊的时代意义。

中国科学院院士

2022 年 10 月

总 序 二

“中蒙俄国际经济走廊多学科联合考察”是“十三五”时期科技部启动的跨国科学考察项目，考察区包括中国东北地区、蒙古高原、俄罗斯西伯利亚和远东地区，并延伸到俄罗斯欧洲部分，地域延绵6000余千米。该区域生态环境复杂多样，自然资源丰富多彩，自然与人文过程交互作用，对我国资源、环境与经济社会发展具有深刻的影响。

项目启动以来，中国、俄罗斯和蒙古国三国科学家系统组织完成了10多次大型跨国联合科学考察，考察范围覆盖中俄蒙三国近50个省级行政单元，陆上行程近2万km，圆满完成了考察任务。通过实地考察、资料整编、空间信息分析和室内综合分析，制作百余个中蒙俄国际经济走廊综合数据集和地图集，编写考察报告7部，发表论著100多篇（部），授权20多项专利，提出了生态环境保护及风险防控、资源国际合作、城市与基础设施建设、国际投资重点和绿色经济走廊等系列对策，多份重要咨询报告得到国家相关部门采用，取得了丰硕的研究成果，极大地提升了我国在东北亚区域资源环境与可持续发展研究领域的国际地位。该考察研究对于支持我国在全球变化领域创新研究，服务我国与周边国家生态安全和资源环境安全战略决策，促进“一带一路”及中蒙俄国际经济走廊绿色发展，推进我国建立质量更高、更具韧性的开放经济体系具有重要的指导意义。

《中蒙俄国际经济走廊多学科联合考察》丛书正是该项目成果的综合集成。参与丛书撰写的作者多为中蒙俄国家科研机构和大学的著名院士、专家及青年骨干，书稿内容科学性、创新性、前瞻性、知识性和可参考性强。该丛书已入选“十四五”时期国家重点出版物出版专项规划项目和国家出版基金项目。

该丛书从中蒙俄国际经济走廊不同时空尺度，系统开展了地理环境时空格局演变、战略性资源格局与潜力、城市化与基础设施、社会经济与投资环境，以及资源环境信息系统等科学研究；共建了两个国际野外生态实验站和两个国际合作平台，应用“3S”技术、站点监测、实地调研，以及国际协同创新信息网络平台等技术方法，创新了点—线—面—带国际科学考察技术路线，开创了国际科学考察研究新模式，有力地促进了地理、资源、生态、环境、社会经济及信息等多学科交叉和国内外联合科学考察研究。

在“一带一路”倡议实施和全球地缘环境变化加剧的今天，该丛书的出版非常及时。面对百年未有之大变局，我相信，《中蒙俄国际经济走廊多学科联合考察》丛书的出版，将为读者深入认识俄罗斯和蒙古国、中蒙俄国际经济走廊以及“一带一路”提供更加特别的科学视野。

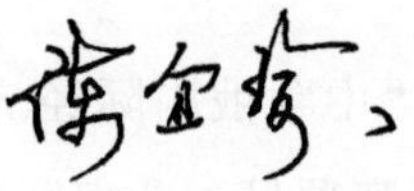

中国科学院院士

2022 年 10 月

总 序 三

中蒙俄国际经济走廊覆盖的广阔区域是全球气候变化响应最为剧烈、生态环境最为脆弱敏感的地区之一。同时，作为亚欧大陆的重要国际大通道和自然资源高度富集的区域，该走廊也是全球地缘关系最为复杂、经济活动最为活跃、对全球经济发展和地缘安全影响最大的区域之一。开展中蒙俄国际经济走廊综合科学考察，极具科研价值和战略意义。

2017年，科技部启动科技基础资源调查专项“中蒙俄国际经济走廊多学科联合考察”项目。中蒙俄三国20多家科研院校100多位科学家历时5年的艰苦努力，圆满完成了科学考察任务。项目制定了12项项目考察标准和技术规范，建立了131个多学科科学数据集，编绘133个图集，建立了多学科国际联合考察信息共享网络平台并实现了科学家共享，培养了一批国际科学考察人才。项目主要成果形成的《中蒙俄国际经济走廊多学科联合考察》丛书陆续入选“十四五”时期国家重点出版物出版专项规划项目和国家出版基金项目，主要包括《中蒙俄国际经济走廊多学科联合考察综合报告》《中蒙俄国际经济走廊地理环境时空格局及变化研究》《中蒙俄国际经济走廊战略性资源格局与潜力研究》《中蒙俄国际经济走廊社会经济与投资环境研究》《中蒙俄国际经济走廊城市化与基础设施研究》《中蒙俄国际经济走廊多学科联合考察数据编目》等考察报告,《俄罗斯地理》《蒙古国地理》等国别地理，以及《俄罗斯北极地区：地理环境、自然资源与开发战略》等应用类专论等13部。

这套丛书首次从中蒙俄国际经济走廊全区域、“五带六区”、中心城市、国际口岸城市等不同尺度系统地介绍了地理环境时空格局及变化、战略性资源格局与潜力、城市化与基础设施、社会经济与投资环境以及资源环境信息系统等科学考察成果，可为全球变化区域响应及中蒙俄跨境生态环境安全国际合作研究提供基础科学数据支撑，为“一带一路”和中蒙俄国际经济走廊绿色发展提供科学依据，为我国东北振兴与俄罗斯远东开发战略合作提供科学支撑，为“一带一路”和六大国际经济走廊联合科学考察研究探索模式、制定技术标准规范、建立国际协同创新信息网络平台等提供借鉴，对我国资源安全、经济安全、生态安全等重大战略决策和应对全球变化具有重大意义。

这套丛书具有以下鲜明特色：一是中蒙俄国际经济走廊是国家“一带一路”建设的重要着力点，社会关注度极高，但国际经济走廊目前以及未来建设过程中面临着生态环境风险、资源承载力以及可持续发展等诸多重大科学问题，亟须基础科技数据资源支撑研究。中蒙俄科学家首次联合系统开展中蒙俄国际经济走廊科学考察研究成果的发布，具有重要的战略意义和极高的科学价值。二是这套丛书深入介绍的中蒙俄国际经济走廊地理环境、战略性资源、城市化与基础设施、社会经济和投资环境等领域科学考察成果，将为进一步加强我国与俄蒙开展战略资源经贸与产能合作，促进东北振兴和资源型城市转型，以及推动兴边富民提供科学数据基础。三是将促进地理科学、资源科学、生态学、社会经济科学和信息科学等多学科的交叉研究，推动我国多学科国际科学考察理论与方法的创新。四是从书主体内容中的25份咨询报告得到了中央和国家有关部门采用，为中蒙俄国际经济走廊建设提供了重要科技支撑。希望项目组再接再厉，为中国的综合科学考察事业做出更大的贡献！

孙九林

中国工程院院士

2022年10月

前 言

北极地区因其自然环境之神奇和辽阔而令人心驰神往。光怪陆离的北极光、浩瀚无垠的海域和冰原、地平线以外那片神秘的土地，激发着不屈不挠的探险家们向恶劣和严酷的北极大自然发起一次次挑战，召唤着科学家们前赴后继地探索"地球之冠"。人类历史中很多惊心动魄的重要画卷都与北极地区有关，在大规模极地建设、跨国科学合作、人类战胜冰天雪地恶劣环境和开发北极自然资源的各个时期，人类既遭遇过悲剧性的失败，也品尝过胜利的喜悦。

近代以来，人类主要是在四个方面开展北极地区的考察与开发：第一方面是调查和研究北极地区的中央地带，目标首先是到达北极点，之后了解水圈和大气圈内各种自然过程的规律；第二方面是地理发现；第三方面是开发北方海航道和尝试沿西北海路布置航行；第四方面是开发矿物和生物资源，建设海港、企业与城市。

进入 21 世纪，人类对北极地区的兴趣更加浓厚，对北极地区问题以及解决这些问题途径的关注有增无减，而俄罗斯在这些问题的解决中每每会展现出高度的主动性。生态和自然资源利用问题、油气田、北方海航道、独特的社会环境、气候变暖、海冰融化、海域分界线、北极大陆架的划界等都是国际谈判及地理界、经济界学者、代表人士和关心北极未来前途的人们经常讨论的重要话题。这些谈判或讨论最终能够取得多大的成果，在很大程度上取决于我们掌握的北极知识的多少，以及在开发北极的丰富宝藏时是否能够有效地运用这些知识。

俄罗斯拥有绵长的北极海岸线和众多的北极岛屿，对人类发现北极、研究北极的自然环境和开发北极的自然资源作出了重要贡献。对俄罗斯来说，北极地区是具有特殊地缘政治利益、经济利益、国防利益、科研利益和社会民族利益的地区，这里蕴藏着极其丰富的自然资源。俄罗斯是1996年成立的北极理事会（加拿大、丹麦、芬兰、冰岛、挪威、俄罗斯、瑞典和美国）的积极参与者之一，也是一系列与北极有关的重要活动的发起国。2013 年，中国成为北极理事会正式观察员国，为我国参与北极事务交流与合作，以及促进北极地区和平、稳定与可持续发展创造了条件。中俄双方科学家一贯主张，为了下一代尽我们的一切力量保护北极，保护它独特的生态系统和土著少数民族的天然生息环境。我们的使命是不让北极变成热点和生态灾难区，北极应当成为开展对话的区域！中国提出"一带一路"倡议，这无疑为北极研究和北极对话提供了新的平台。本书围绕北极保护与开发重大科学问题，在中蒙俄经济走廊建设框架下，针对俄罗斯北极地区地理环境、自然资源及开发战略等科学问题，与俄方开展科学合作研究，重点总结俄罗斯北极地区地形地貌、气候水文、土壤植被、动植物、冰川冻土等自然地理要素分布与特征；评估矿产资源、森林资源、淡水资源、渔业资源等典型自然资源的储量和分布；分析俄罗斯北极地区主要人类活动及其存在的问题；在分析俄罗斯北极地区可能存在的气候变化风险、生态恶化风险等重大风险挑战的基础上，提出俄罗斯北极地区可持续开发利用的战略路径与建议，服务于中俄共建“冰上丝绸之路”的决策。

本书由中国科学院地理科学与资源研究所李泽红、夏冰，俄罗斯科学院西伯利亚分院贝加尔自然管理研究所 T. Bazarzhapov 博士，莫斯科大学地理学院院长、俄罗斯科学院 K. Nikolay 院士，莫斯科大学地理学院 A. V. Bredihin 教授等科学家共同完成。K. Nikolay 院士和 A. V. Bredihin 教授提供了大量俄罗斯北极地区自然地理环境与自然资源方面的第一手资料、数据及最新出版的关于俄罗斯北极地区的专著和图集。T. Bazarzhapov 博士对相关科学素材进行了翻译、整编、梳理和加工。李泽红构建了全书章节框架结构并编撰成书。莫斯科大学地理学院博士生任扬、中国科学院国际学术交流中心赵川宇高级工程师、中国科学院地理科学与资源研究所王平研究员贡献了大量俄文文献信息。中国科学院地理科学与资源研究所俄籍留学生 A. B. Yangutova、A. V. Bilgaev 参与了相关俄文资料的翻译和整理工作；中国科学院地理科学与资源研究所陈健博士后、中国农业大学陈枫博士参与了相关章节初稿的撰写和成书的校对工作；姜曙光、梅婕、耿飏、高子琪参与了书稿校对工作，B. Tamir 帮忙收集了俄罗斯北极地区最新文献和数据。

本书的出版得到了国家科技基础资源调查专项课题“亚欧大陆主要自然资源本底数据整编与空间化处理”（2022FY101901）、“中蒙俄国际经济走廊多学科联合考察”（2017FY101300）、中国科学院战略性先导科技专项（A 类）课题“中蒙俄经济走廊交通及管线建设的生态环境问题与对策”（XDA20030200）的联合资助。

由于写作水平有限，本书难免存在疏漏，望广大同仁不吝指正，以便不断完善。

作　者

2024 年 3 月

目　　录

第 1 章　俄罗斯北极地区范围与区域概况

目前学术界对北极地区的范围尚未统一界定，本书关于俄罗斯北极地区范围的描述主要来源于权威科学文献和俄罗斯官方文件。由于范围界定的方法和依据不同，目前俄罗斯北极地区的南界并没有统一、清晰的界定。

1.1　俄罗斯北极与北极地区

1.1.1　基本概念

北极（英文：North Pole；法文：Arctique；德文：Arktis），指地球自转轴的北端，也就是 90°N 的那一点。

北极地区，一般是指北极附近 66°33′N 北极圈以内的地区。北极地区位于地球的最北端，包括亚欧大陆的北缘与北美洲（不包括拉布拉多半岛的中部和南部）、北冰洋（不包括挪威海的东部和南部）及其岛屿以及大西洋和太平洋的毗邻部分。北极地区的陆地分界线和冻原带的南界与 7 月份 10℃（海域为 5℃）等温线重合，总面积约为 2700 万 km^2。有些情况下也会以北极圈作为北极地区的南界，按此界定的北极地区总面积为 2100 万 km^2。在综合法中，按照冻原带的地形和分界线调整后的气候分界线（年辐射总量 $62.8kJ/cm^2$ 等值线和 7 月份 10℃等温线）为北极地区的天然南界。在这个界线内，北极地区是指包括北冰洋及其边缘海与附属岛屿以及被冻原、冰川、北极荒漠地貌占据的亚欧大陆和北美大陆边缘在内的地球最北及最寒冷的自然地理区（带）。按照这一方法确定的北极地区总面积为 2122.6 万 km^2（Абрамченко и др.，2017）。

目前，“北极地区”仍然属于不很确定的地理区域概念，因为其南界仍未统一、清楚地界定。

1.1.2　俄罗斯北极地区的范围

确定俄罗斯北极地区范围的关键是确定北极地区的南界。

目前存在很多种判断北极地区南界的尤其是俄罗斯北极地区南界的方法，这些方法不同程度地缩小或者扩大北极地区的空间尺度，其中最早和最广泛的一种方法认为，北极地区是指位于北极圈（66°33′N）以北的自然区，在北极圈所在纬度上，太阳不会在夏至时落下，也不会在冬至时升起。

从气候角度来看，可以按照 7 月份 10℃等温线划定北极地区的南界，这条等温线穿过北极圈以北，仅在白海、极地乌拉山、哈拉乌拉赫山脉地区和俄罗斯的东海岸向南偏离这条地理分界线。

在植物地理学方面，北极地区的陆地南界与古老植物分布的北界或与冻原的南界重合，并与 7 月份 10～12℃等温线非常吻合。但是，在其他气候特征的影响下，植被的类型也发生了变化。

大陆与北极诸海的联系在很大程度上是通过河流及其径流实现的，因此俄罗斯北极地区的南界可以参考白海、巴伦支海、喀拉海、拉普捷夫海、东西伯利亚海和楚科奇海的集水流域的边界线，用这些边界线最接近海岸的部分来界定。采用这种方法时，北极地区的南界穿过北极诸海的局部集水区的分水岭，而在大、中型河流注入海洋的地区，则穿过河流的河口区或者三角洲的尖头部位。

仅利用一个自然标准划定俄罗斯北极地区的南界具有明确的优势，但是也会造成一系列问题。例如，全球或者区域气候变化会使等温线的位置、植被分布区的边界发生变化，从而会导致北极南界随时间而变化。因此，尝试在综合考虑气候和地貌特征的基础上论证北极地区的边界。按照这一方法，采用一条假想线作为北极地区的天然南界，这条假想线的年辐射差额等于 62.8kJ/cm^2，而 7 月份平均温度为 10℃，假想线的位置根据冻原带的南界和地形进行调整。按照这些界定，俄罗斯北极地区包括一部分北冰洋（在俄罗斯北极扇形区范围内）及其包含的诸海和岛屿及被冻原、冰川与北极荒漠地貌占据的亚欧大陆边缘（Бредихин и др.，2013）。

在判断俄罗斯北极地区的南界时，不仅利用自然特征，还利用建立在种族、宗教、社会与文化、资源、社会与经济和行政领地等原则基础上的其他方法。例如，俄罗斯北极地区的民族和种族分界线整合了冻原带和森林冻原带的北方土著少数民族聚居区域。在社会与经济标准的基础上，可以按照自然环境的宜居舒适度和各类经济活动在这一地区的发展情况界定俄罗斯北极地区的疆域（Бредихин и др.，2013）。

在北极地区的严寒的自然环境中，自然资源利用的显著特点是伴随着产生额外的生产和交通运输费用，还需要通过增加工资和退休金、实行政府救济与税收优惠、支付补偿款等吸引劳动力资源来到此地，与等同于极北的区域相似，这就要求在立法层面清晰地解决某具体区域（及其包含的行政单位）是否属于具有特殊自然资源利用条件的地区的问题。

俄国外交部 1916 年 9 月 20 日的外交照会首次做出了这方面的决策。在照会中，确立了俄国北极地区的土地的地位。苏联中央执行委员会主席团的 1926 年 4 月 15 日决议确认，国家对从北极点连接其北极沿岸（东和西）端点的两条经线之间的苏联北极扇形区内的岛屿和土地拥有归属权。苏联在这一范围内的北极领地的总面积为 580 万 km^2。之后，根据已签署的国际条约、《联合国海洋法公约》对这一界线进行了多次改动。

但是，所有这些文件都没有规定俄国北极地区的（陆地）南界的定义。苏联部长会议下设的北极事务国家委员会首次在法律上确定了北极地区的南界，这条界线穿过摩尔曼斯克州洛沃泽罗区、科拉区和佩琴加区，涅涅茨自治区、亚马尔–涅涅茨自治区及泰梅尔多尔干–涅涅茨区、萨哈（雅库特）共和国的阿纳巴尔区、布伦区、乌斯季亚纳区、阿莱霍夫区以及下科雷姆斯克区（乌卢斯[①]）、楚科奇自治区的南分界线。在这一范围内的地区面积为 310 万 km^2（Абрамченко и др.，2017）。

2008 年 9 月 17 日通过的《2020 年前俄罗斯联邦北极地区国家政策基础》给立法工作提供了新的推动力。在该文件框架下，2013 年 1 月，俄联邦政府制定了新一轮的《俄罗斯联邦北极地区法》草案。根据该草案，除了上述的俄联邦主体，还建立了整个摩尔

① 译注：“乌卢斯”一词源自蒙古语中的“兀鲁思”（Ulus），是指西伯利亚和中亚某些民族的一个行政区划单位。

曼斯克州，卡累利阿共和国的洛乌希区、凯姆区和白海区，阿尔汉格尔斯克州的奥涅加滨海区、梅津区与阿尔汉格尔斯克市、北德温斯克市和新德温斯克市，克拉斯诺亚尔斯克边疆区的伊加尔卡市，萨哈（雅库特）共和国的阿贝区、上扬斯克区、日甘斯克区、莫马区、奥列尼奥克区、中科雷姆斯克区、埃文基-贝坦泰区和上科雷姆斯克区（乌卢斯）纳入俄罗斯北极地区。

根据俄罗斯联邦总统 2014 年 5 月 2 日发布的第 296 号《关于俄罗斯联邦北极地区陆地领土》总统令，俄罗斯联邦北极地区包括以下俄罗斯联邦主体和某些自治市政区的领土（Абрамченко и др.，2017）：①摩尔曼斯克州；②阿尔汉格尔斯克州——自治市政体，含奥涅加自治市政区、普里莫尔斯基自治市政区、梅津自治市政区、阿尔汉格尔斯克市、北德文斯克市、新德文斯克市、新地岛；③涅涅茨自治区；④科米共和国的自治市政体，包括沃尔库塔城市区；⑤亚马尔-涅涅茨自治区；⑥克拉斯诺亚尔斯克边疆区的泰梅尔多尔干-涅涅茨区、诺里尔斯克市的城市区、图鲁汉斯克区；⑦萨哈（雅库特）共和国的阿莱伊霍夫区、阿纳巴尔民族（多尔干-埃文基）区、布伦区、乌斯季扬斯克区、下科雷姆斯克区；⑧楚科奇自治区。

海洋界线根据扇形原则（李连祺，2012）和 2011 年俄罗斯与挪威签署的协议划定。俄罗斯北极地区的海洋部分包括 12 海里[①]领海区、200 海里专属经济区（410 万 km^2）和大陆架，俄罗斯在这一范围内拥有国际法规定的主权和司法权。这一界限范围包括扇形区的岛和群岛以及不被当今国际法承认的位于俄罗斯北极扇形区范围内的部分北冰洋海域。

1.1.3　俄罗斯北极地区各行政区概况

（1）摩尔曼斯克州

摩尔曼斯克州位于俄罗斯欧洲部分的西北部，其大部分位于北极圈以内，濒临巴伦支海和白海，西北面与挪威接壤，西面与芬兰接壤，南面毗邻俄罗斯联邦主体——卡累利阿共和国。摩尔曼斯克州成立于 1938 年 5 月 28 日，隶属于西北联邦管区。摩尔曼斯克州的总面积为 14.49 万 km^2，2022 年底总人口为 65.87 万人。首府是英雄城——摩尔曼斯克市。行政区划包括 5 个自治市政区、12 个城市区（其中有 5 个是保密行政区）。州内有 16 个市、12 个市级镇、109 个农村居民点。

（2）阿尔汉格尔斯克州

阿尔汉格尔斯克州位于东欧平原北部，是俄罗斯欧洲部分面积最大的地区，濒临白海、巴伦支海和喀拉海，西临卡累利阿共和国，北接摩尔曼斯克州，南与沃洛格达州和基洛夫州毗邻，东与秋明州和克拉斯诺亚尔斯克边疆区接壤。阿尔汉格尔斯克州成立于 1937 年 9 月 23 日，隶属于西北联邦管区。阿尔汉格尔斯克州总面积为 58.74 万 km^2，2022 年底总人口为 96.43 万人。首府是阿尔汉格尔斯克市。阿尔汉格尔斯克州包括 20 个自治市政区和 7 个城市区。作为隶属于西北联邦管区的独立俄罗斯联邦主体的涅涅茨自治区同时也是阿尔汉格尔斯克州的一部分。

---

① 1 海里 =1.852km。

（3）涅涅茨自治区

涅涅茨自治区隶属于阿尔汉格尔斯克州，同时其自身也是俄罗斯联邦的一个联邦主体，它的人口在各个俄罗斯联邦主体中是最少的。涅涅茨自治区南临阿尔汉格尔斯克州和科米共和国，东接亚马尔-涅涅茨自治区（秋明州）。涅涅茨自治区成立于1929年7月15日，隶属于西北联邦管区。涅涅茨自治区总面积17.68万km^2，2022年底总人口为4.14万人。首府是纳里亚马尔市。自治区的行政区划包括1个城市区（纳里扬马尔市）、1个区（扎波利亚尔内区）和1个市级镇（伊斯卡捷列伊镇）。

（4）科米共和国

科米共和国位于俄罗斯欧洲部分的东北部。西面和北面衔接阿尔汉格尔斯克州和涅涅茨自治区，东临同属秋明州的亚马尔-涅涅茨自治区、汉特-曼西自治区；南与斯维尔德洛夫斯克州、彼尔姆边疆区和基洛夫州接壤。科米共和国作为行政单位成立于1921年8月22日，当时是科米（泽梁）自治州，从1936年起称为科米苏维埃社会主义自治共和国，1993年1月12日取得现今的地位。科米共和国隶属于西北联邦管区。科米共和国总面积41.68万km^2，2022年底总人口为72.65万人。首府是瑟克特夫卡尔市。行政区划包括6个城市区和14个自治市政区。在科米共和国的各个行政单位中，沃尔库塔市位于俄罗斯北极地区境内。

（5）亚马尔-涅涅茨自治区

亚马尔-涅涅茨自治区是隶属于秋明州的一个俄罗斯联邦主体，是乌拉尔联邦管区的一部分。亚马尔-涅涅茨自治区濒临喀拉海，东北面衔接涅涅茨自治区，西面衔接科米共和国，南面毗邻汉特-曼西自治区（尤格拉）。亚马尔-涅涅茨自治区成立于1930年12月10日。亚马尔-涅涅茨自治区总面积为76.92万km^2，2022年底总人口为51.24万人。首府是萨列哈尔德市，自治区境内分布着55个自治市政体，其中包括6个城市区、7个自治市政区和42个居民点。

（6）克拉斯诺亚尔斯克边疆区

克拉斯诺亚尔斯克边疆区位于西伯利亚东部和中部，濒临喀拉海和拉普捷夫海，两海之间由泰梅尔半岛相隔。克拉斯诺亚尔斯克边疆区的领地还包括北地群岛、西比里亚科夫岛、维泽岛、谢尔盖·基洛夫群岛等岛屿。俄罗斯的地理中心就在克拉斯诺亚尔斯克边疆区的维维湖岸边。克拉斯诺亚尔斯克边疆区西临隶属于秋明州的亚马尔-涅涅茨自治区和汉特-曼西自治区（尤格拉）、托木斯克州、克麦罗沃州、哈卡斯共和国，南接图瓦共和国，东南面和东面与伊尔库茨克州相邻，东面还毗邻萨哈（雅库特）共和国。克拉斯诺亚尔斯克边疆区成立于1934年12月7日，隶属于西伯利亚联邦管区。克拉斯诺亚尔斯克边疆区总面积为236.68万km^2，2022年底总人口为284.55万人。首府是克拉斯诺亚尔斯克市。行政区划包括17个城市区和44个自治市政区。

克拉斯诺亚尔斯克边疆区的北极地区包括泰梅尔多尔干-涅涅茨区、图鲁汉斯克区和诺里尔斯克市的城市区。地区下辖泰梅尔半岛（毗邻的陆地部分）以及北地群岛、西比里亚科夫岛、乌沙科夫岛和维泽岛等岛屿。泰梅尔多尔干-涅涅茨区是俄罗斯面积最大且唯一完全位于北极圈内的自治市政区。

克拉斯诺亚尔斯克边疆区的北极地区西临亚马尔-涅涅茨自治区，南接克拉斯诺亚尔斯克边疆区的图鲁汉区和埃文基区，东与萨哈（雅库特）共和国毗邻。它占据克拉斯诺亚尔斯克边疆区 40% 的面积。

泰梅尔多尔干-涅涅茨区成立于 2006 年，前身是泰梅尔（多尔干-涅涅茨）自治区，其面积为 879.9km^2。2022 年底总人口约为 3.20 万人。区府是杜金卡市。泰梅尔多尔干-涅涅茨区内的 27 个居民点合并为 2 个城市居住区和 2 个农村居住区。

（7）萨哈（雅库特）共和国

萨哈（雅库特）共和国位于亚欧大陆东北部，是俄罗斯联邦面积最大的联邦主体。它包括大陆部分和北冰洋新西伯利亚群岛中的利亚霍夫群岛、安茹群岛和德朗群岛。萨哈（雅库特）共和国的沿岸被拉普捷夫海和东西伯利亚海围绕。萨哈（雅库特）共和国 40% 以上的陆域位于北极圈内。它西临克拉斯诺亚尔斯克边疆区，西南面与外贝加尔边疆区接壤，东南面衔接哈巴罗夫斯克边疆区，东面毗邻马加丹州和楚科奇自治区。萨哈（雅库特）共和国横跨三个时区。萨哈（雅库特）共和国成立于 1922 年 4 月 27 日，隶属于远东联邦管区。萨哈（雅库特）共和国总面积 308.35 万 km^2，2022 年底总人口为 99.76 万人。首府是雅库茨克市，行政区划包括 2 个城市区和 34 个自治市政区。

（8）楚科奇自治区

楚科奇自治区位于俄罗斯的最东北部，占据整个楚科奇半岛、亚欧大陆的毗邻部分以及弗兰格尔岛、艾翁岛、拉特曼诺夫岛等岛屿。楚科奇自治区是俄罗斯唯一一个横跨东西两半球的地区，它的大部分区域在东半球，楚科奇半岛在西半球。楚科奇自治区濒临东西伯利亚海、楚科奇海和白令海。西临萨哈（雅库特）共和国，西南与马加丹州、南面和堪察加边疆区接壤，与美国的海上国境线经过自治区的东面。楚科奇自治区成立于 1930 年 12 月 10 日，隶属于远东联邦管区。楚科奇自治区总面积为 721 481km^2，2022 年底总人口为 4.78 万人。首府是阿纳德尔市，行政区划包括 4 个城市区和 3 个自治市政区。

1.2 俄罗斯北极地区的开发历史

北极地区的探险和研究史是人类历史中最波澜壮阔的画卷之一，人类曾经在北极开展过的考察多达数千次。

最早生活在北极沿岸地带的居民是原始时代的猎人。不久前，俄罗斯考古队在亚纳河畔发掘出了 2700 年前的古遗址。当时在该地区居住的居民主要狩猎猛犸象、犀牛、马、鹿和其他动物，考古队在遗址附近发现了这些动物的骨骸。这些猎人先民已经深入到了北极最远的地方，如在德朗群岛的若霍夫岛上发现了 8000 年前的狩猎北极熊用的夏季露营地。

数千年前的岩画记录了北极地区沿岸居民的活动，包括外貌、狩猎工具、方法，以及猎获动物的类型。在白海城地区发现的岩画刻画了有十个划桨手划桨的大船、追逐野鹿的滑雪猎人（这是欧洲最早的描绘滑雪者的图画）、用长矛袭击海兽的猎人、若干种鸟类、弓箭手和各种捕兽夹子。在科拉半岛北部的雷巴奇半岛，发现了用赭石刻画的鹿形装饰图案。在亚欧大陆的另一端，楚科奇的佩格特梅利河河口，约 2000 年前的古人在石头上刻画了大致相同的情景，但是捕猎对象主要是驯鹿和海兽。

11～14 世纪，在白海沿岸的居民主要是猎人和渔民，通过陆路托运绕过多冰的难行地段，他们已经向东方行至很远。在很长时期内，15 世纪上半叶建成的索洛韦茨基修道院一直是北方开发的先行者。诺夫哥罗德、大乌斯秋格、托季马、索利卡姆斯克、索利维切戈茨克等城市的哥萨克人、工厂主和当地人建立了新的居住地——鄂毕多尔斯克城（1595 年）、金碧辉煌的曼加泽亚城（1601 年）、哈坦加城（1626 年），其中的曼加泽亚城因拥有众多的金顶教堂而得名。17 世纪，在拉普捷夫海和东西伯利亚海的沿岸地带，在勒拿河畔建立了布伦村，在亚纳河畔建立了哥萨克村，在因迪吉尔卡河畔和科雷马河畔分别建立了俄罗斯乌斯季耶村与波霍茨克村。在泰梅尔东北部发掘了在 17 世纪初遇难的一个大型考察队的驻地遗址。1586 年西伯利亚第一座城市——秋明市奠基，1648 年航海家 Ф. Попов 和 С. Дежнев 环绕亚洲最东端（杰日尼奥夫角）的行程及 1649 年阿纳德尔堡垒建立成为沿海原住民向东沿海航行的高峰。在不到 70 年的时间里，无比广阔的亚洲北极空间被打通。

查明俄国东部边界的任务被委派给在俄国海军服役的丹麦籍海员 В. Беринг。1728 年夏季，В. Беринг 率领的堪察加考察队伍乘坐“圣加夫利尔号”船首次驶入楚科奇海，这次航行证明了亚洲与美洲之间并不相连。

北方大考察（即第二次堪察加考察）在 1733～1742 年考察期间绘制了北极边缘海沿岸地图，这支考察队由四支小队组成。德维纳－鄂毕队（最初是 С.В. Муравьев 和 М.С. Павлов，后来是 С.Г. Малыгин 和 А.И. Скуратов）经历数次航行，试图从阿尔汉格尔斯克向东贯通，但是冰的拦阻没有让他们在到达瓦伊加奇岛之后走得更远，考察队不得不数次返回普斯托泽尔斯克越冬，普斯托泽尔斯克是俄国在极北地区的第一座小城，由 П. Ушатый 和 С. Курбский 于 15 世纪末建立。在第六次航行中，他们才终于成功地绕过亚马尔半岛进入鄂毕湾。

鄂毕－叶尼塞队（Д.Л. Овцын 和 Ф.А. Минин）通过七次航行绘制完成了泰梅尔西岸地图。最繁重的工作落在勒拿－叶尼塞队（В.В. Прончищев 和 Х.П. Лаптев）和勒拿－科雷马队（П. Лассиниус 和 Д.Я. Лаптев）身上。在船被冰围困后，Х.П. Лаптев 和他的队员们用狗拉雪橇历时数年完成了泰梅尔半岛的绘图工作。1742 年 5 月 7 日，这支队伍的领航员 С.И. Челюскин 与士兵 А. Прахов 与 А. Фофанов 到达了亚洲的最北端。在 1735～1736 年的越冬期间，勒拿－科雷马队因感染坏血病几乎全军覆没，幸存人员通过数次航行向东前进，直到被巴拉诺夫角的海冰阻挡，巴拉诺夫角是一个远远伸入海中的高耸的花岗岩体。

1742 年，根据北方大考察的工作成果绘制了北极边缘海沿岸地区总图，这张总图作为很多地段的唯一的地图，一直被使用至 20 世纪初。

1765～1766 年，В.Я. Чичагов 带领的俄国第一高纬度考察队向斯匹次卑尔根地区进行了两次航行，最远航行到 80°30′N 之后，被冰挡住了道路。

1712 年，哥萨克人 М. Вагин 首次到达了大利亚霍夫岛，这是新西伯利亚群岛中最接近大陆的岛屿。1773 年，商人 И. Ляхов 在大利亚霍夫岛以北又发现一座岛屿，即科捷利内岛。1800～1808 年，工厂主们发现了斯托尔博沃伊岛（1800 年）、法捷耶夫岛（1805 年）、新西伯利亚岛（1806 年）和别尔科夫斯基岛（1808 年）。1808～1812 年，М.М. Геденштром 带领的考察队绘制了最早的群岛地图，考察队队员 Я. Санников 看到了北方高大的群山，但是在向山地前进的途中，考察队被冰窟窿阻挡，由此诞生了“桑尼科夫之地”之谜。

军士 C. Андреев 带领的考察队在 1763～1764 年、准尉 И. Леонтьева、И. Лысова 和 А. Пушкарев 带领的考察队在 1769～1771 年完成了熊岛群岛的绘图，向北和向东完成了三次冰上长征，但是没有发现陆地。1785～1793 年，遵照叶卡捷琳娜二世的旨意，海军部组建了东北考察队。东北考察队由在俄国部门效力的英国人 J. Billings 带领，他的总助理是 Г.А. Сарычев。该队尽管同样没能经海路向东行至更远，但是首次完成了楚科奇沿岸、若干阿留申岛屿和部分阿拉斯加沿岸的绘图工作。

关于大洋内存在神秘土地的消息引起了海军部的注意，为了查明真相，1820 年，俄国海军部派出了 П.Ф. Анжу 和 Ф.П. Врангель 带领的考察队。这支考察队用狗拉雪橇在冰面前进了数千千米，仍然没有发现北方存在陆地的任何迹象。Ф.П. Врангель 和 Ф.Ф. Матюшкин 在 1821～1823 年完成了三次漫长的征程，其间记述了熊岛群岛和从因迪吉尔卡河河口到科柳钦湾的东西伯利亚海、楚科奇海沿岸地带。楚科奇人告诉 Ф.П. Врангель，在天气好时，可以从亚坎角清楚地看到北方有一片陆地。Ф.П. Врангель 用很长时间眺望地平面，但是依旧没有看到陆地。为了纪念他，美国的捕鲸猎人 T. Long 把他在 1867 年新发现的陆地命名为弗兰格尔岛，因为 Ф.П. Врангель 曾如此执着地寻找过它。

1821～1824 年，中尉 Ф.Л. Литке 率领的海上考察队对新地岛海岸进行了地形测绘。之后，由 П.К. Пахтусов（1832～1835 年）、А.К. Циволька（1935～1938 年）、С.А. Моисеев（1838～1839 年）继续进行新地岛地图的绘制。在确信新地岛水量丰富和比较容易到达后，大量的俄国捕鱼船开始定期航行到这里。

动物学家、地质学家 А.Ф. Миддендорф 于 1843 年在泰梅尔的第一次科学考察取得了非常丰硕的成果。他沿叶尼塞河下溯，首次穿越了泰梅尔冻原，沿下泰梅尔河漂游到达了喀拉海的泰梅尔湾。在返程途中，А.Ф. Миддендорф 染病，他派同伴前去找人，而自己一个人留在荒漠冻原，他在断粮的情况下独自度过了 18 天并战胜了疾病。他的著作《西伯利亚东北部游记》（1860 年）至今仍具有科学价值。

几乎在同时，德国地理学家 A. Peterman 提出了在北极中央海域存在开阔海的假设。奥匈帝国船队的军官 J. Payer 和 C. Weyprecht 提出了利用这片开阔海打开环亚欧大陆的海路的方案。“特格特霍夫号”特种蒸汽船于 1872 年夏季启程前往北极，但是在新地岛西岸就被冰困住。被困在冰中的船向北漂移了一年多的时间，1873 年 8 月 30 日，“特格特霍夫号”意外地发现了一片未知的陆地，这片陆地以法兰士・约瑟夫国王的名字命名。由于冰面没有消散，“特格特霍夫号”无论如何也无法到达水面，船员们决定弃船。1874 年 5 月 20 日，考察队乘雪橇向南出发，在漂浮的冰面经历了艰难的三个月路程后到达了开阔海，之后继续乘坐四条小船前进。沿海原住民 Ф.И. Воронин 把奥地利船员送到陆地上。以考察经验为基础，C. Weyprecht 于 1875 年建立了调查地球高纬度地区的基本原则，即在专门建立的科学观测台站采用统一的器具并在同一时间进行为期一年的综合观测（统一化、同步化、实现网络覆盖）。后来，在这一原则基础上组织进行了第一和第二次国际极地年。

首次成功通过北方海航道的是瑞典地理学家 Nils Adolf Erik Nordenskiöld，在这次航程之前，他曾数次经喀拉海向迪克森岛进发。在了解当地的条件后，他乘坐“织女号”船于 1878 年绕过切柳斯金角到达了科柳钦湾并在此地越冬。

1879 年，《纽约先驱报》的出版商 John Godolphin Bennett 组织了一次乘坐“珍妮特号”汽艇的大型考察。考察队的领队 D. De-Long 中尉本应从太平洋一侧到达北极点，但在 1879 年 7 月从旧金山出发后，“珍妮特号”在 9 月初就被冰围困，“珍妮特号”历时两年时间向新西伯利亚群岛漂移，于 1881 年 5 月 17 日发现了珍妮特岛，于 5 月 25 日发现了亨利埃塔岛。在这一地区，“珍妮特号”受到海冰特别强烈的挤压并在 6 月 13 日被挤压坏。队员被迫向西南方向的安茹群岛行进。在途中，队员又发现了一座峭壁林立的岛并将其命名为本尼特岛。后来，新发现的群岛被命名为德朗群岛。

分成三支小分队后，考察队继续分头前进。其中一支小分队失去了下落，另一支小分队则很快上岸并遇到了后来向队员提供帮助的雅库特人。命运最悲惨的是 D. De-Long 带领的小分队，他们乘坐的舢板漂移到勒拿河三角洲最偏僻无人的角落，除了两名海员外，其他队员都因饥饿而死。1884 年，因纽特人在格陵兰岛南岸意外地发现了“珍妮特号”考察队的一些物品，而这只有一个解释，那就是他们穿过整个北冰洋，随冰漂移了数千千米。正是这一发现，让挪威人 F. Nansen 产生了利用浮冰漂移到达近极点区域的想法。

作为最成功的探险之一，F. Nansen 乘坐“弗雷姆号”的航行被载入极地的探险史册中。1893 年，在新西伯利亚群岛地区，“弗雷姆号”被冻在冰中并向北漂流了两年半，直到进入斯匹次卑尔根地区的开阔海域。F. Nansen 本人则于 1895 年春季弃船，与 H. Johansen 一起乘坐狗拉雪橇继续向北极点前进。但是冰是向南漂流的，他们竭尽全力也没有到达极地。两个月后，他们到达了当时最高的纬度纪录——86°14′N，之后被迫调头向南面的法兰士·约瑟夫地群岛前进并在这里的土窑中越冬。1896 年夏季，这两名挪威人遇到了英国的极地探险家 F. Jackson，后者的考察队就在附近越冬。

地质学家 B.A. Русанов 于 1907～1911 年完成了对整个新地岛的考察。1912 年，他被任命为俄国斯匹次卑尔根岛国家考察队的队长，考察队的任务是考察群岛上的煤矿和设置矿界碑。在设置矿界碑后，考察队乘坐的“大力士号”船向东行进并很快消失。直至今日，尽管后人曾多次尝试寻找这支考察队的下落，但是都以失败告终。

著名画家 Борисов 分别在 1896 年和 1899～1900 年来到了新地岛，他在考察和越冬期间绘制的草稿成为他后来的大量画作的基础。Борисов 曾带着这些画作于 1909～1913 年在整个欧洲和美国巡回展出。俄国的尼古拉二世曾收购了其中一幅名为《死亡国度》的画作。

1892 年，海军上将 C.O. Макаров 首次提出建造北极破冰船的想法，他的提议引起了政府的注意。1898 年 10 月 17 日，世界第一艘破冰船——“叶尔马克号”破冰船下水试航。1899 年 3 月 4 日，“叶尔马克号”破冰船顺利穿过波罗的海的冰面进入喀琅施塔得，几天之后从冰中解救出 29 艘商船。在向斯匹次卑尔根地区的两次航程中，进行了内容广泛的综合科考，取得了最早的克服密集厚冰层航行的经验。1901 年，“叶尔马克号”抵达法兰士·约瑟夫地群岛，成为这个群岛上的第一艘俄国船只。海军上将 C.O. Макаров 的先见之明和精确的计算在苏联时期得到很好的证明，苏联的破冰船从 1934 年开始定期穿行于北方海航道之上，而这正是破冰船的建造者当初梦想的结果。

1912 年，有三支考察队同时向北极出发，但是都遭遇了悲惨的命运，分别是 Г. Брусилов 的“圣安娜号”纵帆船、Г.Я. Седов 的“圣福卡号”纵帆船和 В. Русанов 的“大力士号”机帆船。В. Каверин 在小说《两个船长》中描写了这三支考察队的遭遇。小说中描写的“圣马丽娅号”纵帆船考察队事实上重蹈了“圣安娜号”纵帆船的覆辙，Г. Брусилов 乘坐“圣安娜号”前往北冰洋捕鱼，船在亚马尔西岸被冰困住并向北漂移。1914 年春天，部分队员和领航员 В.И. Альбанов 一起弃船，最后只有遇到了 Г.Я. Седов 考察队的 В.И.А льбанов 和海员 А. Конрад 获救。2010 年，在法兰士·约瑟夫地群岛，俄罗斯搜索考察队发现了 В.И. Альбанов 队的一名牺牲队员的遗骸。

水文测量官 Г.Я. Седов 率领俄国第一考察队奔赴北极，考察队乘坐的“圣福卡号”先在新地岛，之后在法兰士·约瑟夫地群岛越冬。在向北极的旅途中，Г.Я. Седов 因坏血病去世。在航行和两次越冬期间，“圣福卡号”上的气象学家 В.Ю. Визе 和地质学家 М.А. Павлов 进行了内容广泛的综合科考工作。在搜索 1912 年组建的这些考察队期间，俄国部队的 Я.И. Нагурский 中尉在新地岛完成了人类在北极的首次飞行。

北冰洋水文考察队于 1909 年乘坐“泰梅尔号”和“瓦伊加奇号”破冰船从符拉迪沃斯托克（海参崴）出发，首次从东向西穿过北方海航道的全线，中间有一次越冬，这支考察队在数次航行期间向西向更远处前进，途中进行水文地理考察工作。北冰洋水文考察队在俄国北极地区取得地理学重大发现：1913 年 9 月 3 日，考察队发现了尼古拉二世群岛（即现在的北地群岛）；1914～1915 年，考察队的船只在泰梅尔西北部的季卡湾越冬。

16～19 世纪还出现了北方第一批矿业开发的发源地。在北卡累利阿的丘帕区，出现了浅色云母的采石场，这种云母在当时出口至西欧，为了纪念它的发源地 —— 莫斯科公国，这种云母被命名为“Muscovite”（白云母）。18 世纪 30 年代，在熊岛群岛的坎达拉克沙湾，阿尔汉格尔斯克市的市民 Ф.С. Прядунов、И. Собинский 和 Ф. Чирцов 发现了一座银矿，之后对银矿进行了数年的开采。作为发现季曼-伯朝拉含油气省的先驱，Ф.С. Прядунов 还曾尝试在乌赫塔区开采石油。19 世纪，杜金卡的商人 Сотников 家族开始开采诺里尔斯克的铜矿。20 世纪初，受阿拉斯加淘金热的影响，楚科奇也出现了最早的一批金矿矿主。

20 世纪是北极地区的一段特殊时期。正是这个时期，苏联北极地区在很短的时间内成为地球北部被研究和开发最多的地区，人们积累了在北极严酷条件下工作的宝贵经验。

1920 年 4 月 2 日，北方海航道委员会成立，其任务是组建易货考察队，向西伯利亚的农民提供工业品，并把西伯利亚的粮食运给俄罗斯欧洲区域北部的饥民。1920 年的西伯利亚粮食考察成为委员会最早采取的重要行动，之后其又进行了一系列的喀拉易货考察，贸易额不断增长。在这些行动过程中，海员、水文部门、气象人员和飞行员开展了紧密的合作，而这成为北极工作的特色，至今依然如此。

1928 年的一个重要事件是苏联“克拉辛号”破冰船（船长 К.П. Эгги，考察队队长 Р.Л. Самойлович）营救了当时乘坐“意大利号”飞艇进行考察的意大利 У. Нобиле 将军带领的考察队。在 5 月 25 日从北极返回途中时，这支考察队在斯匹次卑尔根以北遭遇险情，有 9 个人掉落到冰面上，并于 7 月 12 日被“克拉辛号”营救。共有 18 艘船只、21 架飞机和大约 1500 人参与了 1928 年的这次北极营救行动。营救 У. Нобиле 向全世界展示了苏联极地考察人员在北极地区开发中的领头羊地位。

1932年12月17日，在“西伯利亚人号”破冰船首次在一个航程内穿越北方海航道全线之后，为了对北极地区进行经济开发，北方海航道管理总局很快成立，它主要管辖对于保障通航来说最关键的三大部门，即船队、航空和极地站。通过这三大部门的顺利运转与合作，北方海航道成为航运主干线路，而随着破冰船的出现，在北极航行成为寻常之事。俄罗斯海军拥有6艘核动力破冰船。第一艘核动力船——“列宁号”于1959年投产。

在“西伯利亚人号”凯旋后，北方海航道管理总局局长О.Ю. Шмидт决定向北方海航道派出普通的“切柳斯金号”运输船。1933年7月12日，“切柳斯金号”离开列宁格勒，11月4～5日，被冻在冰中的“切柳斯金号”出现在白令海峡，之后又被带向东北方向。1934年2月13日，坚冰的强烈挤压使甲板碎裂，“切柳斯金号”随即沉没。船员们弃船后在冰面上建起营地，这个营地以“施密特冰上营地”之名被载入历史。一开始，全体104人分住在帐篷中，之后建起了木板房，О.Ю. Шмидт在木板房内给队员们讲哲学课，科研工作正常进行。在遇险后的次日，莫斯科就成立了营救“切柳斯金号”的政府委员会，共有数个空中考察队（18架飞机）和轮船前往救援。3月5日，А.В. Ляпидевский驾驶飞机抵达施密特冰上营地，救出了妇女和儿童。4月7～13日，飞行员В.С. Молоков、Н.Л. Каманин、М.Т. Слепнёв、М.В. Водопьянов和И.В. Доронин救出其余的人员，在北极的这次大规模救援行动圆满完成，无一伤亡。这次行动促使国家领导层作出了通过设计和建造新的破冰船、飞机、极地站和所有必要的基础设施加快北极开发的一系列决定。1935年，第一高纬度考察队在Г.А. Ушаков的领导下（导师、教授Н.Н. Зубов、船长Н.М. Николаев）乘坐“萨德科号”破冰船考察了法兰士·约瑟夫地群岛和北地群岛之间完全未知的地区。11月1日，考察队发现了乌沙科夫岛。

1937年秋季，“萨德科号”、“马雷金号”和“谢多夫号”破冰船在新西伯利亚群岛以北被坚冰冻结。1938年夏季，“叶尔马克号”破冰船克服很大困难驶抵这里并拖出“萨德科号”和“马雷金号”，而“谢多夫号”被留在冰中，逐渐被带至比“弗雷姆号”曾经漂移经过的纬度更北的纬度。1939年8月31日，“谢多夫号”漂移到了86°39′N，离北极点只剩下370km，之前还未曾有人到达过这一纬度，科学观测始终没有停止。1940年1月13日，在斯匹次卑尔根地区，新的“斯大林号”破冰船冲过了厚厚的冰带，把“谢多夫号”带入开阔海域。812天的漂移就此结束，这成为北极探险史中最光辉的事件之一。“谢多夫号”的科学工作成果把人类对北极中央海域自然情况的认识向前推进了一大步，全体15名成员都被授予“苏联英雄”称号。

1937年5月21日，北极高纬度区发生了划时代的事件——М.В. Водопьянов驾驶飞机首次完成北极着陆的壮举，后来在这里建立了世界第一个“北极”浮冰科考站。四名科考队员（И.Д. Папанин、Э.Т. Кренкель、П.П. Ширшов和Е.К. Фёдоров）在浮冰上历时274天漂移了2500多千米，后来，被强大的水流带入更南地区后，浮冰开始迅速瓦解。1938年2月19日，И.Д. Папанин一行转移到“泰梅尔号”和“穆尔曼号”破冰船上，之后乘坐“叶尔马克号”来到列宁格勒，他们在漂流期间在气象学、水文学、水文化学、水文生物学等方面进行了综合和特殊的调查研究，取得了重力测量、地磁、大气电学方面的全新资料，这些资料驳斥了当时普遍认为的北半球高纬度地区缺乏生命力的观点，证实了F. Nansen提出的关于大西洋暖流向环北极地区渗透以及格陵兰岛和斯匹次卑尔根岛之间存在海底山脉的观点。

1954～1991年，每年有1～2个（在1970年甚至达到4个）漂流站在北极中央海盆漂流，这些漂流站定期向陆地站传送气象、高空气象和水文信息，大大地提高了北半球天气预报的准确度。每个漂流站都带来新的发现，都在与冰缝这样的自然力的不懈斗争中见证了北极开发的最新成就。

岛屿和沿岸有很多个世界上最好的极地站（约120个气象站）在同时工作，这些极地站中的绝大多数是在20世纪30年代建立的。所有极地站都以相同的周期并按照标准方法每昼夜8次采用同样的仪表测量温度、风向、风速、湿度和压力等。典型的科研项目包括气象、水文、高空气象[研究地球大气层上部（对流层和平流层）]和辐射等观测。没有对应卫星的地面极地站的数据，就无法根据定期的地面测量数据如此实时地发现气候变化情况。

北极地区的地质工作开始于19世纪，这些工作在20世纪50～80年代保障了生产的发展，从俄国到苏联的几代地质工作者经过不懈努力把北极地区变成了重要的原料基地。这里开采出了全国75%的石油、92%的天然气，以及大部分的金刚石、黄金和有色金属。

1977年，“北极号”核动力水上破冰船（船长Ю.С. Кучиев）首次到达北极点，实现了海军上将С.О. Макаров提出的“勇往直前奔向北极”的想法。1977～2000年，包括苏联和其他国家在内的50多艘船到达过这里。乘坐核动力水上破冰船前往北极点的线路成为世界最令人感兴趣的旅游线路之一。

1979年，一支探险队首次靠滑雪从冰面到达北极点，Д. Шпаро带领的7人小组从亨里埃塔岛出发，在飞机护送下首次到达北极点。

21世纪又诞生了新的成就，破冰船已经实现定期往返北极点。俄罗斯潜水艇首次在北极点下潜到北冰洋的底部，漂流站的工作得到恢复，数十名旅游者乘坐狗拉雪橇和滑雪板成功到达北极点，每年有多支大型国际科考队进入北极中央海盆和边缘海进行科学考察（Бредихин и др.，2013）。

1.3　本章小结

北极地区作为一个独特的自然地理单元，其范围在学术界尚未达成共识。本章基于权威科学文献和俄罗斯官方文件，对俄罗斯北极地区的界定进行了讨论。北极地区通常指66°33′N以北的地区，包括北冰洋及其岛屿、部分亚欧大陆和北美大陆边缘。俄罗斯北极地区的范围取决于北极地区南界的确定。但仅从气候、植物地理学角度或者参考白海、巴伦支海、喀拉海、拉普捷夫海、东西伯利亚海和楚科奇海的集水流域的边界线来对俄罗斯北极地区的南界进行界定存在一定的不确定性。同时，仅利用一个自然标准划定俄罗斯北极地区的南界虽具有优势，但也会带来诸如全球或者区域气候变化使等温线的位置、植被分布区的边界等发生变化，导致北极地区南界随时间而变化的问题。通过结合俄罗斯联邦政府发布的关于俄罗斯北极地区范围及其区域的规定，确定俄罗斯北极地区所包括的俄罗斯联邦主体和某些自治市政区的领土，并且根据扇形原则和2011年俄罗斯与挪威签署的协议所划定的海洋界线，进一步明确包括12海里领海区、200海里专属经济区（410万km^2）和大陆架的俄罗斯北极地区海洋部分。本章从地理位置、面积、人口、行政区划等方面对俄罗斯北极地区的8个行政区进行了介绍。最后回顾了俄罗斯北极地区丰富的开发历史，包括早期人类活动、科学考察、极地营救、破冰船的发展，以及对北极点的探索等，展现了俄罗斯北极地区在历史、科学和战略上的重要性。其中，从1728年夏季B. Беринг率领堪察加考察队伍乘坐“圣加夫利尔号”船首次驶入楚科奇海，到瑞典地理学家N. A. E. Nordenskiöld率队首次成功通过北方海航道，到1899年3月4日世界第一艘破冰船——“叶尔马克号”破冰船顺利穿过波罗的海的冰面进入喀琅施塔得，进行内容广泛的综合科考，再到如今破冰船已经实现按照航班时刻表往返于北极，每年有多支大型国际科考队进入北极中央海盆和边缘海进行科学考察。人们从未停止对北极地区的探险和研究，并为之付出了巨大的努力，北极地区的神秘面纱逐渐被揭开。

第 2 章　俄罗斯北极地区的地理环境

俄罗斯北极地区因其独特的地理位置，地理环境总体十分恶劣，是北极地区开发的重要限制因素，掌握北极地区地理环境特征及其变化规律，可为俄罗斯北极地区的保护与开发提供基础科技支撑。

2.1 地形地貌

2.1.1 地形

俄罗斯北极地区地形相当多样化。这里既有辽阔的平原区（平原内的地表高差通常在 200m 以内），包括俄罗斯东欧平原和西西伯利亚低地北缘、北西伯利亚、亚纳-因迪吉尔卡低地和科雷马低地；也有不少山区（陆地山脉，海拔不低于 500m，被强烈切割，通常有 200m 以上的高差）。俄罗斯北极地区的大洋底部也有相应复杂的地形。

总体上，俄罗斯北极陆地的欧洲部分以低洼的平原地区居多。东欧平原位于东欧地台（又称俄罗斯地台），形成东欧平原地形的主要外营力地质过程是第四纪的冰川活动以及海侵（海进）时期的海相沉积作用。因此，这里的地貌结合了往往呈水平状或者阶梯状的海相平原（如白海的部分海岸、大地冻原和小地冻原）与由冰川堆积形成的形状复杂的丘脊状平原，包括丘洼状的冰碛平原和冰碛脊（Kharchenko，2019）。在这一背景下，在俄罗斯平原的东北部耸立出季曼岭（海拔 471m）。

在位于东欧地台波罗的地盾内的科拉半岛上，地形则全然不同。在长期的构造抬升环境下，这里主导的是被第四纪冰川显著改造的脊状和丘脊状的剥蚀高平原（通过外力剥蚀形成）。科拉半岛的中央部分坐落着希比内山脉，希比内山脉以低山为主，最高峰是海拔 1200m（中山海拔）的尤德奇乌姆乔尔山，它是构造和岩浆运动形成的台地，是被深部裂缝劈成断块的隆起的古生代侵入岩体（由深部岩浆岩组成）。希比内山脉有很多的雪堆，有小型冰川、活跃的坡面过程（山崩、岩堆、雪崩），坡面过程在地震时（震级 6 级）会被激活。

在俄罗斯欧洲区域的平原部分，主要的现代过程是河流和季节性水流的活动（包括大型河流的河口三角洲沉积）、坡面过程以及北部和东北部亚北极气候区的冻土地貌形成过程。科拉半岛沿岸主要由坚硬的结晶岩组成，相对稳定，海岸过程对其改造很少，这里以陡峭的海岬为主。科拉半岛的西北部分布着峡湾，这是一种又深又长的海湾，是海侵后被淹没的冰川槽谷。白海的南岸和东岸与巴伦支海的海岸地势低，这里海浪对海岸陆地的侵蚀，与沉积作用通常是动态平衡的。白海海岸和巴伦支海相邻地段的特点是浪涌高，在梅津湾达到 10m。

俄罗斯北极地区亚洲扇形区的乌拉尔和大部分区域是位于古老褶皱区的山区。曾经在地壳挤压下出现的山脉后来被外营力过程破坏。但是，在最近的 2500 万年（即新构造期），由于断块沿“更生”断层上升，这些山脉得以再现，这是对现代阿尔卑斯山区的构造过程活跃化的响应。近南北走向延展的乌拉尔山地的北部（北极）末端是极地乌拉山的断块山（海拔 1km 以上），这些断块山向北过渡为绵长和高耸的帕伊霍伊脊。在极地乌拉尔山，可以看到小型冰川和广泛分布的冰川地形。在这里和帕伊霍伊脊，坡面过程活跃（其中包括山崩、岩堆、雪崩等危险过程），而在乌戈尔半岛的沿岸地段、科尔古耶夫岛和新地岛则是冻土冻结过程。新地岛的断块山是乌拉尔山脉的延伸段。新地岛的北部岛屿上有俄罗斯最大的面积约 2 万 km^2 的冰川盖层（即冰帽）。新地岛的大部分海岸是稳定的，而新地岛的北部和南部是沉积过程形成的堆积岸。

西西伯利亚北极地区（辽阔的西西伯利亚低地的北部）位于同名的具有海西期基底的现代地台上，是低洼和平坦的平原，其地貌主要由多次海进期的海相沉积作用形成。部分研究者认为，海进期与冰川期交替，而冰川期结束于大约 1.5 万年前。亚马尔半岛和格达半岛总体上平坦的地形因大量的现代冻土地形而变得复杂，冻土地形包括通常被小湖泊占据的小片洼地 [在涅涅茨语中称为“哈瑟列伊”（Khasyrey）]。塔兹河、普尔河、纳德姆河和西伯利亚最大的河流 —— 鄂毕河的河口地段穿过低地。西西伯利亚的海岸主要是低岸（Чалов и др.，2001）。

东西伯利亚北极地区的地形尤其多样化，在泰梅尔的南部和沿拉普捷夫海海岸向东，伸展着大面积丘脊状的北西伯利亚低地，低地的地形因大量冻土地形而复杂化。这里的多年冻土的厚度可达 700m，局部可能超过 1km。多年冻土区的地貌包括受地下冰影响而形成的多边形土，地下冰大量聚集形成的 3～7m 高的冻胀丘，以及由于多年冻土融化而沉降积水的热融湖塘等。泰梅尔的中央部分坐落着大的泰梅尔湖。平原的大部分区域沼泽化，在沼泽以外的地形的形成中，旅鼠等动物发挥很大的作用，这些动物在地表建造了复杂的小丘和土墩状微地形。

泰梅尔北部分布自西南向东北延展的低山的贝兰加山脉（海拔 1146m），这是在具有漫长形成史的地质构造上的褶皱断块山脉，属于海西期和中生代褶皱。这里存在着现代冰川作用，地形受到古冰川和现代冰川作用而形成。在现代地形的形成中，坡面过程也发挥了很大作用。泰梅尔的大部分海岸都相当稳定。北地群岛和其他岛屿以丘脊状和丘洼状的冰川地形为主，主要被冰帽占据。北地群岛的海岸多处被海浪侵蚀破坏。

东（中）西伯利亚北极地区的南部区属于位于古西伯利亚地台内的中西伯利亚台地。在这里，水平产状的岩浆基岩与更古老的不同硬度的沉积岩交替。中西伯利亚台地的尽头是中山的普托拉纳高原（卡缅山，海拔 1701m）。普托拉纳高原上分布着小冰川、古老和现代的冰川地形。这里坐落着俄罗斯最高的瀑布 —— 康定斯基瀑布群（落差 600m）。在阿纳巴尔河流域，有一块受冰川作用影响剧烈的阿纳巴尔高原的断块低山（海拔 500m 以上）。中西伯利亚台地是典型的多年冻土区，具有冻胀地貌、热喀斯特地貌和冻裂地貌，具有正在堆积泥炭的辽阔的沼泽化区域。中西伯利亚自然区自西向北被西伯利亚的两条大河 —— 叶尼塞河和勒拿河圈限。叶尼塞河的河口部分是一个河口式海湾，而勒拿河的下游是河流和部分海洋沉积物强烈堆积的辽阔的三角洲。勒拿河和叶尼塞河之间延伸着皮亚西纳河、哈坦加河、阿纳巴尔河、奥列尼奥克河、上泰梅尔河和下泰梅尔河的多个大型河谷。

从勒拿河以东到阿纳巴尔台地伸展着东北西伯利亚，这里是俄罗斯最寒冷的地区，大部分被亚纳–因迪吉尔卡低地和科雷马低地（主要在具有中生界基底的现代板块上）

占据，总体上是被阿拉斯凹地（被热喀斯特低地的湖泊占据）等大量冻土地形复杂化的平坦地形。勒拿河以南多为低山地形，以褶皱断块山居多，这些褶皱断块山往往被河谷和冰川地形、冻土过程强烈切割，具有高度活跃的能够造成巨大灾难的现代坡面过程（山崩、岩堆、雪崩），包括位于中生界褶皱构造上的切尔斯基山脉、莫马山脉的北部末端、阿纽伊山脉等。在这里可以看到现代冰川（如在切尔斯基山脉）。科雷马河流域的广阔的尤卡吉尔台地也具有褶皱断块性质。中山的褶皱断块山 —— 上扬斯克山脉海拔最高（海拔 2km 以上）。莫马山脉（沿断层面上升的地块）的现代构造运动尤其活跃，震级达到 8 级。东北西伯利亚被大型河流（亚纳河、因迪吉尔卡河、科雷马河、阿拉泽亚河等）的河谷分割。在大陆和岛屿的海岸，海浪的侵蚀作用十分活跃，其中不仅有海浪的机械侵蚀，还有水对冻岩的热力侵蚀。

北极地区的远东“扇形区”多为低山和中山（楚科奇山原和科里亚克山原），即褶皱断块山和断块山。如同东北西伯利亚一样，这些山也属于中生代褶皱区。这里可以看到冰川，广泛分布冰川地形和冻土地形，坡面过程活跃。低地占据着沿岸（主要是阿纳德尔湾沿岸）和大型河流（阿纳德尔河、韦利卡亚河）河谷谷底的有限面积。海岸以沉积作用为主，楚科奇海的陆地沿岸、阿纳德尔湾、弗兰格尔岛具有增生的海岸，同时，也可以看到被海浪强烈侵蚀的海岸。

可以看出，俄罗斯北极地区的大陆地形极其多样，地区内的大洋底部地形同样复杂。

在俄罗斯北极扇形区的北冰洋洋底，地形由三个全球规模的地貌构造形成（体现在地质构造的地形中）：亚欧大陆的倾伏边缘（由大陆架、大陆裙和大陆坡组成）、大洋深水海盆和洋底隆起系统，以及加克洋中脊。海域北部的底部地形由近于平行的海盆和分隔海盆的构造——岩浆隆起系统构成。从北向南分别是南森海盆、加克洋中脊、阿蒙森海盆、罗蒙诺索夫海脊、马卡洛夫海盆、波德沃德尼科夫海盆、门捷列夫海脊和加拿大海盆。南森海盆和阿蒙森海盆底部地形由向北和西北缓慢倾斜的深海平原组成，深度分别为 4km 和 4.3km。大部分的海盆具有火山和堆积成因的丘陵状和波浪状地形。波德沃德尼科夫海盆衔接东西伯利亚海的陆坡，它的底部位于 2.5～3km 深处并向北缓慢下倾。86°N 以北是深 4～4.5km 的马卡洛夫海盆，马卡洛夫海盆的底部由平坦和波浪状深海平原组成。门捷列夫海脊以东是深 4～4.8km 的加拿大海盆。

罗蒙诺索夫海脊穿过北冰洋的中央，它在俄罗斯北极扇形区内的长度约为 1200km。罗蒙诺索夫海脊的宽度介于 60～200km，坡面陡峭、山顶平坦，深度介于 2～3.7km。海脊上方的最小深度为 954m。根据罗蒙诺索夫海脊的地貌特点（峰顶平坦和深度小）和深部构造特殊性（地球物理调查查明，海脊由更薄的大陆壳组成），科学家得出了海脊具有大陆性的结论。在 6000 万～5500 万年前的海底扩张（断层开启）过程中，罗蒙诺索夫海脊从亚欧大陆架脱离。随着阿蒙森海盆和南森海盆的扩大，罗蒙诺索夫海脊地块向北移动，而它的陆壳变薄，导致海脊逐渐倾伏。因此，罗蒙诺索夫海脊是脱离大陆架的倾伏地块，因此可以把它的地质构造看作是俄罗斯联邦领土在北冰洋中央部分的延伸。

门捷列夫海脊从楚科奇海的大陆架沿 180° 经线绵延 1200km，它是由无规律分布的大小不一的地块构成的系统，位于深度 2～2.5km 的基底上，最小深度为 1.5～1.7km（Судариков，2012）。

加克洋中脊是大西洋中脊的直接延伸段。俄罗斯北极扇形区内分布加克洋中脊长约

1300km 的东部。在洋底地形中，加克洋中脊呈现为一个宽 200～250km 的隆起。在加克洋中脊的脊部有一个裂谷，这是一个相对深度 2～2.5km、最大深度 2.5～5.5km 的深部裂缝，裂谷的谷底进行着洋底拉伸过程，即海底扩张。裂谷的谷底由高 1.5～2km 的火山带和最大深度近 5.5km 的盆地组成。由于火山的拉伸，在裂谷侧翼和脊坡上形成近南北走向的隆起，这些隆起从裂谷向四周延伸 100～150km。裂谷带内的板块以每年不到 1.4cm 的速度张裂，这个扩张速度是整个洋中脊系统中最低的。衔接亚欧大陆架的盆地段平缓地过渡为大陆坡的坡脚面，大陆坡的地形由阿蒙森海盆和波德沃德尼科夫海盆内的深 3.8～4.2km 和南森海盆内的深 3.2～4km 的慢坡平原形成。这些平原是在深水沉积作用以及来自上方大陆坡的沉积物的侵入下形成的。大陆坡的边缘深度从 300m 到 500～700m 不等。

根据内营力过程的特点（由于各种地壳运动产生的倾伏的程度）和大陆架内的底部地形形态的不同，划分出了五大类地貌结构：近岸平原（深 50～100m）、外陆架平原（深 100～300m）、倾伏陆架平原（深度从 300～350m 到 500～700m 不等）、陆架槽谷的底和坡（在喀拉海和巴伦支海的深度为 300～700m，在俄罗斯北极地区东部海中的深度从 50m 到 500～600m 不等）。白海内以 60m 深度为主，最大深度 300～330m，见于从奥涅加半岛向坎达拉克沙湾延伸的北西走向的盆地内。海底的这一地段由底部被从科拉半岛下来的冰川盖层的冰川口削平形成。最浅部分（深 20～70m）是海的北部，在这里，强大的潮汐流对底部地形的影响很大，潮汐流在浅海峡的狭窄的中央部分达到很高的速度。在海的中央部分，分布着近东西走向延伸的最大深度 100m 的盆地。

巴伦支海地形的突出特点是存在大量的海沟和隆起，深度从 40～50m 到 400～700m 不等。海域的南部是北卡宁浅滩、摩尔曼斯克浅滩和古辛浅滩等隆起，北部是中央隆起和皮尔西亚隆起。在这两个隆起之间，沿近南北走向伸展着中央海沟，而沿科拉半岛分布着北角海沟。这两个海沟的深度不超过 400m。在北部，海底被圣安娜海沟和法兰士维多利亚海沟切割。在海沟的沟口部分，底部深度为 500～700m。喀拉海的南部是由鄂毕河、塔兹河和叶尼塞河的冲积土形成的一个堆积平原，这里的深度不超过 50m。喀拉海东部的地形是在来自北地群岛和泰梅尔半岛的山脉的冰川盖层的影响下形成的。在喀拉海的西部，与北地群岛平行分布着最大深度 500m 的新地海沟和深度 30～100m 的多个隆起。海域北部的地形由两个大型海沟 —— 圣安娜海沟和沃罗宁海沟构成。沃罗宁海沟的深度达到 600m。这两个海沟之间是浅（深 30～100m）的喀拉中央高地。

俄罗斯北极地区东部的边缘海的地形特点是底部深度小和切割浅。海域的南部由多个堆积平原构成，这些堆积平原由哈坦加河、勒拿河、因迪吉尔卡河、亚纳河和其他河流挟带的沉积物堆积而成。拉普捷夫海的典型地形是在加克洋中脊的延伸段形成的最大深度 50m 的裂谷盆地系统。东西伯利亚海和楚科奇海中央部分的典型地形是深度 25～100m 的平坦地形。

2.1.2　地貌

俄罗斯北极大陆架是北冰洋底部的一个浅水部分，是毗邻陆地和地质大陆的延续。北极大陆架的地貌是在内源性、外源性和人为性的影响下形成的。在内生过程的影响下，大的框架地貌元素形成，主要为洼地、丘陵和低谷等。外源过程造就了较小的地貌特征，形成了现代外观。这一过程中包括沉积物质的积累，以及各种形态的冰川和海岸侵蚀等。

俄罗斯北极地区根据不同起源和历史地质结构组合的差异性可分为东欧和西伯利亚的平原、台地和褶皱区域。它们由从太古代到第四纪的陆地、碳酸盐岩、化学沉积岩和火山沉积岩组成，还有容易冲刷掉的蒸发岩（石膏、岩盐等），同时形成高矿化度的地下水，其对河水的化学性质影响很大，特别是在冬季（Романенко и Харченко，2022）。

北极有两个主要的地貌要素：北冰洋凹陷地带和大陆北缘。这些宏观形态结构具有以下结构。

海域内：北冰洋的深海海底有水下盆地和海脊；以海床大坡度为特征的大陆斜坡；大陆架以浅水水下平原为代表，因群岛、陆地、岛屿、半岛的起伏而变得复杂多样，它们形成边缘海和内海，以及陆架空间内的海湾、海湾和边缘。

陆地内：沿海岸线呈狭长地带延伸或顺利并入亚欧大陆和北美大陆平原的沿海平原；山脉、山脊、高地、丘陵靠近北极海岸。

科拉半岛位于波罗的海结晶地带的东北端，主要由花岗岩和片麻岩组成。半岛地貌的主要特点是，由于水晶盾的众多断层和裂缝，带有冰川的强大冲击力的痕迹，这些冰川滑平了山顶，留下了大量的冰碛沉积物。北部被高原占据，陡峭地延伸到巴伦支海和白海。高原被峡谷穿过，沿着峡谷，哈尔洛夫卡河、约坎加河、东利察河和波诺伊河下游流淌。向南，高原逐渐上升到 300m，并突然断裂到中央沼泽低地。

阿尔汉格尔斯克地域大体以广阔的平原为一个整体，向白海和巴伦支海倾斜，坡度很小。平原的某些地方被古冰川活动形成的自然冰碛山脉所破坏。在该地区的西北部，强大的冰碛桩得以保存。在东部，该地区包括季曼岭北部和中部，这是一座由一系列平行山脊组成的低山，其台地山峰高达 400～450m。地貌的形成受河流侵蚀活动的影响很大。大量的沉积物质随河流径流转移，形成三角洲。

涅涅茨自治区位于伯朝拉低地，伯朝拉低地从季曼岭山脊延伸到派科伊山脉，地势平坦，只有尤格拉半岛上的一座小山（海拔 428m）。这为该地区的工业发展创造了有利条件。多年冻土在该地区分布广泛。

亚马尔–涅涅茨自治区是一个低洼的平原，平均海拔 100m，有许多湖泊和沼泽。右岸（鄂毕河以东）大陆部分是一个略带丘陵的高原，向北略有斜坡。根据地表的性质，亚马尔半岛分为 3 部分：北西伯利亚低地、比尔兰加山脉（海拔 1146m）以及喀拉海沿岸的沿海平原。

克拉斯诺亚尔斯克边疆区泰梅尔区很大一部分为低地，有丘陵、岩石平原，海拔 50～250m，由冰川、湖泊冰川、海洋和现代湖泊冲积物组成。大部分地区是冰川和多年冻土。

叶尼塞平原和普托拉纳山脉是西西伯利亚低地的延续，毗邻低洼的湖面，西北略有斜坡，主要由冰川、湖冰和冲积沉积物组成。该平原普托拉纳山脉包括邻近的山脉、高原等（由非常坚硬的辉绿岩和玄武岩组成），它们是二叠纪和三叠纪时代的熔岩地层，以及容易风化的火山凝灰岩。高原被深而陡峭的河谷强烈分割，从地块的中心部分向四面分化，达到 800～1200m 的深度。诺里尔斯克工业区就在此处。

雅库特地区主要包括两大构造——西伯利亚地台和中生代褶皱的上扬斯克–楚科奇地区。高原、层状高原和平原均发育在西伯利亚地台上。拉普捷夫海沿岸是北西伯利亚低地。

楚科奇自治区的现代地貌具有鲜明的对比性和异质性。科雷马–楚科奇山区包括阿细伊高地、楚科奇高地的北部，并向东延伸至白令海峡，这里地势低洼，附近有火山。鄂霍次克–楚科奇山区包括阿纳代尔高地和楚科奇高地南部。这里的地貌形成鲜明对比，具有阿尔卑斯山类型的外观，中间山脉被低山和平坦的山间洼地所取代。这里有高地、丘陵、沼泽、微丘平原，而大部分低地为热岩溶所围集。

总之，俄罗斯北极地区的地貌结构在各邻近地区具有延续性。

俄罗斯北极地区存在大量天然地貌遗迹，也就是自然遗址景观，包括第四纪喷发的较年轻的火山——阿纽伊火山、阿瓦钦斯基火山和比利比诺火山，具有保存良好的火山渣锥。从这些火山延伸出冷却的玄武岩熔岩流，长度近60km。在北极的不同地区（科拉半岛、西和东西伯利亚），都可以看到具有奇异地形的古陨击坑（Astrobleme，原意为“星星的伤口”），其中最受瞩目的是波皮盖陨石坑（在哈坦加湾以东南的波皮盖河流域），这个圆形陨石坑的直径达到100km，深度近80m，是目前已知的世界两个最大陨石坑之一。在中生代和新生代之交，一颗巨大的陨石（直径3～4km）坠落形成了波皮盖陨石坑。

2.2 气候与水文

2.2.1 气候分异及其变化

俄罗斯北极地区气候的特点是年温度低。由于极昼和极夜持续时间长，太阳辐射相当不均匀。俄罗斯北极地区南部的辐射差额为正值（一年为420～630MJ/m^2或者10～15kcal/cm^2），仅为中纬度带的1/3～1/2；北冰洋水域的辐射差额为负值（年热量损失为85～125MJ/m^2或者2～3kcal/cm^2）。

冬季，地区内气旋活动强烈。最高气温、多云和强降水、气候的剧烈更替和频繁的飓风与来自大西洋和太平洋的气旋有关。冬季的反气旋环流主要发生在俄罗斯北极地区的西伯利亚上空，这里由北极反气旋主宰，北极反气旋造成最低气温、少云、降水少和微风与中风。夏季大气环流的特点与冬季大气环流相反，与冬季大气环流相比，它的影响不大。俄罗斯北极地区欧洲扇形区的气候受北大西洋暖流的影响。由于太平洋暖流经过又窄又浅的白令海峡，流入量变小，因此其在亚洲扇形区的影响要小得多。

冬季的平均气温在北部和南部几乎相同，但是自西向东变化剧烈：从近大西洋地区南部的–3℃到近太平洋地区的–16℃；在雅库特的东北部达到–40℃。绝对湿度低，相对湿度高（80%～90%）。在亚欧大陆的沿海一带，不稳定的南向和西南向强风盛行；吹雪频繁。布拉风在山地最典型（风速可达40m/s）。夏季的平均气温从北极地区中心部分的0℃上升至沿海一带的2～3℃和大陆地区南部的6～13℃。整个夏季可能发生霜冻。在大陆地区，温度在个别日子会上升至25～30℃。在近大西洋和近太平洋地区，年降水量可达700mm；在大陆地区，年降水量为100～250mm，多雾和多云。沿海一带下毛毛雨，有时夹杂湿雪。气温低和蒸发量少造成过度的湿润，尤其因多年冻土造成水积滞的低洼地。监测数据表明，俄罗斯北极地区的气候在 20 世纪发生了显著的变化。从 20 世纪 20 年代起，气温开始上升。20 世纪 30～40 年代，冬季气温升高了 5～7℃，导致海域的海冰覆盖范围缩小，冰变得更薄。北大西洋暖流增强，海面温度和盐度上升。20 世纪 50～70 年代，气温略有下降，但是最近几十年又再次上升。

2.2.1.1　气温

北极地区是气候严酷、恶劣。俄罗斯北极地区的一个重要特征是冬季气温低。

冬季，在极夜条件下，北极地区热状况主要由大气环流决定。俄罗斯欧洲区域和西西伯利亚的北部地区受到大西洋气旋的影响。在鄂霍次克海和巴伦支海上空，可以观测到来自太平洋的气旋旋涡。在俄罗斯北极地区的其余区域上空，来自北极或者大陆的寒冷反气旋（西伯利亚反气旋）盛行（Алексеев и Харченко，2022）。

根据俄罗斯北极地区的温度状况，可以划分出 3 个扇形区：西扇形区、中央扇形区和东扇形区。1 月份的最高气温出现在西扇形区。常常在巴伦支海和喀拉海北部海域上空出现气旋中心，为这里带来南风和西南风，带来温暖的大西洋空气。北大西洋暖流也产生显著的变暖作用。因此，在摩尔曼斯克的不结冰海岸，平均气温对于北极的冬季来说非常高，达到 –6℃。在巴伦支海海域上空，1 月份平均温度为 –4～–2℃。在西扇形区，解冻天气频繁出现：在持续 180～220 天的寒冷期内有 20～30 天是解冻天气。在摩尔曼斯克沿岸，海冰融化的日平均气温为 1～3℃，最高纪录达到 4～6℃。在不结冰的巴伦支海上空观测到的气温更高。由于缺少定期的气象观测，因此无法确切知道海域上空的气温纪录。甚至位于 80°N 的法兰士・约瑟夫地群岛也会出现解冻天气，但是由于该群岛的位置更靠北，解冻天气出现的次数显著少于科拉半岛。零上温度在这里极少见，最高纪录不超过 1.5℃。严寒不是西扇形区的典型天气。仅在俄罗斯欧洲区域的东北部，气温几乎在每个冬季都会降至 –45～–40℃。在其余地区，包括俄罗斯北极地区西部的群岛，这样的极寒天气很少见，大约每 10 年发生 1 次。而在科拉半岛沿岸，在仪表观测期内，气温未曾降至 –40℃以下。在巴伦支海海域上空和科拉半岛沿岸，气温极少降至 –30℃以下。例如，在摩尔曼斯克，冬季的最低温度纪录为 –39.5℃（Бредихин и др.，2013）。

在向东移动时，大西洋的影响减弱，大陆冷空气的侵入次数增加。结果使气温下降，等温线的南北走向证明了这一点。例如，在科拉半岛，1 月份平均温度在 –14～–10℃（沿岸为 –10～–6℃）；同时，在科米共和国东北部，1 月份平均温度为 –24～–20℃（沿岸为 –10～–6℃）。

在俄罗斯北极地区的中央扇形区，1 月份温度低：泰梅尔半岛沿岸和北冰洋的中央部分温度为 –32～–30℃。在西伯利亚和雅库特的大部分区域，盛行的亚洲反气旋给这里带来东南风和南风，带来更寒冷的大陆空气，而地形条件使空气进一步变冷。冷空气的密度高，因此风是从山峰和山坡向下吹的。冬季，山间盆地、河谷内会形成所谓的“冷湖”。例如，1 月份平均气温在奥列尼奥克河河谷的中央部分为 –40℃，在亚纳河为 –48℃，而在东雅库特和马加丹州的山脉的顶峰上为 –35～–30℃。这里盛行的亚洲反气旋也决定了随着海拔的增加，气温在北极中部大陆地区上升。反气旋的典型特点是温度随海拔上升，即“气温逆增”。在北极地区中央部分，气温自西向东下降。例如，亚马尔半岛西岸

的气温为 –24～–22℃，而亚纳河和因迪吉尔卡河的下游气温为 –34～–32℃。与西扇形区不同，中央扇形区内基本上没有解冻天气，即使是在海域上空和沿岸地带。这里的最高温度纪录为 0.5～1.5℃（迪克森、哈坦加、季克西）。冬季气温大约每 30 年有一次上升到 0℃，每年都有 –40℃以下的严寒天气，而在沿岸地带，最低温度甚至接近 –50℃。在北极中央的大陆地区，在图鲁汉斯克、埃文基和雅库特，自使用仪表观测以来，没有记录到在冬季月份发生过解冻，绝对最高温度在这里为 –12～–7℃，在雅库特的东北部为 –17～–12℃。各地的绝对最低温度都低于 –50℃，而在埃文基和雅库特的很多地方能低至 –60℃。

自使用仪表观测以来，Обручев 院士曾在 1924 年的奥伊米亚康村地区记录到最低温度（–71.2℃）。根据其他的非官方数据，最低温度是 1938 年记录的 –77.8℃。但是，这两个数值都不是符合国家和国际标准的官方气象观测结果。1933 年 2 月，在奥伊米亚康村地区记录到的官方最低温度为 –67.7℃，这不仅是奥伊米亚康的最低温度，也是整个北半球自 2003 年 1 月 1 日以来的最低温度。上扬斯克和奥伊米亚康的绝对最低温度都采用 –68℃。奥伊米亚康被认为是北半球的“寒极”，而作为地球上最严寒的地区，这里生活着常住人口（Филиппович，1972）。

俄罗斯北极地区的东扇形区盛行西北风，西北风从雅库特的大陆地区带来大陆冷空气，因此太平洋的变暖影响在这里并不显著，只体现在狭窄的沿岸地带。例如，在楚科奇的西部地区，1 月份平均气温为 –34～–32℃，同时，在白令海沿岸，气温为 –18～–16℃。在白令海的北部，1 月份气温介于 –16～–10℃，这里的气旋活动频繁，气旋的影响使楚科奇海 1 月份气温的背景值升高（从 –24℃升高至 –20℃）。气旋对巴伦支海沿岸的升温影响几乎使每个冬季都会出现解冻天气（当气温为 4～6℃时）。由于邻近严寒的大陆地区和盛行西北风，俄罗斯北极地区的东扇形区几乎每年都有近 –40℃的温度，最低纪录大约是 –50℃。

温度纪录总体上体现了 1 月份多年平均温度的分配规律。在中央扇形区和北扇形区的陆地区观测到最低温度（–60～–55℃），而在西扇形区和巴伦支海沿岸观测到最高温度（4～6℃）。在西扇形区，甚至在法兰士・约瑟夫地群岛也观测到了解冻天气，在整个气象观测史中至少观测到一次。尽管气候严寒，但在整个气象观测史中，除了没有过解冻天气的中央和东扇形区的陆地区，在俄罗斯北极地区的全境至少有一次观测到冬季出现零上温度。

在俄罗斯北极地区的全境，冬季几乎没有昼夜温度的变化。仅在 1 月份在极圈附近可以观测到极夜现象，太阳仅在地平线上升起 1～2 小时。因此，温度波动的主要原因不是日照，而是决定风速和风向的大气环流以及云量。云吸收地表的热辐射，使大气层不会冷却。因此，冬季，北极地区在多云天气时要显著地比在晴朗天气时温暖。

近年来，北极地区的海冰范围大幅度减小，这与大西洋暖流强度增加有关。因此，在海域上空，尤其在俄罗斯北极地区的西扇形区内，冬季温度显著升高（斯匹次卑尔根岛、法兰士・约瑟夫地群岛）。如果说斯匹次卑尔根岛 1 月份平均温度在 1965～1970 年大约为 –25℃，那么在 2005～2010 年则为 –20℃左右。沿岸地带的情况各有不同。例如，在科拉半岛，温度没有发生显著的变化，而泰梅尔半岛的北极沿岸（迪克森、哈坦加）则出现显著的变暖。至于东扇形区，1 月份平均温度下降。例如，在阿纳德尔，1 月份平均温度在1965～1970年为–16℃，而在2005～2010年为–24℃。

夏季，俄罗斯北极地区的温度状况主要由太阳辐射量决定，而辐射量取决于太阳在地平线上的高度。太阳的高度本身由地理纬度、昼夜时间、地球自转轴与赤道的倾斜角和地球在运行轨道上的季节位置决定，倾斜角在6月22日夏至日这一天达到最大值。正是在这一天，在北极圈以北，太阳不会落到地平线以下，而在北极点，太阳的高度角达到23.5°。随着纬度的上升，极昼的天数也在增加，北极点达到6个月（从3月21日到9月21日）。太阳的昼夜高度随着向北移动而减少，因此，随着纬度上升，即随着向北极点方向移动，太阳光线的入射角，即到达地表的太阳能减少，这直接体现在温度变化上。在北极地区陆地部分的上空，气温自南向北下降。俄罗斯北极地区盛行北风，北风从北极的冰区带来更冷的空气，使沿岸地带的温度相当低。但是，冷空气在陆地温暖地表上空流动时被迅速增温（Боков и др.，1993）。

在俄罗斯北极地区的欧洲部分，观测到了7月份多年平均温度的最高值，为10～18℃。该地区最高平均温度达到16～18℃，而绝对最高温度达到30℃。北极地区西部的夏季相对温暖，这主要是由于北冰洋的大部分流域没有冰，海冰的边界大致经过80°N。另外，夏季，在北极地区的欧洲扇形区，大西洋气旋活动相当频繁，从大西洋海域以及西欧带来更温度的空气。北极地区的中央扇形区和毗邻海岸温度低，介于2～4℃，这主要是由于这里邻近海冰的边界。在北极地区的大陆部分，地形对温度分布产生很大的影响。河谷地带显著地比毗邻的山坡和山峰更温暖，这是由于夏季的气温通常随着海拔上升而下降。气温随着海拔上升而下降的原因可以用气压与温度之间的简单物理关系解释。大气层的重量和空气压力随海拔上升而减少，这一过程伴随着温度的下降。在冬季，这一规律往往无法体现出来，这是由于雪面和冰面的强烈降温作用，下层空气要比上层空气寒冷得多。在北极地区的东扇形区和巴伦支海沿岸，气温为6～8℃，体现了大面积海域的降温作用。随着向大陆腹地移动，温度迅速升高，达到10～13℃，这里的最高平均温度为15～17℃，最高纪录达到30℃。温度异常值通常与在温暖空气中形成稳定的厚高压区有关，这些高压在暖空气中形成，占据很大的面积并延伸至6～8km高度。异常的温暖还可能与在反气旋的西部外缘或者在气旋旋涡的温暖扇形区的活跃南移有关。

北冰洋的特点是气温低，原因是太阳的热量主要用于融化冰雪和蒸发。在85°N以北，7月份平均气温为–2℃。0℃等温线几乎与多年冰带的边界线重合。在毗邻大陆的边缘海上空，和冬季一样，气温自西向东下降。

俄罗斯北极地区全境，包括欧洲部分，在整个夏季期间都没有无霜期（即几乎没有冻结可能性的时期），即总是存在冻结的可能性。与之不同的是，在俄罗斯中部和西伯利亚南部，无霜期持续2～3个月，而在俄罗斯欧洲区域的南部（不包括高加索山区），无霜期为4～6个月。

7月份的多年平均昼夜温差由两个因素决定。一个因素是地理纬度，它决定了白昼的时长、太阳的高度和太阳能的辐射量。例如，在极昼期间，太阳的高度和太阳能的辐射量在昼夜期间变化很小。因此，昼夜温差体现得不明显。另一个因素是邻近大洋。即使被冰覆盖，北冰洋也在很大程度上缓解了温度的昼夜波动。在北极海域上空，大部分太阳能用于融化冰和雪，或者用于加热冷水层。这两个因素决定了法兰士·约瑟夫地群岛的昼夜温度变化幅度小。在法兰士·约瑟夫地群岛的永久冰和极昼环境下，温度基本上没有昼夜变化。由于邻近寒冷的白令海，阿纳德尔的昼夜温差也不大。但是，与法兰士·约瑟夫地群岛相比，阿纳德尔的位置更靠南，这决定了太阳高度在一昼夜内变化很大，因此昼夜温差也更加明显。奥伊米亚康的昼夜温差大，且非常典型。奥伊米亚康位于北极地区的南界附近，在北极圈地区内，远离大洋。典型的大陆环境加上太阳能辐射量的昼夜变化大，导致这里的温差相当大。奥伊米亚康的平均温度变化幅度为13℃，同时，阿尔汉格尔斯克市为7℃，阿纳德尔市为3℃，而法兰士·约瑟夫地群岛为1.5℃。

目前尚未发现北极地区在夏季有明显的整体变暖趋势。最近45年，仅在东扇形区，如阿纳德尔，观测到显著的升温。北冰洋的冰融化或与被北大西洋暖流带入北极地区的暖水团数量增加有关。

2.2.1.2 气压与风

冬季，在俄罗斯欧洲区域的西北部，巴伦支海和喀拉海海域上空以及西西伯利亚的极圈内地区上空，常常有于北大西洋上空形成的气旋经过。气旋是中心气压比四周气压低的旋涡，气流以上升为主。深气旋（特点是中心气压非常低）在北大西洋上空最常观测到。正是因此，冰岛地区有一个名为“冰岛低压”的低压中心。从这个低压中心延伸出一个气压槽（低压区），这个气压槽向整个北极西部以及亚马尔和泰梅尔半岛扩散。这意味着，冬季这些地区以气旋活动为主。正因如此，在该地区上空的大气压下降，平均变化为1004～1014mbar（毫巴）。这些地区的气压往往会异常低，在巴伦支海上空达到965～970mbar。由于压力差，大气层内产生大规模的空气流。但是，空气的运动不垂直于等压线，而是与等压线呈一定的角度，因此，北半球的低压区依然在运动方向的左侧，这与地球自转的偏心力和摩擦力有关。因此，在穿过北极地区西扇形区延伸的气压槽的南缘，气团向西南转移，这一现象在摩尔曼斯克站尤其明显。北极地区西部的深气旋活动的次数多，导致风力很大。被称为“气旋风暴”的深气旋的特点是中心与外缘的压差大。因此，在北极地区西部、亚马尔和泰梅尔沿岸地带，冬季可以相当频繁地出现风暴。例如，在巴伦支海和喀拉海海域上空以及沿岸，平均风速为5～10m/s。北极地区西部和巴伦支海在寒冷期平均发生10～15次风暴，风暴的平均风速达12～17m/s，阵风达20～25m/s。冬季平均会有一次阵风达到飓风风力（33m/s以上）。在个别年份，在北极地区西部和巴伦支海，冬季的风暴和飓风天数可能达到25～30天。通过卫星观测发现，在冬季的半年内，不结冰的北极边缘海上空常形成所谓的极地气旋，这是不大的旋涡（与普通气旋相比），直径通常不超过500km。但是，极地气旋的能量非常大，会引发极强的降水和飓风。由于规模不大且极不稳定，很难对这些大气现象进行预测。

东西伯利亚的上空以稳定的亚洲反气旋为主。反气旋是中心气压比四周气压高和空气向下流动的旋涡，分为暖性反气旋和冷性反气旋。亚洲反气旋是冷性反气旋，仅在冬季的半年内[11月至次年3月（含）]出现，与亚欧大陆北部的积雪地表的强烈降温作用有关。降温作用导致下层空气比上层空气更冷。这时，空气开始下行运动，形成广阔的高压区。亚洲反气旋非常稳定。但是，它的垂直厚度不大，不超过2km。亚洲反气旋的强度和位置在不同年份也有所变化，它的一个中心在贝加尔湖附近，另两个中心在雅库特的东北部（奥伊米亚康地区）。该大气现象占据很大的区域，几乎占据整个西伯利亚和远东的大陆部分。

北极地区的中心部分处在该巨大反气旋的北缘，这里的压力介于 1019～1024mb。但是，在北极地区中央扇形区的大陆部分，最高纪录可能达到 1070mb。反气旋的北缘盛行给北极沿岸带来大陆冷空气的东南风。风力分布的特点是沿岸的风力中等，而大陆的风力低。但是，吹向沿岸的风可能因为地形的影响而加强，这一效应被称为焚风效应。冷空气流缓慢潜入不高的山脉，越过山脉并在重力和压差作用下向更温暖的北冰洋洋面流动。这样的风出现在较小的区域（通常长度不超过 100km），但是具有惊人的旋涡力，能够达到飓风风力。新地岛（新地岛布拉风）、楚科奇沿岸佩韦克地区等地存在这样的局部风。

北极地区的东部处在亚洲反气旋的东部外缘，因此这里盛行西北风。由于亚洲反气旋和阿留申低压之间的压差大，楚科奇海和白令海沿岸的风力很强。如同北极地区的西部，这里也常观测到强大的气旋风暴。在寒冷的远东大陆地区与太平洋上空的暖气团之间出现的巨大温度对比保持了这些旋涡的能量。巴伦支海海域和楚科奇大陆地区之间的温差的平均值为 10～12℃，温差的最大值可能达到 20～25℃。曾出现过在气旋风暴中的温暖扇形区和寒冷后方之间的温差达到 25～30℃的情况。在这种情况下，分开暖空气和冷空气的大气前锋对比强烈。前锋带会形成厚云层，因此产生强降雪和暴风雪。

夏季，在北极地区大陆部分的上空，大气压下降，而在毗邻海岸的北极边缘海上空，大气压上升，这是由于在寒冷的或者被冰覆盖的海面上形成温度低于上部大气层的近地空气层。也就是说，在北极海域上空，大气层下部的气温随海拔上升而上升，这意味着，形成了空气下沉（下行运动）的条件，导致形成冷性反气旋。夏季的大西洋气旋不像冬季那么强烈，很少向北极地区西部尤其是向中部渗透。这都使北极海域上空的大气压在夏季上升，这里的大气压介于 1007～1013mbar。陆地区上空的情况则相反，由于热容量较小（与大洋相比），无雪的下垫面迅速升温。结果，近地大气层比上方大气层更温暖。空气开始上行运动，导致形成低的背景气压。结果，北极大陆地区上空的大气压在夏季低于海域上空的大气压，这样的压力分布决定了俄罗斯北极地区的大部分区域盛行北风和东北风，北风和东北风从 80°N 以北全部被冰覆盖的北冰洋海域带来冷空气。在远东，夏季盛行沿占据太平洋大部分海域的辽阔高压区西外缘的东南风（Бредихин и др., 2013）。

在夏季，大西洋气旋常常出现在北极地区西部和中央东侧海域的上空以及陆地区的上空，甚至不时地到达雅库特的北部地区。太平洋北部上空的气旋活动（阿留申低压）对北极地区的东扇形区的天气和气候产生重要影响。但是，大西洋和太平洋气旋的深度和强度在夏季不像冬季那么大，平均风速大约只有冬季的三分之二。尽管如此，夏季也常有丰富的降水甚至暴风（尤其在巴伦支海和白令海），只是强度和次数显著少于冬季。

如同冬季一样，夏季的最大风速也出现在海域上空以及沿岸和岛屿，而最小风速出现在大陆腹地。总体上，由于陆地和海洋之间的热量差和压力差减小以及气旋活动减弱，夏季的风速更低。

2.2.1.3 降水

北极地区的年降水量分配遵循如下规律：在平原，受温度影响，空气含水量减少（气温越低，空气中容纳的水蒸气就越少），降水量向北递减。此外，降水量总体上自西向东减少，这是由于气候的大陆性增加，体现为空气中的水分减少。在向东移动时，大西洋的空气逐渐失去水分，水以降水形式下落。从寒冷的北极海面、冻原和北方泰加林进入空气中的水蒸气的量要显著地少于从北大西洋海域进入空气中的量。

地形对北极地区的降水量的分配产生很大影响。山脉和高地的迎风坡的降水量多于毗邻的平原和背风坡。在北极地区的西扇形区和中央扇形区，山脉和山原的西坡是背风坡；而在东扇形区，东坡是背风坡。在极地乌拉山的西坡上，年降水量达到800mm，在泰梅尔半岛南部的普托拉纳高原的西部，年降水量达到600mm。在楚科奇山原和科里亚克山原的东坡上，年降水量达到650m。迎风坡降水量增加的原因如下：空气在碰到山脉阻挡时会向上攀升。在攀升时，气压下降，气温也相应下降。在某一时刻，气温达到水蒸气凝结的温度即形成云。如果空气中的水蒸气足够多，所形成的云会很厚从而发生降水。正因如此，迎风坡上的降水量总是比毗邻的平原、河谷和背风坡多。

夏季，北极地区的降水存在相当大的差异。陆地区暴雨次数相当多，而北冰洋海域和沿岸带则很少有暴雨，这里主要下毛毛雨或者细雨。在北冰洋的整个海域以及沿岸，雾的发生率很高。当相对温暖的陆地空气在寒冷的海面上移动时，空气会冷却，空气中的水蒸气会凝结形成低的层状云和雾。在北极的某些地区，受地形影响，雾的发生率增加。5～11月，年平均大雾天数达到30天。雾属于危险的天气现象，会给航空和海上交通运输工作造成很大影响，而航运和海运是北极地区的主要交通类型（Молчанов и др., 2011）。

在北极地区西扇形区，年降水量在北极南界为600mm，在北极沿岸为400mm，岛屿上的降水量最小。例如，在新地岛北部和法兰士·约瑟夫地群岛，年降水量在200～300mm。降水量主要与大西洋气旋有关。但是，有时来自地中海方向的南部气旋也会到达这些纬度，主要是到达科米共和国、阿尔汉格尔斯克州东部地区。尽管北极地区的降水强度总体上显著低于南纬地区，但冬季的特大降雪和夏季的暴雨却并不少见。在冬季，极地气旋（直径200～300km）往往导致强降水，并伴有暴风和飓风，其性质接近热带飓风。地形也对降水量的分配有所贡献，最大年降水量出现在科拉半岛和极地乌拉山的山脉中，达800mm。

北极地区中央部分的降水量最低。例如，在雅库特的北极沿岸以及北冰洋的列岛上，年降水量介于150～200mm，这是由多种因素造成的。首先，在北冰洋的冰区上空，空气中的水分含量低。其次，气旋活动随着向东移动而减弱，与大西洋气旋有关的降水主要发生在北极地区的西扇形区。此外，在北极地区的中央部分，不论是冬季还是夏季，冷性反气旋的出现次数都很高，这也导致了年降水量的减少。

在北极地区的东扇形区，由于太平洋上空的强烈气旋活动的显著影响，年降水量增加。楚科奇海沿岸年平均降水量为300～400mm，太平洋沿岸接近500mm。东扇形区的气旋活动在冬季尤其活跃，这与冬季白令海海域上空与楚科奇半岛上空的温差有关，温差平均为10℃，在个别时候会达到25～30℃。在这样的温差下，中纬度带的气旋强度骤然升高，从而导致降水量增加。例如，阿纳德尔地区寒冷期的强降雪和暴风雪（昼夜降雪量 25mm 以上）的平均天数为 20 天，佩韦克地区为 25 天。白令海沿岸寒冷期的强降雪和暴风雪（昼夜降雪量 25mm 以上）的平均天数达到 30 天。和北极地区的西扇形区一样，远东的强降水也往往与极地气旋有关。夏季，这里的降水量也相当大，太平洋气旋的影响在这里持续。在北极沿岸和白令海沿岸，在寒冷的海面附近，夏季以毛毛雨、小雨和中雨为主，常有雾出现。

在俄罗斯北极地区大部分区域降水量的年内变化中，夏季的降水量最大，这与暖空气比冷空气含有更多的水蒸气有关，相应地，夏季形成的云含有比冬季更多的水分。此外，在北极的大陆部分，夏季的地表和靠近地表的近地空气层往往比更高的大气层更加温暖。这时，空气开始上升（称之为对流运动），从而形成积云和积雨云。暴雨雪、雷暴、冰雹和飑与积雨云有关。雷暴、飑和冰雹在北极地区罕见（尽管在大陆地区每年夏季都可以见到），而暴雨雪则相当频繁。冬季，仅不冻结的巴伦支海域上空出现对流云和暴雨雪。从极地乌拉山到科雷马河流域，夏季的降水量平均是冬季的 2～3 倍。巴伦支海和喀拉海海域例外，在这里，冬季降水量最大（法兰士・约瑟夫地群岛），这是由于这里的降水完全由北大西洋上空的气旋活动决定，而气旋活动在冬季显著强于夏季。在北极地区的东部、楚科奇（如在阿纳德尔站），降水量的年内变化也不显著，在这里，太平洋气旋的影响不论在冬季还是夏季都很大。

全年期间，仅北冰洋的岛屿上 [包括新地岛的尤日内岛（南岛）] 会出现固态降水（雪、雹、霰）。仅在 7～9 月，北冰洋岛屿上可能出现混合形式的降水（雨夹雪）、毛毛雨或雪以及罕有的降雨。在北极地区的西扇形区和东扇形区沿岸，固态降水约占年降水量的 50%。在北极中央区的沿岸，尤其在泰梅尔半岛北部，固态降水的比例更高，达到 60%～70%。在大陆地区，在北极的南界附近，固态降水的占比下降至 40%。

俄罗斯北极地区年降水量在最近几十年没有出现重大变化。但是，湿度的年内变化和降水量的强度发生了重大变化。首先，冬季和夏季之间的降水量差变小了，尤其在西扇形区和东扇形区，这与大西洋和太平洋上空的气旋活动增强有关，而气旋活动增强可能是全球变暖的结果。在冬季，西扇形区和东扇形区开始更频繁地出现强降雪和雪暴。其次，在西扇形区和东扇形区，冬季降雨次数增加。如果说在 20 世纪中期西扇形区和东扇形区极少在冬季出现降雨，那么近年来，在科拉半岛，甚至在白令海沿岸，几乎每年冬季都至少会观测到一次降雨。最后，在北极的大陆地区，大雷雨、飑的次数增加。在最近 10～15 年，阿尔汉格尔斯克州、科米共和国甚至出现了几次龙卷风（Бредихин и др.，2013）。

2.2.1.4　积雪

积雪的平均特征值与热力状况有紧密关联，这一点在积雪天数的分布中体现得最清晰，积雪天数的分布非常接近地带性分布，从欧洲区域的中心和西部的 160 天到北极岛屿北部的 270 天。这一地带性的分布特征在欧洲区域被破坏主要是受大西洋暖空气团的影响，在亚洲区域被破坏主要是受地形的影响。积雪深度的分布由地形和主要输送气团的暴露时间决定，在前乌拉尔地区，积雪深度大于 80cm，在叶尼塞河中游地区，积雪深度为 100cm 以内。这些积雪深度中心的积雪储量也是最大的，为 240～280mm 积雪水当量。堪察加东部和鄂霍次克海北部沿岸带的积雪深度最大（达120cm积雪水当量及以上）；东西伯利亚南部和北部的积雪深度最小（30cm积雪水当量或者小于80mm积雪水当量）。积雪深度50cm以上的持续天数等特征值也与积雪深度的分布极相似（最大值在叶尼塞河中游和鄂霍次克海北部，有120天以上）（Абрамченко и др.，2017）。

亚欧大陆北部的积雪对全球变暖的响应已经被充分研究过。研究发现，积雪深度和持续时间的变化可能不一致。与通常在积雪分布的西界和南界出现春季积雪融雪期缩短一样，积雪面积的缩小伴随着高纬度辽阔区域积雪的增加。这两个现象都与北大西洋涛动的正位相和伴随着北亚欧大陆高纬度带冬季变暖的大气层西向输运增强有关。在积雪与北亚欧大陆12月至次年3月平均气温存在紧密关联的55°E～120°E扇形区内，观测到积雪深度在1971～2013年与1951～1970年相比增加了大约27%。在西北部（30°E～55°E）也发现积雪量增加，但是增长率（13%）只有中部地区的一半左右，同时，这里的积雪深度的年际变化通常与温度相反，说明冬季的冻结对这一地区积雪有强烈影响。在东北扇形区（120°E～180°），观测到积雪深度从20世纪80年代中期起出现明显的增长（Осокин и Сосновский，2014）。

与现代气候变暖期之前的1951～1970年的较稳定期平均值相比，在1989～2008年仪器观测期内的最温暖期记录到融雪期的变动最明显。融雪期的缩短涉及俄罗斯欧洲区域的西南半部和大部分东西伯利亚，但是延长5～10天的重大变动（具有统计学意义的5%）出现在俄罗斯欧洲区域西部边界、中央黑土地带、里海沿岸地区、哈巴罗夫斯克边疆区和阿穆尔河沿岸地区。此外，还观测到一种反向趋势，融雪期的延迟向大部分的西西伯利亚和俄罗斯欧洲区域的东北部以及中西伯利亚扩散，但是只是局部，西西伯利亚南部和俄罗斯欧洲区域东北部的融雪期变动超过5天。融雪期延迟10天以上的重大变动出现在滨海地区和萨哈林岛（库页岛）。

2.2.1.5　严酷的气候

一个地区最重要的气候潜力指标是气候的舒适度，人口密度和经济发展前景都受制于当地气候的舒适度。总体上，北极地区寒冷且不舒适。这里观测到零下温度的持续时间为6个月（西扇形区和南界附近）到9个月（中央扇形区的沿岸和山地）。在冬季，气候的舒适度在这里从无感（即中度）到极不舒适。在短暂的零上温度期内（3～6个月），气候的舒适度多评价为无感舒适度。因此，可以得出结论，即冬季期对气候的舒适度起决定作用。

可以利用一系列指数评价天气条件的极端性和气候的严寒性。气候严寒指数计算方法的依据是人体热辐射的强度与气温、风速和湿度这三个最重要气象指标的关联性，还应当考虑当地的海拔，这些因素都会增加气候的严寒性。例如，1月份的多年平均温度在奥伊米亚康村（雅库特东北部）为–46℃，在迪克森村（泰梅尔西北部）为–30℃。尽管如此，雅库特东北部的气候特点是严寒，而同时，泰梅尔西北部的气候条件被定义为酷寒，这是由于风额外产生了降温作用，而北极沿岸的风比大陆地区更猛烈。空气湿度也发挥了作用，沿海的空气湿度无疑高于大陆。泰梅尔和雅库特的山区的气候属严寒。除了气温和风速的影响，还有海拔的影响。气压随着海拔上升而下降，在空气更稀薄的条件下，人体对太阳辐射的吸收作用和热量损失都在加大。而在冬季环境下，热量损失发挥主要作用。因此，随着海拔上升，在相同的温度下，体表会失去更多的热量，而这意味着人体会更快地失温。

总体上，随着大陆性气候的增多，即自西向东以及随着向北冰洋沿海靠近，北极气候条件的严寒程度加剧。在极地乌拉山、泰梅尔的北极沿岸和白令海沿岸观测到了最高的严寒指数值。在这里，1 月份平均温度在–30～–20℃，结合 5～10m/s 的多年平均风速和高湿度，严寒指数为 5～7 级，即属于酷寒气候。举例来说，在楚科奇的沿岸地带，在气温低于 –20℃、相对湿度为 80%～90% 的条件下，冬季会平均有 15～20 天观测到风速超过 25m/s 的暴风，而在个别地区（如佩韦克区）风速会达到飓风级（33m/s 以上）。在这样的条件下，人体的热量损失最大，因此定义为极寒气候。在这种天气，如果穿得少，人在室外的存活时间大约只有 1 个小时。在北极的欧洲部分（西扇形区）的陆地区，严寒指数为 2～3 级。在 1 月份多年平均温度为 –17～–12℃、风速为 2～5m/s 的条件下，北极的欧洲部分形成中度严寒的冬季环境。在北极的亚洲部分的陆地区，由于极限低气温（–45～–40℃），这里的气候条件属大寒和严寒（Бредихин и др.，2013）。尽管如此，最严寒的气候条件仍然形成于泰梅尔的北极沿岸和北极的列岛上。

在夏季，北极的气候条件介于无感到不舒适，最不利的天气最常出现在北冰洋海域上空和群岛上。当然，这里的气候条件要比冬季时温和得多。尽管如此，略微高于 0℃的温度加上频繁的雾和风暴（尽管不像冬季那么猛烈），这里的气候条件在最好情况下仅可以定义为无感，而在最坏情况下则定义为不舒适。由于极昼的影响，即使在多云天气，太阳辐射量也相当大，因此夏季极少出现严酷的气候。大陆地区，尤其是北极地区南界附近的气候条件要好于北冰洋，通常是无感。当然也不应该忘记，在俄罗斯北极地区的全境，在整个温暖期内都可能出现霜冻、降雪和暴风。但是，在反气旋天气下（少云、适中温暖、小风或中风），大陆区域气候也会相当舒适。因此，像北卡累利阿、科拉半岛、南泰梅尔这样的地区，在户外旅游爱好者中相当受欢迎，这些地区具备开展水上旅游、山地旅游和登山运动的极好条件，因此可以确信，尽管气候条件严酷，俄罗斯北极地区依然拥有丰富的休憩资源。

2.2.1.6 气候强迫因子

地表辐射差额是俄罗斯北极地区一个重要的气候强迫因子，它决定气候的纬度地带性。热量用于蒸发，以及给土壤、水和空气增温，在北极的环境下，热量还用于融化雪、冰和多年冻土。

北极的大洋部分终年存在海冰，地表辐射差额的年平均值为负值，这是由于极夜时没有太阳辐射，而极昼时在太阳不升起的情况下近 80% 的反射来自雪面和冰面。地表辐射差额在部分巴伦支海的无冰水面为 20kcal/(cm^2·a)，在拉普捷夫海为 10kcal/(cm^2·a)，在楚科奇海为 15 kcal/(cm^2·a)。

在北极的大陆地区，地表的反射率在夏季月份小于 20%，地表辐射差额为正值，全年为 15～20 kcal/(cm^2·a)。

在气候强迫中，环流因子同样重要，环流因子对地表的湿润度影响最大，在很大程度上，还影响气温，尤其在冬季。周围地区对北极气候的影响主要是通过大气环流的状况体现出来的。

这主要指的是大气活动中心，它包括高压区或低压区。在大气活动中心，全年期间或者在某一季节以气旋或反气旋为主。大气活动中心决定了占优势的气团传输，它是陆地和大洋的大部分区域的空气交换因子。例如，来自冰岛低压区的气旋可能向东移动很远，把大西洋的海洋空气一直带到泰梅尔，有时甚至更远。在太平洋北部形成的气旋影响着北极的东海岸（Добрышман，1980）。

与在冬季形成的亚洲高压有关的陆地反气旋促使西伯利亚冷空气向北极的大陆地区和大洋地区扩散。

夏季，如同整个西伯利亚一样，在北极大陆区域的上空，平均气压下降，这既与地表的升温有关，也与气旋活动有关。在靠近海岸的北极边缘海上空，气压升高。气压场的这种特点决定了这里盛行北风，北风带来被多年冰覆盖的北极大洋区域的冷空气。因此，大气环流过程为北极大洋区域的影响与大陆区域的影响创造了相互渗透的条件。

2.2.2 水文水系及其变化

北极地区的蒸发量少，因此河网稠密，并且当地河流的长度不大（10～200km），仅伯朝拉河、鄂毕河、皮亚西纳河、哈坦加河、阿纳巴尔河、勒拿河、因迪吉尔卡河、科雷马河等跨境河流的长度超过1000km，这些河流仅下游进入俄罗斯北极地区。这些河流流经宽阔的河谷，在河口形成湾。河谷内没有多年冻土。注入北冰洋中的巨大淡水径流显著地影响了河流的水文情势和冰情。河流在每年有9～10个月结冰，某些河流会冻透至河底。在大陆上，这些河流在5～6月解冻，在10月冻结；在岛屿上，这些河流则是在7月中旬解冻，在9月初冻结。冬季常枯水。

大陆，尤其是低洼地，分布很多较小和浅的热喀斯特湖，这些热喀斯特湖在一年中的大部分时间被冰覆盖，其中最大的是泰梅尔湖（4500km²）。

2.2.2.1 河流与湖泊

俄罗斯北极地区是特殊的陆地区，亚欧大陆的主要淡水资源在这里形成并注入这里。这些淡水资源集中在地区众多的水体中，包括河流、湖泊、沼泽、地下冰和含水层。巴伦支海、白海、喀拉海、拉普捷夫海、东西伯利亚海、楚科奇海和白令海的集水流域面积超1300万km²（表2-1）。表2-1所列的陆域的93%属于俄罗斯。注入俄罗斯北极扇形区边缘海的河流径流形成于科拉半岛、芬兰和卡累利阿、东欧（俄属）平原北坡、哈萨克斯坦东部、中国西北部和蒙古国北部、阿尔泰和萨彦岭、贝加尔湖沿岸和外贝加尔、东西伯利亚、俄罗斯亚洲部分的东北部和北极岛屿等陆域。

表2-1 俄罗斯北极地区边缘海集水流域的水文特征指标

海的名称	集水流域面积/万km²		流域总面积与海面面积的比值	大陆部分的河流总数/条
	在俄联邦陆域	加上外国陆域		
巴伦支海	52.57	54.24	0.38	61 348
白海	70.98	71.76	7.97	109 354
喀拉海	573.95	664.965	7.53	475 187
拉普捷夫海	369.29	369.29	5.58	421 786

续表

海的名称	集水流域面积/万 km^2		流域总面积与海面面积的比值	大陆部分的河流总数/条
	在俄联邦陆域	加上外国陆域		
东西伯利亚海	129.55	129.55	1.42	483 672
楚科奇海	10.10	10.10①	0.44	41 830
白令海	34.50②	34.50	14.15	159 891③

①在阿拉斯加没有集水区；

②在楚科奇自治区境内；

③在杰日尼奥夫角和堪察加半岛之间通向白令海的集水地段。

资料来源：Бредихин и др.，2013

俄罗斯北极边缘海的集水流域的主要部分是指喀拉海和拉普捷夫海的集水区，除了俄罗斯的陆域，还包括鄂毕河和叶尼塞河流域南段所在的哈萨克斯坦、中国和蒙古国的某些地区。巴伦支海、楚科奇海西部和白令海北部的集水流域的面积较小。对于最集水流域面积小的白令海来说，其集水流域的面积与海面面积的比值是最大的。

俄罗斯北极地区的集水区汇集了 175 万条以上的大小河流，占全俄河流总数的 69.5%，这些河流中只有一小部分注入边缘海。

鄂毕河、叶尼塞河和勒拿河是特大型河流，这三条河流位列世界十大河流之列。大型和中大型河流有 17 条，分别是奥涅加河、北德维纳河、梅津河、伯朝拉河、纳德姆河、普尔河、塔兹河、皮亚西纳河、泰梅尔河、哈坦加河、阿纳巴尔河、奥列尼奥克河、亚纳河、因迪吉尔卡河、阿拉泽亚河、科雷马河和阿纳德尔河（表 2-2）。余下大多数的河流属于中型（流域面积 2000～50 000km^2）和小型（流域面积小于 2000km^2）河流。

表 2-2 俄罗斯北极地区主要河流的基本数据

河流名称	流域面积/万 km^2	长度/km	注入的海
奥涅加河	5.69	416	
北德维纳河	35.7	1310①	白海
梅津河	7.8	966	
伯朝拉河	32.2	1810	巴伦支海
鄂毕河	299	5410②	
纳德姆河	6.4	545	
塔兹河	15	1400	
普尔河	11.2	390	喀拉海
叶尼塞河	258	4092	
皮亚西纳河	18.2	818	
泰梅尔河	12.4	754	
哈坦加河（含科图伊河）	36.4	1636	
阿纳巴尔河	10	939	拉普捷夫海
奥列尼奥克河	21.9	2292	

续表

河流名称	流域面积/万 km^2	长度/km	注入的海
勒拿河	249	4400	拉普捷夫海
亚纳河	23.8	872	
因迪吉尔卡河	36	1726	东西伯利亚海
阿拉泽亚河	6.47	498	
科雷马河	64.7	2513③	
阿纳德尔河	19.1	1150	白令海

①含苏霍纳河；

②含额尔齐斯河；

③含阿扬尤里亚赫河。

资料来源：Бредихин и др.，2013

从流域面积来看，北德维纳河是东欧平原北坡最大的河流，它由苏霍纳河和尤格河汇流而成（在大乌斯秋格市附近），流经沃洛格达州、科米共和国和阿尔汉格尔斯克州，注入白海的德维纳湾。这是一条典型的平原河流，坡度较小（平均坡度约为 0.07‰），多带有宽阔的河谷和河滩地。北德维纳河的长度为 744km，加上苏霍纳河一共是 1310km。除了它的两条源头河，北德维纳河的主要支流还有维切格达河、瓦加河和皮涅加河。北极地区界内是北德维纳河长 92km 的下游河段和包含 900km^2 三角洲的河口区（Карнович и Кулешова，1984）。

伯朝拉河是东欧平原北坡最丰水和流域面积第二大的河流，发源于北乌拉尔的山坡，主要流经科米共和国并注入巴伦支海的伯朝拉湾。伯朝拉河全长为 1810km（在北极地区界内为 210km），平均坡度为 0.37‰。伯朝拉河左岸的主要支流是伊日马河和齐利马河，右岸的最大支流是乌萨河。从源头到乌萨河河口称为小伯朝拉河。伯朝拉河在皮日巴河的下游附近分裂为数量众多的支流和水道（当地人称之为“沙雷”）。北极地区和涅涅茨自治区界内是伯朝拉河的河口区，包括一个面积 3250km^2 的三角洲。河口区的近口段距伯朝拉湾 190km，而三角洲的洲头距伯朝拉湾 120km。伯朝拉河的河口区位于涅涅茨自治区界内。

从流域面积来看，鄂毕河是俄罗斯联邦最大的河流和世界第四大河流，它由比亚河和卡通河汇流而成，流经阿尔泰边疆区、新西伯利亚州、托木斯克州和秋明州，注入喀拉海的鄂毕湾。鄂毕河从比亚河和卡通河汇合处起算的长度为 3650km，从卡通河的源头起算则为 4315km，从额尔齐斯河的源头起算则为 5410km。鄂毕河流域的北极部分的南界与鄂毕河河口区的近口段重合。鄂毕河的河口区包括鄂毕河的下游河段（从萨列哈尔德市到三角洲的洲头）、三角洲和独特的鄂毕湾。鄂毕-塔兹湾是喀拉海最大和最绵长的海湾，它把亚马尔半岛和格达半岛分隔开。鄂毕-塔兹湾全长超过 800km，宽度介于 30～90km。鄂毕河以及纳德姆河、普尔河和塔兹河的径流量决定了鄂毕-塔兹湾的水以淡水为主，海湾在一年的大部分时间被冰覆盖。

鄂毕河是一条跨境河流，约 25% 的流域面积位于蒙古国、中国和哈萨克斯坦境内，内陆径流区（面积 53 万 km^2）占据着一部分流域。鄂毕河基本上属于典型平原河流（平均坡度为 0.04‰）。有众多支流注入鄂毕河，其中较大的是额尔齐斯河、托木河、克季河、丘雷姆河、特姆河、瓦休甘河、阿甘河、瓦赫河、北索西瓦河、波卢伊河。鄂毕河的径流量受新西伯利亚水库（1959 年建）调节，而额尔齐斯河的径流量受布赫塔尔马水库（1967 年建）和乌斯季卡缅诺戈尔斯克水库（1959 年建）的调节。

叶尼塞河是俄罗斯最丰水和世界径流量第六大的河流，由大叶尼塞河（比赫姆河）和小叶尼塞河（卡赫姆河）在克孜勒市附近汇流而成。叶尼塞河的流域总面积为 258 万 km^2，其中 32.8 万 km^2 在蒙古国境内，河口区位于俄罗斯的北极地区内，包括三角洲（面积 4500km^2，长 196km）和长约 350km 的叶尼塞湾。叶尼塞河的南界距离叶尼塞湾的湾头 870km，即在下通古斯卡河注入叶尼塞河的地区内。叶尼塞河流经图瓦共和国、哈卡斯共和国、克拉斯诺亚尔斯克边疆区。叶尼塞河流域水文系统的典型特点是具有明显的不对称性：流域右岸多山部分的面积是位于西西伯利亚平原东缘的左岸部分的 5～6 倍。叶尼塞河有很多支流 [阿巴坎河、图巴河、坎河、安加拉河（最大的支流）、瑟姆河、石泉通古斯卡河、巴赫塔河、下通古斯卡河、图鲁汉河、库列伊卡河、大赫塔河等]，从规模和水量来看，这些支流都是俄罗斯的大型河流。叶尼塞河从克孜勒市到入海口的长度为 3487km，从大叶尼塞河源头到海的长度为 4092km。如果把色楞格河的源头作为叶尼塞河的源头，那么色楞格河、安加拉河和叶尼塞河组成的河系的总长度为 5539km。叶尼塞河的平均坡度为 0.37‰，河干和支流的径流量受安加拉–叶尼塞梯级水库调节。较大的水库是克拉斯诺亚尔斯克水库、萨彦–舒申斯克水库、布拉茨克水库、乌斯季伊利姆斯克水库等。安加拉河的下游建设有博古恰内水库。

勒拿河是俄罗斯水量第二大和流域面积第三大的河流，长度为 4400km，发源于环绕贝加尔湖的山地区，源头距离贝加尔河西岸 10km。勒拿河的上游分布在伊尔库茨克州、外贝加尔边疆区、克拉斯诺亚尔斯克边疆区和哈巴罗夫斯克边疆区、布里亚特共和国界内，流域的主要部分位于萨哈（雅库特）共和国界内。勒拿河注入拉普捷夫海，在入海处形成了俄罗斯最大的多支流三角洲（面积 32 000km^2）。在三角洲前方，在长 150km 的“勒拿河管道”（Lena Tube）段，勒拿河流淌在全宽 1.5～4km 的河谷中。俄罗斯北极地区的南界穿过勒拿河流经的贾尔占镇（距海 662km）。较大的支流有基廉加河、维季姆河、奥廖克马河、阿尔丹河（最大支流）和维柳伊河（由梯级水库调节）。河流右岸的流域面积是左岸的 1.5 倍。勒拿河的整个流域都处在多年冻土带中。

科雷马河是西伯利亚东北部最大和俄罗斯流域面积第四大的河流，流经马加丹州和萨哈（雅库特）共和国。科雷马河由位于鄂霍次克–科雷马山原上的库卢河和阿扬尤里亚赫河汇流而成。科雷马河的河口区（长 282km）和三角洲（面积 3250km^2、长 120km）完全进入俄罗斯北极地区界内。科雷马河全长 2129km（加上阿扬尤里亚赫河为 2513km），平均坡度为 0.57‰。科雷马河的右岸主要支流是布云达河、苏戈伊河、科尔科东河、别廖佐夫卡河、奥莫隆河（最大的支流）和阿纽伊河；左岸主要支流是亚萨奇纳亚河、奥若吉纳河和谢杰杰马河。流域面积的 80% 以上被亚纳–楚科奇山区占据，20% 被山前平原和科雷马低地占据。科雷马河从 1980 年起由科雷马水库调节水量。

阿纳德尔河是楚科奇自治区最大的河流，流域面积 19.1 万 km^2，它完全位于俄罗斯的楚科奇自治区及其北极地区界内。阿纳德尔河是俄罗斯北极地区唯一不是注入北冰洋而是注入太平洋的大型河流，它发源于阿纳德尔台原的中部，注入白令海的阿纳德尔湾。阿纳德尔河全长1150km。右岸主要支流是亚布隆河、叶罗波尔河、迈恩河；左岸主要支流是奇涅伊韦耶姆河、别拉亚河、塔纽列尔河。

在俄罗斯北极地区的各个沿岸地区，河流的径流量和河网密度[即河流总长度（km）与流域面积（km^2）的比值]各有不同。径流量最大的河流注入喀拉海，径流量明显更小的河流注入拉普捷夫海，接下来，东西伯利亚海、白海、巴伦支海和白令海接纳的河水径流量依次递减。楚科奇海不接纳任何一条大河的径流，对于楚科奇海以及其他边缘海来说，中小型河流发挥重要作用。科拉半岛的河网发育良好，河网密度为0.4～0.9km/km^2。亚马尔半岛和格达半岛北部的河网密度上升到0.7～1.0km/km^2，泰梅尔半岛为0.7～1.25km/km^2，上扬斯克山脉的北极部分为0.8～1.08km/km^2，楚科奇自治区界内为0.8～1.2km/km^2，新西伯利亚群岛为1.0～1.78km/km^2。在西西伯利亚低地（0.3～0.5km/km^2）、亚纳-因迪吉尔卡低地（0.2～0.6km/km^2）和科雷马低地北部（0.12～0.5km/km^2）发源的河流数量少，这与这些地方的降水量不大、地面坡度小、沼泽化和存在大量湖泊有关。

俄罗斯北极地区的陆域整体上属于人烟稀少地区，在这种情况下，河流、连接河流流域与边缘海的河口区以及各大河流系统对于当地居民和自然资源利用单位具有重要意义。河口区由河口段和口外海滨组成。口外海滨是受河水的淡化、升温和其他影响的受纳水体的近岸水域部分。河口段是受海水增水和潮汐影响的河流下游部分，它可能包含三角洲（北德维纳河、伯朝拉河、鄂毕河、叶尼塞河、勒拿河、亚纳河、因迪吉尔卡河、科雷马河等河的河口），也可能不包含三角洲（凯姆河、奥涅加河、库洛伊河、梅津河、下泰梅尔河、哈坦加河、阿纳巴尔河等河的河口）。大型和特大型河流的河口规模也较大。北冰洋大陆海岸（在俄罗斯境内）总长度的10%以上是所谓的“三角洲岸”。位于俄罗斯北极地区界内的河口把亚欧大陆与北冰洋和（部分）太平洋连接起来。水、冲积土、化学物质和热量从大陆进入河口，河口阻挡和改造来自河流流域的污染物，发挥全球过滤器的作用。河口是很多种鱼类产卵、育肥和迁徙以及候鸟越冬、觅食和休息的地方。河口区是北极沿岸开发程度最高的地段，俄罗斯的当地居民很早就开始利用河口区的有利地理位置和自然资源（水、动物与植物、矿物和土地资源），河口区还用于部署河海联运和捕鱼。

俄罗斯北极地区是俄罗斯湖泊最多的地区之一（表2-3），这里有众多不同规模和成因的湖泊，大部分湖泊具有冰川作用成因、构造成因和热喀斯特成因。冰川湖和热喀斯特湖通常深度不大，构造湖的深度最大，可达数百米。还有很多湖泊具有河流成因，这些河成湖形成于河谷的低洼部分和三角洲内。

表2-3　俄罗斯北极地区大型湖泊（流域面积超过100km^2）的基本数据

湖泊名称	所在地区	最大深度/m	湖面面积/km^2	体积/km^3
温博泽罗湖	摩尔曼斯克州	115	422	4.65
伊曼德拉湖	摩尔曼斯克州	67	812*	—
诺托泽罗湖	摩尔曼斯克州	—	78.9	—
洛沃泽罗湖	摩尔曼斯克州	35	200*	—
科夫多泽罗湖	摩尔曼斯克州	56	294*	—

续表

湖泊名称	所在地区	最大深度/m	湖面面积/km²	体积/km³
科尔维茨科耶湖	摩尔曼斯克州	20	121	—
托波泽罗湖	卡累利阿	56	986/1049**	—
皮亚奥泽罗湖	卡累利阿	49	659/755**	10.1
恩戈泽罗湖	卡累利阿	18	122/136**	—
克列季湖	卡累利阿	26	245/298**	—
季克舍奥泽罗湖	卡累利阿	40	209/232**	—
第一、第二亚罗托湖	亚马尔-涅涅茨自治区	8	401	—
扬布托湖（肖亚哈河的源头）	亚马尔-涅涅茨自治区	28	169	—
扬布托湖（莫尔德亚哈河的源头）	亚马尔-涅涅茨自治区	—	119	—
扬布托湖（扬布托亚哈河的源头）	亚马尔-涅涅茨自治区	—	160	—
尼奥伊托湖（马尔托湖）	亚马尔-涅涅茨自治区	4	215	—
泰梅尔湖	泰梅尔多尔干-涅涅茨区	26	4560	12.8
汉泰湖	泰梅尔多尔干-涅涅茨区	420	822	～82.0
皮亚西诺湖	泰梅尔多尔干-涅涅茨区	10	735	～2.9
梅尔科耶湖	泰梅尔多尔干-涅涅茨区	22	270	～1.1
克塔湖（希塔湖）	泰梅尔多尔干-涅涅茨区	50	452	—
拉马湖	泰梅尔多尔干-涅涅茨区	254	318	～17.0
昆加萨拉赫湖	泰梅尔多尔干-涅涅茨区	—	270	—
波尔特尼亚吉诺湖	泰梅尔多尔干-涅涅茨区	—	376	—
涅尔皮奇耶湖	下科雷马区	—	350	—
布斯坦赫湖	乌斯季亚纳区	—	249	—
莫戈托耶沃湖	阿莱哈区	—	323	—
莫尔斯科耶湖	下科雷马区	—	205	—
索伦塔赫湖	阿莱哈区	—	131	—
丘科奇耶湖	下科雷马区	—	120	—
克拉斯诺耶湖	楚科奇自治区	4	458	～0.6
佩库利涅伊斯科耶湖	楚科奇自治区	—	435	—

* 水库建成前；

** 含岛屿。

资料来源：Бредихин и др.，2013

科拉半岛的湖泊率（湖面总面积与地区面积的比值）最大（5.5%～7.5%）。卡累利阿共和国陆域的湖泊率为12.5%，亚马尔-涅涅茨自治区陆域的湖泊率为8%，萨哈（雅库特）共和国阿莱哈村和下科雷马区的湖泊率为8.5%。勒拿河三角洲的湖泊率达到12%，亚纳河三角洲的湖泊率为10%。俄罗斯北极地区其他所有地段的湖泊率介于1%～

5%。伊曼德拉湖、泰梅尔湖和克拉斯诺耶湖是俄罗斯北极地区具有代表性的湖泊（Слуковский и др.，2023）。

伊曼德拉湖位于摩尔曼斯克州科拉半岛西南部，在海拔 126.7m 的冰川和构造成因的凹地内。伊曼德拉湖具有复杂的叶片形状，有众多深入陆地的湖湾。伊曼德拉湖中的岛屿众多，其中最大的是叶尔姆岛（面积 $26km^2$）。伊曼德拉湖由 3 部分组成，北部是大伊曼德拉湖（面积 $328km^2$，长约 55km，宽 3～5km）；中部是约科斯特拉伊曼德拉湖（面积 $351km^2$，宽约 12km）；西部是巴宾伊曼德拉湖（面积 $133km^2$）。多条河流从西面注入伊曼德拉湖，形成错综复杂的湖河系统。尼瓦河发源于约科斯特拉伊曼德拉湖。伊曼德拉湖的湖水异常清澈，能见度达到 11m。湖水中盛产鱼类（白鲑、茴鱼、红点鲑等）。在尼瓦河的水电站建成后，伊曼德拉湖变成了一座永久调蓄水库。

泰梅尔湖位于泰梅尔半岛（克拉斯诺亚尔斯克边疆区泰梅尔多尔干–涅涅茨区），它是地球最北端的湖，也是俄罗斯亚洲部分面积第二大的湖，位于贝兰加山脉中，是泰梅尔自然保护区的一部分。泰梅尔湖全长 250km，面积 $4560km^2$，平均深度 2.8m，最大深度 26m。湖岸被浅水的湖湾切割，北岸和东岸陡峭，南岸平坦。有 5 条大型河流注入泰梅尔湖，只有一条下泰梅尔河从泰梅尔湖流出。泰梅尔湖中栖息着红点鲑、白鲑、目荀白鲑等鱼类。湖中的岛屿是候鸟的筑巢地。

克拉斯诺耶湖是楚科奇自治区最大的湖，湖长 35km，宽 15km，最大深度 4m。湖面面积 $458km^2$。克拉斯诺耶湖具有河流成因和构造成因。东岸陡峭，北岸和南岸平坦和低洼。别廖佐瓦亚河、拉穆茨卡亚河、凯维利吉利韦耶姆河、塔利亚伊嫩河等河流注入湖中。克拉斯诺耶湖经两条水道与阿纳德尔河的下游连通。受沿河水上溯的潮汐的影响，克拉斯诺耶湖是鲑鱼的产卵地，夏季在湖水中游弋着大马哈鱼、驼背大马哈鱼、胡瓜鱼、北极红点鲑和小群的白鲸。克拉斯诺耶湖及其集水区已经被列为自然遗迹。

北极地区的湖泊是重要的淡水资源，对于当地居民具有渔业经济价值。有大量的鸟在此筑巢或者在迁徙途中在此处休息，因此这些湖泊具有狩猎经济价值。其中一些湖被水坝拦截成为水库，湖水资源被用于发电。这样的发电站主要建在摩尔曼斯克州、卡累利阿、克拉斯诺亚尔斯克边疆区的湖成河上（在叶尼塞河下游支流上），其中最大的水库有图洛马河的上图洛姆水库，沃罗尼约河的谢列布良斯科耶水库，尼瓦河的伊曼德拉–皮连格斯科耶水库，科夫达河的库马水库、约瓦水库和克尼亚热古巴水库，汉泰卡河的乌斯季汉泰卡水库，以及库列伊卡河的库列伊水库。

2.2.2.2 河流的径流量与水情

河水从亚欧大陆北部的辽阔陆域注入北冰洋。这些河流的大部分流域位于俄罗斯联邦境内，它们把形成于各个特大型、大型、中型和小型河流中的本国水资源的主要部分带入俄罗斯北极扇形区的海中。

一般情况下，河水的丰度是由河流的规模决定的，径流量 W 是河水丰度的定量指标。径流量是指在某一时间段△ t（s）进入河段的水的体积（m^3、km^3），它取决于河水流过该河段的平均强度（水流量 Q，m^3/s）。如果径流量按照天、月或年计算，则水流量按相应的时间段取平均值。因此，对于任一时间段△ t，所有变量都通过一个简单的关系式关联：$W=Q\times\triangle t$。取多年平均值的年径流体积称为河流的含水量，它代表河流的水资源量。

集水区面积 F 越大，水流量和径流体积就越大。为了对具有不同集水面积的河流流域内径流的形成条件进行比较，需要分析径流体积的派生指数——径流深度（$y=W/F$），径流深度是指均匀分布在集水区的河水水层的厚度，以 mm 表示。

对于任何区域，多年期的径流深度 y（mm）都取决于大气降水量 x（mm）和蒸发量 z（mm），即 $y=x-z$。河流流域的降水量越大，蒸发量越小（湿润和半湿润条件），流域内的河流就越丰水，河流数量也越多，反之则河流的水量和数量就越少。

俄罗斯北极地区属于湿润地区，在其界内的径流深度介于 132～407mm（作为比较，在东欧平原和西西伯利亚平原的南部，径流深度减少至 50mm 及以下，表 2-4）。由于大气降水深度减少和蒸发深度增加，径流深度从边缘海沿岸向俄罗斯北极地区的南界减少。随着与大西洋和太平洋这两大水源的距离加大，俄罗斯北极陆域部分的降水量也逐渐减小。因此，降水量从科拉半岛和卡累利阿的 300～400mm 减少至雅库特中部地区的 100mm 以下，在楚科奇自治区增加至 400～600mm。地形也使降水量和相应的径流量的分配发生变化。降水量在山和某些高地的迎风坡增加，导致径流深度增加。例如，径流深度在科拉半岛的山区增加至 600mm 以上，在北乌拉尔和极地乌拉尔增加至 600～1200mm，在普托拉纳高原增加至 1000mm，在贝兰加山脉增加至 400mm，在哈拉乌拉赫山脉增加至 300～350mm。

表 2-4 俄罗斯北极地区主要河流的径流特征值

河流名称	年平均流量/（m^3/s）	年径流量/km^3	年径流深度/mm
奥涅加河	500	15.7	276
北德维纳河	3 260	103	289
梅津河	856	27.0	346
伯朝拉河	4 150	131	407
鄂毕河	12 900	407	136
叶尼塞河	20 600	651	252
奥列尼奥克河	1 280	40.4	184
勒拿河	17 200	543	218
亚纳河	1 000	31.4	132
因迪吉尔卡河	1 760	55.6	154
科雷马河	4 060	128	198
阿纳德尔河	1 930	61.0	319

资料来源：Бредихин и др.，2013

不论是在大陆，还是在北极地区的岛屿，平均径流深度都是自西向东逐渐减少。例如，平均径流深度在科尔古耶夫岛为 250mm，在北地群岛为 125mm，在新西伯利亚群岛为 95mm，在弗兰格尔岛为 65mm。

从俄罗斯联邦陆域注入俄罗斯北极扇形区的多年平均河流径流量大约为 $3040km^3/a$，其中 $2920km^3/a$ 来自注入北冰洋边缘海的河流，余下的 $120km^3/a$ 来自太平洋白令海集水区的河流。作为比较，从北美洲的陆域注入北冰洋边缘海的河流径流量为 1187km³/a，从俄罗斯以外的欧洲陆域注入北冰洋边缘海的河流径流量为 266km³/a。

河流径流量沿俄罗斯北极沿岸的分布非常不均匀。来自喀拉海集水区的河流径流量最多（约 46%），其中，喀拉海沿岸地带的西段的浸水和淡化程度最高，这里的大型和特大型河流河口的分布密度最大。流入拉普捷夫海的河流径流量要小得多（不到流入喀拉海的水量的 60%），尽管如此，仍然接近于从其他 5 个海的集水区入海的总河流径流量。楚科奇海近岸部分的淡化程度最低。大约 53% 的河水来自俄罗斯三大河流 —— 叶尼塞河（651km³/a）、勒拿河（543km³/a）和鄂毕河（407km³/a）流域。约 30% 的陆域水资源量来自 17 条注入北冰洋边缘海的大型河流。

河水的注入对于海洋的水文过程具有极为重要的作用。注入海中的“更轻”的河水在海水表层向更远处流动并且显著地改变着沿岸水团的动态、冰态、热态和化学态。矿物颗粒（冲积土）、溶解在水中的生物成因有机和无机的化合物与元素、气体和热量等随着河水一起进入北极边缘海。即使在河水温度为 0℃的冬季，这些物质由于温度更高，也会对海水起到升温的作用，从而对多由多年冻土和埋藏冰组成的海岸造成破坏并影响河口和近岸海区的水中有机物的构成和生长。

径流量会随着大气降水量、蒸发量和雪与冰的融化情况发生变化，因此注入北冰洋的水量是不固定的。河水径流量以及与之有关的水位、流速等随时间有规律地变化形成了河流的水情，它表示主要水文季节（春汛、洪水和枯水）有规律地更替。

在此气候条件下，春汛形成于每年的同一个季节，特点是河水径流量持续增加、水位持续上升。平原的雪融化导致形成春汛（俄罗斯欧洲区域北部和西西伯利亚的众多河流）；而随时间推移的雪融化、夏季高山雪和冰川的融化导致出现春夏汛（鄂毕河、叶尼塞河等）。俄罗斯东北部的持续和强烈夏季降雨，以及涎流冰、地下冰、高山雪堆和冰川的融化是这些河流形成夏汛的原因。这样形成的夏汛波浪具有多峰形状。东欧平原北坡的河流（除了伯朝拉河）、俄罗斯北极地区其他部分的中小型河流最先（在 6 月和 7 月初）结束春汛。在 8 月和 9 月，鄂毕河、叶尼塞河、勒拿河和科雷马河等大型跨境河流，以及皮亚西纳河和下泰梅尔河等由湖泊调蓄和最北端的河流结束春汛。北极岛屿上的河流的径流量更加集中，并且随时间推移径流量更大。

受降雨影响，俄罗斯北极地区的河流在一年中的温暖期会固定地出现洪水。洪水的特点是时间短、流量急剧增加、水位强烈升高。洪水是亚纳–科雷马地区（勒拿河下游以东）河流最有代表性的水情。

枯水期是年复一年固定复现（在一年中的特定季节）的水情期，特点是水流量相对较小、长时间保持低水位。在枯水季节，河水主要由地下水补给。俄罗斯欧洲部分和西西伯利亚北部以及拉普捷夫海集水流域西部的河流具有较明显的夏季枯水期。其他河流的特点基本上是春夏汛结束后水量逐渐下降并持续至冬季前。在秋季结束后（不论是否发生洪水），在 10～11 月会固定出现冬季枯水期（在河流形成冰面之后）。俄罗斯欧洲区域北部河流和注入喀拉海的河流的枯水期径流量相当高，而受自然环境严寒的影响，注入拉普捷夫海、东西伯利亚海和楚科奇海的河流的枯水期径流量则相当低。一系列中型河流甚至北方大型河流（阿纳巴尔河、奥列尼奥克河、亚纳河、阿拉泽亚河、帕利亚瓦姆河、阿姆古埃马河等）在冬季都可能封冻。

在每年流入俄罗斯北极海域的淡水总量中，春夏月份形成的径流量占总径流量的比例非常大。在白海、巴伦支海和喀拉海的集水流域中，春夏月份形成的径流量占总径流量的 50%～75%。拉普捷夫海（除勒拿河以外）、东西伯利亚海和楚科奇海集水流域内的河流，春汛期形成的径流量占总径流量的 70%～90%。其中，大部分河流的最大径流量出现在 5 月（白海集水流域的河流）、6 月（大部分河流）和 7 月（喀拉海集水流域东北部的河流和阿拉泽亚河）。河流秋季（9～11 月）径流量占比不超过 25%。冬季持续枯水期的径流量占比为 1.5%～4%（亚纳–科雷马地区的河流）到 10%～18%（俄罗斯平原北坡的河流、鄂毕河、叶尼塞河）不等。

2.2.2.3　河流径流的变化

俄罗斯北极地区的河流水资源具有显著的时间变化率，包括年内变化率、年际变化率和多年变化率。在年尺度下，河流水资源的变化体现为典型水文期（春汛期、洪水期和枯水期）的有规律的更替。在多年尺度下，河流水资源的变化由不同年份和时期的水量交替构成并体现为年径流量的逐渐增加或者减少。在最近的四十多年，北极地区大部分河流径流量的多年变化的主要规律是径流量从 20 世纪 80 年代开始增加，这反映了区域和全球气候条件的变化。从 20 世纪 70 年代起，尤其从 80 年代末起，俄罗斯欧洲部分的北部和西伯利亚的平均气温开始大幅度升高，与此同时，其他气候特征（大气降水和水域（河流湖泊）、蒸发量、水文气象季节的时间界线等）也发生了变化。

在地区气候变化影响下，北德维纳河、伯朝拉河、叶尼塞河、拉普捷夫海集水区和东西伯利亚集水区西部的大型河流（包括因迪吉尔卡河）的水资源量在 1976～2006 年增加了 3%～13%（与 1936～1975 年相比）。20 世纪 80 年代中期，通过仪器记录到河流年径流量增加，其中叶尼塞河、哈坦加河、阿纳巴尔河和奥列尼奥克河的年径流量增加最显著。喀拉海集水区西部的河流（鄂毕河、普尔河、塔兹河）和科雷马河从 20 世纪 90 年代中期才开始表现出径流量增加的趋势。因此，当前这些河流的径流量与 1936～1975 年径流量的差别不大。

俄罗斯北极地区河流的年径流量的多年变化伴随着水资源的年内分配的变化和季节性更新的水资源量的变化。在北德维纳河、伯朝拉河、奥列尼奥克河和勒拿河的下游和河口，几乎各个季节的径流量都增加，使年径流总量增加。鄂毕河、普尔河、塔兹河、亚纳河和因迪吉尔卡河的春夏汛的径流量增加了 1.5%～3%。亚纳河和因迪吉尔卡河的夏秋季径流量增加了 20%～25%，其次是科雷马河，增加了 2.5%。径流量的增加不仅是由于降水量的增加，还由于涎流冰、冰川、雪堆和埋藏冰的融化量变得更大了。几乎所有河流（除亚纳河和因迪吉尔卡河以外）的冬季径流量都增加了。北德维纳河、伯朝拉河和鄂毕河的冬季径流量增了 6.5%～14.7%。叶尼塞河（增加 68%）、勒拿河（增加 37%）和科雷马河（增加 136%）的冬季径流量增幅较大。除了自然因素，这些河流或者其支流中的大型水库的调蓄作用也对冬季径流量的增加产生影响。水库对径流量的调节是叶尼塞河下游和科雷马河下游径流量在春夏季和秋季减少的原因（Бредихин и др., 2013）。

受全球和区域变暖影响，北极地区河流的水资源和水情在 21 世纪很可能会持续变化。根据现有的预测，在 21 世纪，俄罗斯欧洲部分的北部和西伯利亚的河流的年径流量预计会增加。北美洲的北坡、北欧预计会出现相同的趋势。在西伯利亚的北、东北地区以及主要位于高纬度带的河流，可更新的水资源量的长期增长强度将会加剧。到2025年前，径流量的相对增加量为8%～11%（与1961～1990年的径流量相比）。鄂毕河下游（增加20～30km^3/a）、叶尼塞河（增加40～50km^3/a）和勒拿河（增加30～60km^3/a）的可更新资源的增幅将会达到最大。到21世纪中期，北德维纳河、伯朝拉河、鄂毕河、叶尼塞河和勒拿河的水资源量的相对增加量可能为4%～14%或更高。对东欧平原北坡的河流以及鄂毕河的未来径流量的预测说法不一，这是由于鄂毕河流域的草原和森林草原部分降水量预计在21世纪变化不大，而蒸发量预计将显著增加。勒拿河（最大增加35%）和科雷马河（增加43%）的径流量到21世纪中期的相对增加量预计达到最大，叶尼塞河尤其是勒拿河的绝对增加量预计达到最大。北极地区某些河流的可更新水资源预计总体上会减少或者保持稳定（Бредихин и др.，2013）。

对于注入俄罗斯北极扇形区边缘海的中等规模河流，其未来年径流深度将总体呈增加趋势，这一过程的强度在不同区域会有很大变化。预计北极地区河流平均径流量增加可能导致最大径流量增加和水位上升，这会给居民、公共和生产设施的安全造成威胁。

在河流径流量的年内分配中，冬季径流量将会增加。俄罗斯欧洲区域北部河流的冬季径流量变化将最大，而叶尼塞河以东河流的冬季径流量变化将最小。预计，北德维纳河、伯朝拉河、鄂毕河、叶尼塞河和勒拿河的温暖期径流量将会减少。到2025年，鄂毕河和叶尼塞河的温暖期径流量可能减少，而勒拿河、伯朝拉河和北德维纳河的温暖期径流量则很有可能增加。预计到21世纪中期，上述五条河流的径流量会增加，北德维纳河和勒拿河的温暖期径流量增加较多。但是，与当代的环境相比，径流量的年内分配性质不会出现任何原则性的变化。

2.2.2.4　河流的冰情与热状况

河流冰情的性质与河流热状况的特点即与河水温度有规律的时空变化有着紧密的关系。与相似的气温相比，河水的年平均温度要更高。冬季，冰面下的水温略高于0℃。春季气温升高时和秋季气温下降时，水温的变化与气温的变化一致（带有时间属性偏倚）。俄罗斯北极地区河流的最高水温出现在7～8月，最高水温低于最高气温，并且在最高气温之后略晚出现。

太阳能分地带的输入量的多年变化和季节性变化会使水温出现相应的波动。大部分自南向北流动并注入俄罗斯北极地区海域的河流的水温与气温存在很大的反差，这与带有更南部河流流域“烙印”的更温暖的水进入北纬度带有关，经济活动（排放热的污水、水库对径流量的调节）对河水的热状况也有明显的影响。

热量随着水一起输送，河水在某一时间段输送的热量称为热流量。尽管水温较低，一年中的温暖期短暂，但是注入俄罗斯北极地区海域的河流的热流量仍然相当大，原因在于北极地区河流的水量巨大，并且最大流量期和最高水温期在时间上一致。

每年，热量主要进入北德维纳河（2.85×10^{15}kJ）、伯朝拉河（3.50×10^{15}kJ）、鄂毕河（1.37×10^{16}kJ）、叶尼塞河（1.54×10^{16}～1.615×10^{16}kJ）、勒拿河（1.56×10^{16}kJ）和科雷马河（4.49×10^{15}kJ）等多水河流的三角洲。普尔河（9.00×10^{14}kJ）、塔兹河（1.52×10^{15}kJ）、哈

坦加河（2.49×10^{15}kJ）、奥列尼奥克河（9.50×10^{14}kJ）、亚纳河（1.27×10^{15}kJ）和因迪吉尔卡河（2.21×10^{15}kJ）等河也把大量的热量带入海中。进入北冰洋海域的总热量约为 7.86×10^{16}kJ/a，这相当于全球 4.5 年内开采的所有煤炭燃烧所释放的热量。大部分热量来自注入喀拉海（48%）和拉普捷夫海（28%）的河流。阿纳德尔河给白令海带来的热量最多，为 1.20×10^{15}kJ/a。

注入白海的大型河流的热量主要形成于春季（24%～28%）和夏季（58%～65%）。其他河流的热量主要形成于夏季，如伯朝拉河的 82% 热量、注入喀拉海的大型河流的 85%～92% 热量、注入拉普捷夫海的大型河流的 89%～96% 热量、注入东西伯利亚海的河流的 88%～92% 热量、注入楚科奇海的河流的 96% 热量均形成于夏季。北极地区河流的热流量的长期变化主要由气候因素决定，科拉半岛和卡累利阿的某些河流、鄂毕河和叶尼塞河及其支流，以及维柳伊河和科雷马河是例外，这些河流的热流量的变化是大规模的水利活动导致的。

目前，观测到水温升高和热流量增加。预计 21 世纪的气候将进一步变暖，注入俄罗斯北极地区海域的河水径流量增加、水温升高、热流量增加。北极地区河流的热流量将对局部气候、北冰洋边缘海产生升温影响，加速破坏和瓦解由多年冻土构成的海岸。

水温会影响河流中的生物作用和化学反应的速度、水中有机物的生存环境。但是，水温对河流的冰情产生的影响最大。俄罗斯北极地区界内的所有河流都属于结冰河流，每年都会形成冰面。封冻期持续时间为5.5～8个月。冰期包括三个典型时期：结冰期（或者秋季冰情期）、封冻期和解冻期，这三个时期的冰情的时间界线和特点取决于俄罗斯北极地区不同位置的气候、水量的丰歉、河水流速和深度。

秋季冰情临近的信号是日平均气温在0℃上下浮动。经过一段时间后，气温降至0℃。强烈和持续的变冷使大型、中型、小型河流几乎同时出现冰。不太强烈和短暂的变冷则可能仅会使中型、小型河流形成冰面。

科拉半岛和卡累利阿的河流中，秋季冰情期平均开始于 10 月中旬和下旬；而楚科奇自治区北部河流的秋季冰情期开始于 11 月下旬（表 2-5）。俄罗斯北极地区的欧洲部分和亚洲部分的秋季冰情开始日期相差近几个星期。与在地带性气候条件下形成的中小型河流相比，大型河流的秋季冰情期开始的时间更晚一些，这与大型河流流域处于更温暖的气候中（河水向北流）因此河水热量更高有关。湖成河流或者有水库的河流的秋季冰情期开始的时间也略晚一些。

表 2-5　北极地区大型河流下游和河口的冰情开始和结束的多年平均日期

河流	观测站	平均日期（月-日）				持续时间/天		冰的最大厚度/cm
		开始		结束				
		秋季冰情期	封冻期	封冻期	春季冰情期	冰情期	封冻期/夏季流冰期	
奥涅加河	波罗格站	11-03	11-13	5-02	5-04	183	176/3	75
北德维纳河	乌斯季–皮涅加站	10-29	11-11	5-02	5-09	193	172/8	79
梅津河	多罗戈尔斯科耶站	10-20	11-12	5-09	5-14	207	178/6	99

续表

河流	观测站	平均日期（月-日）				持续时间/天		冰的最大厚度/cm
		开始		结束				
		秋季冰情期	封冻期	封冻期	春季冰情期	冰情期	封冻期/夏季流冰期	
伯朝拉河	乌斯季–齐利马站	10-19	11-07	5-15	5-24	218	189/10	98
鄂毕河	萨列哈尔德站	10-16	10-29	5-28	5-30	227	211/3	132
普尔河	桑堡站	10-10	10-15	6-08	6-10	244	236/3	178
叶尼塞河	杜金卡站	10-15	10-23	6-08	6-14	243	228/7	165
哈坦加河	哈坦加站	10-01	10-05	6-14	6-20	262	253/6	196
奥列尼奥克河	秋米季亚站	10-28	10-11	6-03	6-13	259	235/9	191
勒拿河	丘休尔站	10-08	10-23	6-03	6-12	247	223/10	245
亚纳河	尤比列伊纳亚站	10-29	10-05	5-30	6-06	252	238/7	210
因迪吉尔卡河	乔库尔达赫站	10-03	10-07	6-07	6-10	251	243/4	212
科雷马河	切尔斯基站	10-04	10-09	6-04	6-08	248	238/5	192
阿纳德尔河	斯涅日诺耶站	10-06	10-10	6-04	6-07	245	237/5	—

资料来源：Бредихин и др.，2013

秋季冰情的表现形式相当多样。在秋季冰情期开始时，细针状的冰晶体开始聚集凝结，形成油脂状的薄冰碎片（冰脂）。几乎同时，流速相对低的快速降温的海岸旁形成岸冰，即沿岸冻结的固定薄冰形成的狭窄冰带。河水进一步冷却后会形成水内冰，这是不透明的多孔冰团，由无序接合的冰晶体组成。水内冰以团块状在水面聚积形成冰花。冰花随河水的流动称为流凌。在流凌期，北极河流的河道被冰花堵塞，形成冰塞，冰塞会引起河水水位大幅度上涨。河面的冰花中有时会加入碎冰和雪浆，雪浆由新降落的雪在水中积聚而成。在河水大幅度变冷时，在河面的全宽都可能形成冰，并形成秋季的流冰，大型河流的流冰会持续 10～12 天，小型河流的流冰持续 7 天以内。

随着浮冰的数量和规模增大，冰盘的移动速度下降。在有岛屿的河段、河道分叉的小支流上以及之后沿着河道的全宽，冰盘开始合拢和冻结，最终形成连续冰面，即冰封。在小型河流中，在没有秋季流冰的情况下也可能出现连续冰面（通过沿岸冰的扩大和冻结形成）。在北极地区的岛屿、中西伯利亚和东西伯利亚的北部、俄罗斯的东北部，河流的结冰时间最早（10 月 10 日前），之后，在 11 月 5～25 日，科拉半岛、卡累利阿和阿尔汉格尔斯克州的河流开始结冰。在某些河段，由于流速大以及大量温度更高的地下水或者污水进入河道，其不会出现连续冰面。由于与天然条件相比温度更高的水进入水坝以下的河段，因此水库下游也可能没有冰。在寒冷季节没有冰面的河段称为冰穴。

河流冰面的厚度在冬季期间逐渐增大，同时河道中的水量由于河流转而补给地下水和形成冰而减少。其间，河流可能冻透至河底，以西伯利亚北部和俄罗斯东北部的某些河流最为典型。在这些地区，甚至大型河流（阿纳巴尔河、奥列尼奥克河和亚纳河）也可能冻透。随着寒冷期的气温下降和冰上的雪厚度变薄，河流冰面的厚度增大。俄罗斯北极地区的欧洲扇形区的河流冰面的平均厚度不超过 1m；而亚洲扇形区的河流冰面厚度达到 1～2m 甚至更厚。

在春季，河流的冰面开始逐渐瓦解。太阳的辐射量增加、与大气层的热交换、更温暖的水从河流流域的南部流入及其对冰面的机械作用等都对冰面瓦解过程的强度产生影响。在俄罗斯北极地区的河流中，解冻期或者春季冰情期的时间与春季春汛的开始和高潮时间重合。注入白海的河流最先解冻，平均在 4 月末至 5 月初解冻。克拉斯诺亚尔斯克边疆区的泰梅尔地区、萨哈（雅库特）共和国和楚科奇自治区沿岸地区的河流在 6 月上旬和中旬解冻，之后是北冰洋岛屿上的河流开始解冻。

春季，在土壤升温更快、温度更高的融水从山坡流入河流的影响下，岸边的冰面最先开始瓦解，并在这里形成无冰的水面段（冰缘）。在同一时间，整个冰盖表面的雪和冰开始融化，冰面在水流的升温和机械作用下从下部开始瓦解。最终，这些过程和来自上部河段的融水增多，使冰开始移动、冰面碎裂、形成冰盘和流冰并开始顺流向下游移动。在河流春季解冻期的冰盘和单独流冰的顺流移动称为春季流冰。在小型河流，冰面常常就地融化，对于这些河流来说春季流冰并不典型或者持续时间短。

在北极地区的自南向北流淌的大型和中型河流中，流冰开始于上游，而此时中游和下游仍处于冰封状态。结果，河流的春汛常常伴随冰塞（冰塞是指在河道的冰下空间被冰块堵塞的情况下河水水位短时和猛烈上涨的现象）。俄罗斯北极地区多条河流都会形成冰塞（北德维纳河、伯朝拉河、勒拿河、科雷马河等）。在秋季流冰时，北极地区的河流也会形成冰塞。河流开始解冻后的 1～2 周之后，春季冰情期结束，河流进入无冰期。

俄罗斯北极地区河流的冰情期总共持续 6～7 个月（卡累利阿和阿尔汉格尔斯克州的河流）到 9 个月以上（泰梅尔半岛和北极岛屿的河流）不等。封冻期的持续时间平均比冰情期的持续时间少 15～30 天。

河流的冰情在很大程度上取决于河流的热污染，热污染是工业企业向河流排放经过加热的水造成的。由于水坝下游在夏季流入更冷的水，而在冬季流入更暖的水，因此水库也会造成热污染，这与水库下部水层在一年的温暖期和寒冷期的温度状况的特点有关。

但是，对北极地区河流的冰情产生主要作用的是气候变化。气候变暖使河流的冰情趋于缓和，冰情的开始时间后延，而河流解冻的开始时间提前。结果，冰情期的持续时间缩短。与以往的观测期相比，1900～2005 年冰情期的开始时间在北德维纳河下游晚了 5 天，在鄂毕河晚了 4 天，在叶尼塞河晚了 3 天。对于北极地区的其他大型河流来说，冰情开始时间则晚或早 1～2 天。到 21 世纪末，俄罗斯北部河流下游的冰情开始时间预计会更晚（平均晚 7～11 天），河流的解冻时间将会提早 9～13 天。这与冰情遗痕现象期的持续时间缩短相一致。

2.2.2.5 河水的水质与水生态问题

河水的水质取决于径流和化学物质在集水流域的形成环境，以及人类活动对河流及其流域的影响强度。水质取决于河水的化学成分。在俄罗斯北极地区，河水的化学成分主要受自然因素的影响，包括大气降水、向河流输送有机物和矿物的土壤和下垫岩石，还包括地下水的化学成分。河水化学成分的主要离子之间的比例根据降水量和蒸发量的比例变化，河流的径流量、矿化度、稀释能力等取决于自然因素的比例。河水的温度对河水中化学和生物化学过程的强度及河水的自净作用产生影响。局部地形决定了河水的流速、溶解氧的浓度。地下水中的重金属含量高与地区地层中的重金属含量高有关。在有油气田分布的地区，河水中的石油烃类物质的含量可能偏高。俄罗斯北极地区的陆域呈强烈沼泽化趋势，因此地表水含有大量的沼泽来源的有机物并具有高色度。

上述自然因素结合在一起决定了北极地区河水中的盐分含量不高（矿化度小于200mg/L）。因此，北极地区河流的水质对于大部分用水户来说是有利的。若河水中存在大量有机物和水质色度高，则这些河水不利于用作饮用水。

俄罗斯北极地区河流的水质不仅形成于这一地区的界内，在更大程度上是形成于河流集水区的界外，集水区的主要部分远离北冰洋，集水区内进行着各种经济活动（对水资源的利用），水资源利用的类型之一是向河流定向排放不同来源和具有不同预净化度的污水。污水排放的部署是假设通过稀释和自净作用，河水中不同毒性程度的污染物的含量可以降至安全水平。

对于俄罗斯北极地区的大多数地区，进入河流的污水量相对不大，每年不到1t/km^2。在大型工业中心所在地区，进入河流的污水量成倍增加，如阿尔汉格尔斯克市（每年500t/km^{2}以上）、阿帕季特市（每年100～500t/km^2）、诺里尔斯克市（每年50～100t/km^2）、摩尔曼斯克市（每年10～50t/km^2）、沃尔库塔市（每年5～10t/km^2）。

俄罗斯北极地区的大部分河流属于相对清洁和中度污染的河流。科雷马河、亚纳河、阿纳巴尔河、叶尼塞河、塔兹河、北德维纳河的下游属于重污染河段，这些河流的污染物的年均浓度是最高容许浓度（MAC）的7～10倍。

由于水利用类型不同，排放到不同河流的污水的化学成分也有所不同。例如，排放到科雷马河的污水来自航运、煤炭、公共事业和能源行业。阿纳巴尔河流域的主要污染物来自金刚石开采企业，这些企业的污水中含有大量的有机物、氮、铁、钾、磷、镁的化合物、氯化物、硫化物。叶尼塞河下游的水被俄罗斯能源部的木材联合加工企业、俄罗斯统一电力系统股份公司、伊加尔卡海港和杜金卡海港和石油库的污水污染。

鄂毕河、纳德姆河和普尔河的河水受到水质的天然形成因素和西西伯利亚油气企业与厂区排放的污水的影响，污染程度最为严重。这几条河流中含有石油产品、总铁化合物、铜、锌、苯酚，其浓度显著超过最高容许浓度。在河流被含有大量有机物和铁的沼泽水补给的情况下（这伴随着溶解氧浓度下降），经济活动加剧了水质下降的负面效应。冬季，被冰覆盖的河流无法从大气中获得氧气，因此水中氧气含量下降所造成的危害尤其大，可能导致“鱼灾”，即由于过量的有机物消耗水中的氧气，河水中的鱼类和其他生物在缺氧或者无氧的环境下死亡。

科拉半岛地表水的主要污染源之一是位于半岛西北部的尼克尔镇的采冶联合企业。每年这里开采和加工700多万吨铜镍矿石，同时产生大量的尾矿，包括废矸石（采动覆岩）、矿渣，同时有大量硫和金属粉尘排放到大气中。污水的受纳水体是小的科洛斯-约基河，每年向河中排放数吨的石油产品和金属、数十吨的各类有机物和数百吨的硫化物和氯化物。

观测结果显示，科洛斯-约基河河水中的镍和铜浓度是最高容许浓度很多倍。其中，在污染源（尼克尔镇）上游，镍的最高容许浓度在不同的季节超标2～8倍，到了下游（在河口）则超标30～115倍。

值得注意的是，在积雪融化和雨水洪水经过时，河流出现最大水流量，此时观测到的金属浓度最高。这证明，河流中的镍和铜来自含有这两种金属的废矸石和矿渣所在的集水流域，并且这两种金属还通过大气降水（包括酸雨）进行积累。

河水的水质通过稀释污水和河流的自净作用得到恢复。在北极环境下，通过支流注入相对清洁的水，河水资源量沿河流全长不断增加，因此河流的自净以对污水的稀释过程为主。河流的自净是一个复杂的现象，其中不仅包含生物过程（细菌分解有机物、生物过滤、生物沉淀、光合作用和通气作用），还有物理过程（吸附、沉淀）和化学过程（氧化和形成难溶化合物）。自净作用强烈依赖于水温（随水温升高，生物和化学过程的速度加快），还依赖于水的混合强度（结果是水饱含氧气，水中污染物的氧化和沉淀环境得到改善）。

因此，污染的自净作用一般是自北向南增加，在温度随纬度增加的地方污染达到最大值。由于水温相对较低，北极地区的水的自净作用的强度偏低。小型河流的情况最复杂，不仅是自净能力偏低，而且水量也少。

河水的化学成分和水质在不同季节和不同年份会有变化，这与河流的水情和水文化学情势的天然特殊性有关，还与污染物注入量的波动有关。例如，奥涅加河的水质在很大程度上与木材加工和造纸企业的流入河流中的污水量有关。硫化物（污染指标之一）的浓度在背景期（1948～1958 年）最低，在人为负荷偏高时期（1961～1976 年）升高，之后在经济危机时期（1990～1996 年）再次下降。河水在近期的状况也是不稳定的，水污染指数在 2.75（被污染）到 1.2（中度污染）之间变动，这可能与污水的量和成分发生变化，以及河流的自净条件改变有关。水污染指数实际上表示的是水中污染物的平均超标倍数（Тимофеева и Фрумин，2015）。

目前，进入水体的污染物种类多、数量大，其中包括自然界中不存在的实验室合成物质。借助化学研究方法把所有这些污染物考虑在内变得越来越困难。这就需要借助其他的方法，如生物方法，该方法是基于水栖生物对水中的所有物质都会做出反应，同时，不同的生物体会适应在不同污染水平下的生存。

表 2-6 中列有河流的底栖生物，随着污染的不断加剧，这些生物正面临着灭种的威胁：河水上部是不耐受污染的石蛾科、螟蛾科幼虫，下部是耐受污染的寡毛纲蠕虫和摇蚊科幼虫。水污染指数的大小取决于物种的种类和组成。例如，如果在河水中发现了 10 个物种并且其中有石蛾科幼虫，那么污染指数就等于 8～9（清洁）。如果同为 10 个物种但是仅限于寡毛纲和摇蚊科，则污染指数等于 3（严重污染）。

表 2-6　根据河流底栖生物的组成判断水质

指示生物	说明	物种的个数				
		0～1 个	2～5 个	6～10 个	11～15 个	＞15 个
		污染指数				
石蛾科幼虫	1 种以上	—	7	8	9	10
	仅 1 种	—	6	7	8	9
蜉蝣科幼虫	1 种以上	—	6	7	8	9
	仅 1 种	—	5	6	7	8

续表

指示生物	说明	物种的个数				
		0～1 个	2～5 个	6～10 个	11～15 个	＞15 个
		污染指数				
螟蛾科幼虫	1 种以上	—	5	6	7	8
	仅 1 种	4	4	5	6	7
钩虾	上述物种均无	3	4	5	6	7
栉虾	上述物种均无	2	3	4	5	6
寡毛纲和摇蚊科	上述物种均无	1	2	3	4	—
所有上述种类均无	有无需氧型生物	0	1	2	—	—

资料来源：北极基金会，https://arctic.narfu.ru/[2023-06-30]

2.2.2.6 危险的水文现象

危险的水文现象包括水体和水文过程给居民、公共和生产设施造成的各类负面影响。危险的水文现象是极其重要的风险因素，所有危险自然事件造成的总损失的 50% 以上以及最近 100 年内总伤亡人数的约 2/3 均与危险的水文现象有关。危险的水文现象包括已开发河段的极高水位、极大流量（洪水）、枯水、快速和显著的河道变形、冰情和地表水水质的负面变化。

根据俄罗斯紧急情况部的数据，主要的物质损失是由洪水、干旱，以及库岸和海岸的改造造成的。俄罗斯平均每年仅洪水直接造成的总损失就达 20 亿卢布。在北极地区，有多个地区每 2～3 年就会发生一次洪水。其中，沿岸地域的淹没深度可能达到 6m 以上。最近 15 年内，由于气候变化和开发具有高淹水潜势的区域，洪水的次数呈稳定增加的趋势。在注入北冰洋的河流流域的南部地区，周期性出现的枯水期同样危险。在冬季枯水期，水位下降和水流量减少可能会降低部分居民点的供水保证率，给水电和航运企业的运行、枯水河流下游的水上运输造成困难。对于俄罗斯北极地区北部的很多偏远地区，枯水会限制经河道运输日用品、粮食和设备，从而给当地居民生活造成危机。径流量减少会降低河流对随污水进入河流的污染物的稀释能力和自净能力。

冰情现象会对北极地区已经开发的河段构成严重威胁。更早的结束和更晚的开启通航都会影响航运的效率。在严寒气候条件下，不仅是中小型河流，大型河流也会封冻，这给河水作为饮用水、生活和工业用水的取用造成限制。冰塞或冰坝会每年或者周期性地导致洪水。冰块（搁浅冰丘）和冰堆也会给作为潮汐通道的河口湾的岸上工程设施造成巨大危害。

河流水量的变化也可能是危险现象，因为它影响可更新的水资源量。注入北冰洋边缘海的河水水量增加，加剧了大陆径流对海水的淡化和升温效果，使进入河水和海水混合地带的营养物质和矿物颗粒数量增加。河流越大，物质流和能量流的特征值就越大，河水水量的变化对边缘海水文状况的影响程度就越大。同时，安全地利用边缘海大陆架、边缘海的岸带和河流河口区的各类资源的条件也在变化。

北极地区河口区的自然资源利用安全性是水位变化的复合函数，水位的变化不仅是河流补给量的季节性波动或者多年波动，对于北方河流的下游来说，出现危险水位还可能是由于冰塞和冰坝、增水和潮汐（表 2-7）、河道淤塞或者水流“切入”河道沉积层等引起的壅水效应。应当指出，高水位的形成对于某些自然资源利用类型具有正面的经济意义。例如，巨大的潮汐波动为建立潮汐水电站创造了条件，高水位也更加有利于船舶通过浅的河口沙洲。

表 2-7　俄罗斯北极地区某些河流河口段的水位危险变化特征值

河流	潮汐高度/m	增水高度/m	河段长度/km		
			潮汐	增水	盐渍化河段
北德维纳河	1.3	1.9	135	135	45
梅津河	8.5	0	50	0	0
奥涅加河	2.8	1.8	26	26	10
伯朝拉河	1	33	190	160	120
鄂毕河	0.7	30	51	350	144
叶尼塞河	0.7	—	455	—	196
普尔河	—	—	—	—	76
塔兹河	—	—	—	—	82
哈坦加河	0.8	—	227	—	0
勒拿河	0.4	—	0	—	175
亚纳河	0.2	—	30	—	140
因迪吉尔卡河	0.3	2	24	200	130
科雷马河	0.1	2.5	120	282	120
阿纳德尔河	2.5	1.8	185	185	0

资料来源：Бредихин и др.，2013

当前和预计在 21 世纪下半叶发生的气候变化是北极地区的水利环境发生变化的原因。在俄罗斯北极地区，这些变化对于可更新水资源的数量、水流的稀释能力、河流的结冰日期和封冻期的持续时间具有正面意义。同时，河流流域的水收支分量发生改变，也会有形成危险水文过程的风险，这种风险与水的极限消耗量和河流水位、水量、冰塞次数的增加有关。危险水文过程的风险预防要求科学地论证相关的防护方法、制定陆地水体水文情势要素的可靠的分析、计算和预测体系与方法（Дружинин и Шишкин，1989）。

俄罗斯北极地区居民的生命活动安全性与河床的危险变形息息相关。河床作用对航运的影响最大。冲积土在河床和三角洲水道中的系统性或者周期性聚积使行船线路的深度变小并破坏船只在河道上的行驶安全。在俄罗斯北方河流的河口，沉积物在河口沙洲聚积是影响航运安全的主要原因。在北方河流的带有河口浅滩的河口沙洲处，天然地或人为地加深河道是加剧海水入侵三角洲原因，同时还改善了航运条件、降低和缩短了河漫滩开发地段的淹水深度和持续时间。

对河底和河岸的侵蚀冲刷会破坏河水在三角洲汊河分配的稳定性，在这种条件下，一些汊河的水量可能增加，另一些汊河（常常是通航的）可能干涸。由于河床作用，取水和排水设施会被磨损，防护构筑物会被破坏，使公共设施、桥梁、输电线和油气管道跨河段出现故障。对于北极地区的河流，河岸的冲刷侵蚀速度变化范围不大，在大多数情况下，破坏速度不会超过 5m/a（北德维纳河、纳德姆河、普尔河、塔兹河、亚纳河、阿纳德尔河），在梅津河、伯朝拉河、因迪吉尔卡河、科雷马河的蜿蜒段，破坏速度增加到 5～10m/a。在鄂毕河下游弯曲段，凹岸的后退速度达到 10m/a 以上。

2.3 土壤与植被

2.3.1 土壤类型及分布

北冰洋的岛屿上主要发育薄的弱酸性和低腐殖（腐殖土占 0.5%～1.5%）的北极土壤，且交叉混杂分布。俄罗斯北极地区的大陆部分和北冰洋南部的一些岛屿以酸性冻原土为主（腐殖土达 10%）并具有薄的泥炭土层和冻土现象，还可以看到腐殖质灰化和潜育生草土（腐殖土占 4%～5%）（Абрамченко и др.，2017）。

高纬度带的条件不利于形成土壤，其中的决定性不利因素包括连续和岛状多年冻土、低温、土壤融化期与生物活动期短暂、季节性融化层厚度小，这些因素限制了有机残体的生物化学转化过程，也限制了岩土原生矿物的风化过程和微细颗粒与溶液的垂直运移过程。大部分地区脱离冰川的时间相对不久，其土壤发育较为年幼，成因单一。因此，土壤剖面较薄，多为碎石土，发生层不明显。

俄罗斯北极地区的土壤的面貌在很大程度上是由寒冻作用决定的，寒冻作用使不同地区表现出不同的面貌。在北极岛屿、泰梅尔沿岸带和贝兰加山脉的少量平坦地段，气候严寒、降水量少、冻土含冰量少和风力大，土壤层的厚度勉强达 10～20cm 并且含碎石率高。寒冻成因体现为，不论是在土壤剖面上，还是在平坦地段的石质多边形土与坡上石条带和石流坡交替的地表，都存在细粒物料和硬岩碎块的分级。弱发育土与“非土壤体”总是难以区分。在弱发育土中（致密岩石上的石质土和松散沉积层上的泥质土），仅上部 3～5cm 层中聚集有机物和（或）腐殖土的微弱特征中体现出成土迹象。

冻原的寒冻作用明显更多样化。大气降水和冻结层上水使平原的亚黏土（砂质黏土）湿润和局部过度湿润是发育融冻扰动、冻胀和（或）渍水土溢出地表的必要条件。土壤剖面中的融冻扰动迹象包括地层的中断和移动片段、分散在矿物质中的植物残体碎片，在地表包括斑块、小丘或被裂隙分割的多边形。地表的各种形态形成超微或微地形，这些地形的组分中的植物和土壤性质各有不同。寒冻作用的决定性作用反映在冻原平原的亚黏土的“寒冻土”和“寒冻变质土”等现代名称中，这些名称常被冠以与潜育作用有关的术语，如“微潜育寒冻土”“潜育寒冻土”“融冻扰动潜育土”。这些土的特点是具有含腐殖质或泥炭质地层、从 30～50cm 深度开始替换为常具有触变性的潜育土。触变性是高纬度地带尤其是典型藓类小灌木冻原的亚黏土的特殊属性，即饱和水的矿物质在机械作用下（如挖掘土壤剖面）转变为流动状态和在几分钟内强烈固结。

与寒冻变质土不同，寒冻土是在冻结层上饱水的条件下由活跃的融冻扰动过程形成的；寒冻土剖面的厚度为 40～80cm。由于粒度成分更轻以及处在地形中排水更良好和更往南的位置，寒冻变质土的湿度相对更小，这些土壤的典型特征是具有独特的冰冻结构。

再往南，在森林冻原和部分的北部泰加林中，寒冻作用在亚黏土质岩石上的土壤中结合了不明显的结构分化过程；寒冻作用在轻质和细粒-碎石质岩石上以铁铝腐殖化过程为主。

在北部和中部泰加林中，由于由气候决定的主要成土方向的更替及成土过程更强烈，以及冻土的岛状分布特点和作为重要的表土层分化因素的岩石非均匀性更大，尤其在表土层的非冻土部分，土壤的类型更丰富和多样化。例如，砂土（季节性融化层的厚度＞1.5m）上主要发育灰壤，灰棕壤次之；黑色石灰土产于石灰岩上；灰棕壤产于致密岩石的衍生岩（转生岩）上。附近有硬岩时形成岩质土，具有稀疏小灌木的苔藓地衣群落下方最常形成粗腐殖质的岩质土。

森林冻原和泰加林冻原的排水能力总体较差，因此出现占据西西伯利亚广大空间的有机土 —— 泥炭土分布区和泥炭地。矿物土的湿润性使矿物土的类型更多样化。例如，在水分可以流出的情况下，砂土中的灰壤主要由淀积-铁质灰壤组成；在砂土不均匀、被更重质层下垫、融化缓慢或者处在土链的下部而排水不畅的情况下，砂土中的灰壤则变为淀积-腐殖质灰壤，甚至淀积-腐殖质潜育泥炭-灰壤。

盐碛表层亚黏土上的泰加林土的特点是残积-淀积剖面的厚度大，为 1～1.5m，剖面分层清晰并通常具有饱水特征。在俄罗斯欧洲区域和西西伯利亚的黏土上，分别发育着北部和中部泰加林下的浅育灰化土和灰化土，这些土壤是灰化土的地带性亚类。

由上述提到的土壤名称可知，这些名称与“冻原潜育土”“泰加林冻土”“北极荒漠土”等传统的用地貌冠名的命名方式不同。命名方式不同的原因在于，使用的是新的建立在发生（成因）命名原则上的俄罗斯 2008 年土壤分类标准。土壤诊断的基础是剖面构造的特殊性，而不是其在地带中或者某一地貌的位置。新体系中的土壤名称在更大程度上反映的是土壤的属性，而不是成土条件，可以更充分和准确地反映土壤的多样性、表土层的复杂性。土壤命名原则的转变使俄罗斯的土壤分类标准更加向国际土壤分类标准（WRB-2014）靠拢（Герасимова и Хитров，2012）。

2.3.2 植被类型分布及其变化

地球的大部分陆地表面都被绿色植被覆盖着，即便在冰天雪地的极地也生存着各种藻类和地衣，从而形成了特殊的高寒生境植物区系。植物具有惊人的适应各种生存条件的能力，在荒漠、热泉、岛屿、火山和高山区都构建了自己的生存圈层。植物圈，即被植物占据的空间，以 30～50m 的薄层把地球包裹起来（除了达 100m 高的红杉或者桉树林地区）。越往北，树木越矮小，在森林的北界或者高山上达到数米或者数厘米高。

植物与气候之间的关系主要体现在全球尺度上，反映在植物群落的显域分布与垂直分布中。在气候参数中，温度（年平均温度、7 月份和 1 月份温度）和植物活跃生长期的 10℃以上温度总和、年平均降水量及降水特征对植被的分化最为重要。在地球上形成现代植被的过程中，出现了一系列气候带和从北极冻原到热带赤道森林的一系列植物带。植物带的边界总体上与气候带的边界重合。

北极荒漠和冻原在亚欧大陆和北美大陆的北冰洋岛屿、群岛和沿岸带形成了环北极带。环北极带的特点是生物群生存和发育的自然环境非常极端，包括气候严寒和存在多年冻土。以低矮的局部稀疏的植物为典型，物种适应了这里的低温以及漫长的冬季休眠期。环北极带的所有地域都经历了第四纪的冰川作用，这使得环北极带的植被的发育史在总体上具有共性，表现为地域的植被具有高度的同属性。

北极地区或者环北极带的典型特征是缺乏木本植物。因此，森林的北界成为环北极带和北方带之间的显著分界线。森林北界的位置接近 7 月份 10℃等温线，上下浮动 20 个纬度，这与地带内的气候的大陆性程度不同有关。植被主要由亚欧大陆和北美大陆的草类冻原、小灌木冻原、灌木冻原、苔藓冻原和地衣冻原覆盖的广阔无林空间组成。

冻原生物群系的植物区系多样性具有一系列的特殊特征，因此非常独特和罕见。现代观点认为，冻原植物区系复合体出现于上新世，而冻原的现代边界形成于更新世甚至全新世。冻原的植物区系贫瘠，但是群落的组成是多样化的。这里结合了植物区系的不同的地理和遗传成分，包括亚北极、北极、高北极型的植物物种。更古老的北方物种在亚北极冻原的参与颇多，但是，在冻原环境下，以因气候变暖来到此地的外来植物为主（Магомедова и др.，2006）。

北极地区共计有 900～1000 种维管植物（表 2-8），其中环北极物种占 30%～80%。维管植物区系的系统结构表明了优势植物科与禾本科、十字花科、苔草科和石竹科在北极地区不同部分的主导地位的统一性，以及与菊科植物在北方带处于第一位的不同性。冻原群落中广泛分布藓类和地衣，而极地荒漠中还有蓝藻和苔类，这表明，孢子植物相对于显花植物来说，在物种数量上占据明显的优势。但是，这只是总体上的评价，对孢子植物的清点至今远远不够充分和完整，因此给生物多样性的评价造成困难。

表 2-8　北极地区的植物多样性

植物群	物种数量	
	在北极地区*	在俄罗斯北极地区的植物区系中**
维管植物	900～1000 种	北极地区植物区系的 764 种和从相邻地区刚刚跨入北极地区的 526 种。
维管植物	900～1000 种	大地冻原 – 475 种； 亚马尔半岛的冻原 – 358 种； 泰梅尔半岛的冻原 – 445 种； 东楚科奇的冻原 – 672 种； 阿纽伊山原的冻原 – 592 种； 弗兰格尔岛的冻原 – 387 种
苔藓植物	600～700 种	北极高纬度地区 –240 种； 北极地区植物区系 –700 种； 亚北极地区植物区系 –1000 多种； 亚马尔半岛：北极冻原 –201 种，亚北极冻原 –334 种； 泰梅尔半岛：北极冻原 –250 种，亚北极冻原 –370 种； 楚科奇半岛：北极冻原 –260 种，亚北极冻原 –400 种； 山地区的区域性植物区系–300～700 种
地衣植物	2000 种	1500 种以上***

* 根据 Danieals 等（2000）的数据；

** 根据 Секретаревая（2004）的数据；

*** 俄罗斯北极地区地衣植物数据库，http://www.binran.ru[2023-06-30]

物种多样性受北极不同地区气候条件的影响。随着 7 月份平均温度的升高，维管植物物种的数量也增加：当 7 月份平均温度为 3℃以下时，生存的植物有 1～35 种（多为草本植物）；为 3～5℃时，生存的植物有 60～100 种（禾本科、蔓生小灌木、苔草科）；为 5～8℃时，生存的植物有 100 种以上（灌木、小灌木）；为 9～12℃时，生存的植物从 200 种到 500 种及以上不等（Circumpolar Arctic Vegetation Map）。

冻原的植物区系的物种丰度不大，在最南部，每 $100km^2$ 的维管植物物种数量不超过 400 种，同时，极地荒漠的维管植物物种数量不到 40 种。由于北极植物区系形成较晚，因此特有种的数量较少，占 10%，包括 *Dupontia* 属（2 种）、*Draba* 属的几个种以及侧序碱茅（*Puccinellia angustata*）等。尽管环极地的北极物种的核心相当稳定，但是在区域性植物区系中仍存在自南向北的重大差异，尤其在南部的亚北极部分。这些差异是一系列原因作用的结果，包括冰川作用史、曾存在的连接目前分开的土地的陆桥、阻碍物种迁移的亚洲山脉的走向。利用植物区系中的差异，可以在北极植物区的范围内划分出 6 个植物区系，分别是东西伯利亚区、楚科奇区、阿拉斯加区、加拿大-格陵兰区、巴芬-拉布拉多区和欧洲-西西伯利亚区。

受极端的生存环境影响，冻原形成了适应这种生存环境的植物群落。冻原植物是适应寒凉生长期和低温土壤的耐寒植物，特点是具有匍匐状和垫状的生长形态。具有地表根系并且大部分具有质地坚硬或鳞片状常绿小树枝的小灌木能够充分地利用短暂的生长期。在东西伯利亚的冻原上发现过嗜冷草原物种和高寒草原的片段。

冻原植物的影响生物多样性水平的一个重要特征是群落的多优势种特性。通常，在不同类型的冻原上（地衣-藓类冻原、草类-藓类冻原、小灌木冻原、羊胡子草-苔草冻原），某些生物形态的代表植物为共优势种，如藓类、地衣、小灌木、多年生草本植物。不同的植物形态形成了清晰分离的层片，在群落的水平结构中呈现出鲜明的镶嵌性，这种镶嵌性在很大程度上与土壤中强烈的寒冻过程有关（斑状冻原、小丘状冻原、多边形冻原和其他类型的冻原）。对于冻原的植被来说，与微观和中观地貌形态的丰富多样性、土壤环境的变化、多年冻土的性质、不同的积雪深度有关的复合性也很典型。泰梅尔半岛和东西伯利亚的地下复脉冰赋存地区广泛发育沉陷和土丘-土堆形式的热喀斯特地貌，独特的植物群丛复合体与之有关。在勒拿河低地和雅库特东北部的亚北极大陆冻原上，发现了罕见的冻原草原群落。这些创造了北极地区具有高度多样性的群落和相当复杂的植被。

冻原带的特点是在平地发育冻原型植物（平地环境下的显域类型）和含泥炭的伴生草类-灰藓，四边形、斑状和丘状沼泽，以及非平地生境的其他伴生植物类型。作为泛域植物群落，稀疏林从南部渗透，极地-荒漠植物类群从北部渗透。冻原型植物的特点是生长缓慢、寿命长并且多为常绿植物的低矮小型木本植物（从灌木和偃松到蔓生小灌木-小偃松）以及多年生草本植物（有匍匐茎的、草丘状、垫状）占据很大的比例；苔藓和地衣植物的地位重要。冻原植物的特点是植被稀疏、存在不同成因的裸土斑块，同时基质的裸露程度自南向北增加。

在地带方面，划分出高北极–北极冻原和亚北极冻原（具有北方典型冻原和南方灌木冻原这两个变体）。在北极冻原中，北极物种和北极高山物种的比例显著增加，亚北极物种的比例下降。亚北极冻原与北极冻原的关键性区别是其植被中存在亚北极灌木（主要包

括 *Betula nana*、*Betula exilis*）。北极冻原和亚北极冻原之间的界线在 7 月份 6℃等温线左右波动。在每个条带的植被中都有自己的其群落占据平地生境的植物类型地带性变体。

冻原带划分出 4 个亚带。

1）高北极冻原亚带，或极地荒漠亚带（A1）。高北极冻原对于北冰洋的高纬度岛屿来说很典型，这些岛屿上发育现代冰川。年辐射差额不高于 20kcal/cm，一年中最温暖月份的平均温度不超过 2℃。高北极冻原亚带内可以看到 50～90 种显花植物。植被零星分散，大片区域没有植被。在植物群落的物种数量、覆盖度和生物量方面，孢子植物占优势。植被层以多边形藓类-地衣冻原为主，带有草墩密布的草类-地衣-藓类冻原地段，其特点是地衣层片占优势，壳状地衣、苔类和蓝绿藻的比例显著；高北极草本植物（*Phippsia algida*、*Draba* 属和 *Saxifraga* 属的种）、丛生地衣（*Cetraria* 属、*Stereocaulon* 属的种）和藓类（*Ditrichum flexicaule*、*Polytrichum alpinum*）的物种组成也很独特。

2）北极冻原亚带（A2）。在历史上，北极冻原地区一直是不生长林木的。植被以小灌木冻原为主，北极高山型和北极型小灌木物种的层片占优势，包括北纬度带的仙女木属（*Dryas octopetala*）、柳属小灌木 [在北纬度带为北极矮柳（*Salix polaris*）、在南纬度带为匍枝柳（*Salix reptans*）]、岩须属（*Cassiope tetragona*）等。藓类-地衣、草类-地衣-藓类斑状和多边形冻原占据大片面积。有 35～50 个物种参与到北极冻原的群落组成中。北极冻原亚带发育长有东方羊胡子草（*Eriophorum angustifolium*）的草类-灰藓羊胡子草沼泽，禾本科植物常与苔草和羊胡子草共同参与到沼泽群落的组成中（苔草-禾本-藓类沼泽）。沼泽、湖泊和草甸占据北极冻原亚带近 60% 的区域。

北极冻原亚带西部存在 *Salix nummularia* 为优势种的小灌木冻原，其可以区分东欧-西西伯利亚（新地-格达）冻原与东西伯利亚冻原。北极冻原亚带西部的特点是广泛分布有苔草（*Carex arctisibirica*）参与的苔草冻原的北极特有种变体。在中西伯利亚（泰梅尔）冻原，*Salix polaris*、*Salix reptans*、*Dryas punctata*、*Cassiope tetragona*、*Luzula confusa*、*Saxifraga cespitosa* 和 *Salix hirculus* 的比例增加；在东西伯利亚（阿纳巴尔-科雷马）冻原，*Cassiope tetragona* 占据第一的位置。东西伯利亚冻原发育在冬季少雪和严寒的大陆性气候条件下，这里出现该省特有的含有柳树（*Salix polaris*、*Salix rotundifolia*）的高山看麦娘（*Alopecurus alpinus*）群系的群落。广泛分布含有 *Dryas punctata* 的仙女木属冻原。发育平坦丘状沼泽，没有多边形沼泽。

3）北部亚北极冻原亚带（A3）的植被形成了蔓生小灌木-地衣-藓类冻原、草类-地衣-藓类小丘状-斑状冻原、多草丘的冻原、低矮灌木柳树冻原；多边形草类-小灌木-地衣-藓类沼泽。广泛分布岩高兰属的小灌木（*Empetrum hermaphroditum*、*Empetrum subholarcticum*），这些小灌木属于识别种。*Empetrum hermaphroditum* 在东欧冻原很典型，在乌拉尔山脉西麓及其以东的地区，它被 *Empetrum subholarcticum* 取代。在乌拉尔山脉西麓-西西伯利亚冻原，出现了 *Cassiope tetragona*，它在泰梅尔冻原的比例尤其大。在北部亚北极冻原亚带，*Betula exilis* 与 *Betula nana* 共同生长。*Betula nana* 在东西伯利亚冻原（阿纳巴尔-科雷马冻原）几近消失。楚科奇冻原出现了 *Rhododendron camtschaticum*（在东部）、*Salix fuscescens*、*Dryas integrifolia*、*Carex lugens*、*Salix krylovii*、*Salix richardsonii*。对于冻原的西部变体来说，广泛分布的具有 *Betula nana* 郁闭层和掺有森林藓类品种（*Hylocomium splendens*、*Pleurozium schreberi*、*Polytrichum alpestre*）的绿苔覆盖层的沼

桦冻原以及掺有 *Carex arctisibirica*、欧洲品种（*Salix myrsinites*、*Luzula arcuata*）、大西洋品种（*Carex saxatilis*、*Salix atropurpurea*）和北极高山品种（*Salix hastata*）的沼桦冻原是当地特有的。

4）南部亚北极冻原亚带（A4）的植被最多样化，这里分布着灌木冻原和草丘冻原、丘状沼泽（在欧洲）和多边形草类-小灌木-地衣-藓类沼泽（在亚洲）。南部亚北极冻原亚带在俄罗斯欧洲部分具有两个纬向条带，根据 *Betula nana* 生长形态的不同，这两个纬向条带分为大沼桦冻原和小沼桦冻原。*Betula nana*、*Carex bigelovii*、*Calluna vulgaris*、*Empetrum hermaphroditum* 参与到东斯堪的纳维亚（科拉）冻原。*Eriophorum vaginatum*、*Carex arctisibirica* 出现在东欧-西西伯利亚冻原；*Betula exilis*、*Salix alaxensis*、*Salix boganidensis*、*Alnus fruticosa* 出现在中西伯利亚（泰梅尔）冻原，*Salix richardsonii* 出现在东西伯利亚（阿纳德尔-科雷马）冻原，楚科奇冻原以 *Salix krylovii* 为典型。

2.4 动植物

2.4.1 动物种类及分布

俄罗斯北极地区是麝牛、野生驯鹿、雪羊、北极熊等多种稀有动物的栖息地。冻原的食草动物包括北极兔、旅鼠、麝牛和野生驯鹿，它们是狐狸和狼的捕猎对象。北极熊也是食肉动物，但是它更喜欢从冰上猎取海中的动物。对于寒冷地区来说，很多鸟类和海洋动物都是当地特有物种。在俄罗斯北极地区，生活着狼獾、貂、长尾黄鼠。在极地的夏季，成千上万只候鸟在冻原中筑巢。海中生活着海豹、海象，以及须鲸、一角鲸、虎鲸和白鲸等鲸目动物。

气候变化使北极地区的多种动物濒临灭绝。其中，北极熊面临的威胁最大，原因是海冰面积缩小，因此动物们被迫转移到食物储备更少的沿岸带。如果夏季的持续时间从 120 天增加至 180 天，那么成年公北极熊种群的饿死率可能从 3%～6% 上升至 28%～48%。此外，母北极熊在繁殖期能否找到配偶也取决于海冰的面积和分散度。

北极地区具有代表性的动物包括最大的食肉动物（陆地上）—— 北极熊，其体长可达 3m，这里还栖息着野生和家养驯鹿、麝牛、白鼬、狐狸、北极狼、狼獾和北极狐。最大的家养驯鹿种群栖息在亚马尔-涅涅茨自治区，为 665 000 头。啮齿类动物（旅鼠）和兔子是北极食肉动物食物链中的重要一环。绝大部分俄罗斯北极沿岸带都有暴风鹱、三趾鸥、海鸠、鸬鹚、海鸦、北极鸥、北极燕鸥等鸟类集群和群栖地。北极地区的鱼类估计包含 430 种，其中许多种类具有经济价值（鲱科、鳕科、鲑科、鲉科、鲽科等）。

2.4.1.1 动物界

北极地区的自然环境恶劣，但是，令人惊奇的是，在北极的海洋、河流和湖泊中栖息的生物数量巨大而且品种繁多，其中数量最多的是水中的微生物（浮游生物），还有各类底栖生物（软体动物、海胆、蠕虫……）、鱼类；食物链的终端是海中的和水边的哺乳动物与鸟类，这些哺乳动物和鸟类具备在严寒环境生存的特殊本领，哺乳动物有着厚厚的皮下脂肪，鸟类则有温暖的羽毛。

北极地区的生存环境取决于随着相对温暖的海流进入北冰洋海域的热量，大西洋暖流的进入对巴伦支海的升温作用最大，这种升温作用向东逐渐减弱，因此拉普捷夫海和东西伯利亚海的水是最冷的。相对温暖的太平洋暖流穿过白令海峡进入楚科奇海，是使这里的气候更加温和的一个因素。

根据气候严寒度的变化，俄罗斯北极海域的生物物种的丰度也在变化。巴伦支海的物种最多，向东则明显减少，仅在楚科奇海增加（表 2-9）。

表 2-9　俄罗斯北极海域的动物物种丰度（物种数量）　　（单位：种）

海域	浮游动物	底栖动物	鱼类	海鸟类
巴伦支海	110	2310	182	30
喀拉海	73	1302	82	19
拉普捷夫海	99	1143	71	19
东西伯利亚海	50	850	55	21
楚科奇海	107	1217	102	23

资料来源：Российская Федерация – Поддержка Национального плана действий по защите арктической морской среды 官方网站

生长期在巴伦支海持续 5～6 个月，在东西伯利亚海持续 1～2 个月。北极地区的这一时期是极昼期，不落的太阳激发光合作用，使浮游植物数量猛增，之后是浮游植物供养的浮游动物数量猛增，小鱼的育肥和多种鸟类的到来正好处在这个初级生产力最高的时期，飞来的候鸟需要在短暂但是有利的时间内繁殖和养育后代。对鸟类迁徙最具吸引力的是食物储备丰富的地区。

北极海域的浮游动物主要是长 1～5mm 的飞马哲水蚤（*Calanus finmarchicus*），这些飞马哲水蚤用自己的特殊刚毛过滤出水中的藻类进食。飞马哲水蚤在北极海域的分布实际上与它们的食物——浮游植物的分布相同。一部分浮游生物供养底栖动物，底栖动物的数量也是自西向东逐渐减少。浮游生物和底栖动物构成鱼类的食物，食物越丰富，鱼类资源就越多。因此，俄罗斯北极海域的鱼类产量自西向东减少，鱼类的组成也是自西向东种类减少。

夏季，成群的经济鱼类从西面游入巴伦支海，包括大西洋鳕、黑线鳕、海鲈鱼、青鳕、鲱鱼。由于西伯利亚边缘海的海水被河水显著冲淡，这些鱼类几乎不会继续向东游，因此这里最主要的就是半洄游鱼类，包括鲑鳟鱼、白鲑鱼、胡瓜鱼。这些鱼类的生命周期的特点是在近岸海区育肥，再上溯到河中或者河的支流中产卵。

鱼类是捕捞对象，巴伦支海的渔获量最大，喀拉海仅在南部有渔业，并且渔获量明显少于巴伦支海。拉普捷夫海和东西伯利亚海的渔业主要分布在河口，这里的浮游和底栖生物的生物量局部增加。到了楚科奇海，鱼类的丰度又再次增加，体现为鱼类资源量增加。由于长期捕捞，某些品种的鱼的数量已经锐减。为了防止过度捕捞，规定了每年的最高捕捞限额（表 2-10）。

表 2-10　2007～2008 年俄罗斯北极地区某些河流河口区的主要渔业品种的许可捕捞量（单位：万 t）

水体	各渔业品种的许可捕捞量						总的许可捕捞量
	欧白鲑	目荀白鲑	西伯利亚白鲑	秋白鲑	白北鲑	胡瓜鱼	
鄂毕–塔兹湾	243.9	45.5	96	—	12.7	32.9	431
叶尼塞河	15	30	—	15	—	—	60
哈坦加河	60	7	—	—	—	—	67
勒拿河	40	52	—	60	4	—	156
亚纳河	35	1	—	0.5	0.5	—	37
因迪吉尔卡河	20	4	—	25	1.5	—	50.5
科雷马河	25	0.5	—	0.1	0.2	—	25.8

资料来源：俄罗斯联邦渔业局，https://fish.gov.ru/tag/sevpinro/[2023-06-30].

注：“—”代表没有捕获

北极地区以海洋哺乳动物丰富著称，包括鲸类动物（白鲸、独角鲸、弓头鲸、蓝鲸、长须鲸、塞鲸、抹香鲸、海豚）和鳍足类动物（环斑海豹、髯海豹、竖琴海豹、海象）等。这些哺乳动物都在海中觅食并且需要呼吸空气（用肺呼吸）。因此，它们的栖息地分布在海冰边缘和冰穴处。鳍足类动物从冰块上捕猎，它们让冰窟窿保持不冻，在下水时会破坏冰窟窿中形成的冰层，然后带着猎物回到冰块上。

环斑海豹几乎在北冰洋的所有地区都有分布，巴伦支海和喀拉海中共计有 25 万头。环斑海豹体长约 140cm，重 70kg，因深灰色的背部长有浅色的环斑而得名。环斑海豹的幼崽在 3～4 月份出生。为生养后代，环斑海豹在冰中准备了多个藏身处，每个藏身处都有进出孔，它通过进出孔外出觅食。环斑海豹以鱼（北鳕、宽突鳕、毛鳞鱼）和虾为食，而环斑海豹自己则是北极熊的猎物。北极熊喜欢在冰穴边上耐心地守候猎物，海豹刚把鼻子露出水面换气，北极熊就会用尖利的爪钩发动突然袭击。人们捕猎环斑海豹以获取它的皮毛、脂肪和肉。

北极熊和北极狐可以说是陆地哺乳动物中真正的北极物种。北极熊是世界上体型最大的陆地食肉动物，体长可达 3m，重达 1t，它一生居无定所，可以说是整个北极都是它的领地，在海冰边缘和浮冰块上栖息着约 7000 只北极熊（其中约 25% 分布在俄罗斯北极地带）。为了觅食，北极熊能跨越数百千米。北极熊在法兰士・约瑟夫地群岛和弗兰格尔岛上繁衍后代，这里每年会建起 150～200 个熊窝，北极熊会在 11 月中旬前入住。北极熊已经被列入国际和俄罗斯的濒危物种红皮书。只有俄罗斯北极地区的原住民可以有限制地捕猎北极熊（Бочарникова，2017）。

竖琴海豹是在北冰洋分布最多的动物之一。白海、巴伦支海和喀拉海共计约有 200 万头竖琴海豹。竖琴海豹是体长 190cm、体重 160kg 的大型动物。竖琴海豹集中在白海海盆进行交配和繁殖，之后会沿着斯匹次卑尔根岛–法兰士・约瑟夫地群岛–新地群岛线路前进，在伯朝拉海育肥后重新返回到白海海峡继续繁育后代。竖琴海豹几乎没有天敌，北极熊很难捕捉到它们，因为它们所有时间都待在冰块边缘，而当虎鲸出现在北极海域时，竖琴海豹已经回到栖息地，因此，在北极海域只有人类是竖琴海豹的敌人。

白鲸被称为“极地海豚”，它分布在整个北冰洋海域。白鲸体长可达 6m，重 2t。夏季，白鲸的幼崽出生在邻近河口的最温暖的近岸水域。一头白鲸只生育一头幼崽，幼崽重 70kg，白鲸妈妈用乳汁哺育 1 年半。成年白鲸以海鱼为食，但是也会游入河流中并上溯数百千米（在鄂毕河和叶尼塞河中可上溯 1000km）。白鲸本身是北极熊的捕猎对象，北极熊会埋伏在冰窟窿旁边守候白鲸。虎鲸也喜欢捕杀白鲸，因为虎鲸的游速比白鲸快两倍多，所以白鲸很难逃生。

俄罗斯北极地区的海岸和冻原是大量鸟类的筑巢地。海鸟动物区系品种丰富，共有约 50 种筑巢品种，加上候鸟可达 100 种以上。海鸟中，有一些品种一生都从未离开过北极，它们在冰缘和在即使在最严寒的冬季也不冻结的大冰穴中越冬。大部分在北极筑巢的品种在毗邻的中纬度带越冬。一些鸟在养育后代后飞往遥远的南非、澳大利亚甚至南极（北极燕鸥）。因此，俄罗斯北极地区属于确保地球上的鸟类物种多样性的关键地区。

北极地区以北冰洋岛屿的峭壁海岸上众多的鸟类栖息地著称。鸟类在这里群集的原因是这里有丰富的食物可以用来喂养雏鸟。夏季在沿岸海区食物相当丰富，海底被海藻和软体动物覆盖，海中有吸引鱼类的大量浮游生物，这些都可以成为在峭壁海岸筑巢的成千上万只海鸟的食物。鸟类的群居生活有利于繁衍后代，提高孵化和养育小鸟的成功率，并可以有效地抵御猛禽的进攻（集体防卫）。

群居的海鸟在北极各处都有分布，但是，最大和品种最多的群居地位于巴伦支海和白令海扇形区。巴伦支海的岛屿（新地岛和法兰士·约瑟夫地群岛）、西伯利亚大陆架海域以厚嘴海鸦、三趾鸥居多，还可以看到一种名字有趣的鸟 —— 北极鸥（俄文名称的原意是指“18～19 世纪 60 年代的俄国市长”）。巴伦支海南部，除了栖息着三趾鸥，还栖息着普通鸬鹚和欧鸬鹚、海鹦、海雀、厚嘴海鸦以及以温暖的绒毛著称的绒鸭，绒鸭会将自己的绒毛铺在鸭巢里。喀拉海和拉普捷夫海海域以北极高纬度品种 —— 小海雀为主。西楚科奇和弗兰格尔岛的筑巢地出现了太平洋北部的典型海鸟：海鸬鹚、角海鹦、簇海鹦，但是数量不多，依然是厚嘴海鸦和三趾鸥居多，这里也有绒鸭。在东楚科奇的北极地区和白令海沿岸，主要的品种依然是厚嘴海鸦和三趾鸥，同时太平洋的品种正在增多。

迁徙距离最远的是北极燕鸥，这种鸟的体型如鸫鸟，在北极筑巢，但是飞到南极越冬，南极在这个时候正是夏季的极昼期。北极燕鸥会在 5 月份成群地飞回其在冻原湖泊和沼泽中的筑巢地。北极燕鸥每次产 2～3 枚蛋，经过 17～24 天后孵出雏鸟。北极燕鸥双亲会保护自己的宝宝，勇敢地对抗任何来自天上和地上的猛禽与猛兽。北极燕鸥以小鱼、水中的无脊椎动物为食。北极地区数量最多的鸟是小海雀（2000 万～3000 万只），小海雀的筑巢地点是岸边的山上，这里会形成巨大的栖息地。冬季，小海雀会向北大西洋的南部迁徙。

对于在北极栖息的“居民”来说，海水的温度状况非常重要。因此，当前和预期的气温与水温的变化可能对地区的动植物群落产生显著影响。这样的变化曾经在海洋气温的升高和降低、海退和海侵过程中发生过，古地理遗迹就证明了这些变化，而未来的变化将由我们的后代见证。

2.4.1.2　环境保护

在过去的数百年里，由于俄罗斯北极地区人烟稀少，而且以保守方式狩猎和捕鱼，因此，人类对北极地区的环境的影响很小。但是，随着对自然资源开采力度的加大，情况发生了改变，人类开始捕猎皮毛兽、鹿、海洋哺乳动物（鳍脚类和鲸类）进行贸易，20世纪上半叶的掠夺式捕猎给地区的生物资源造成了极大的损害。1933～1937年，普龙奇谢夫湾（泰梅尔半岛）的海象群几乎被捕杀殆尽。在普列奥布热拉尼耶岛，海象的数量从1934年到1942年减少了90%。在鸟类栖息地大规模收集鸟蛋给鸟类区系的生存造成很大威胁。

受科拉半岛、季曼-伯朝拉区、沃尔库塔区、普尔-纳德姆区、诺里尔斯克区以及其他地区开采矿床的影响，北极地区的自然环境正在改变。矿业经济活动带来的负面影响不仅在于空气和地表水被污染，还体现在建设城市和村镇以及铺设道路和管道使陆域面积不断缩小上。

在上述背景下，保护自然环境、合理利用自然资源的作用正在提高。为此，俄罗斯正在制定环境保护方案并逐步施行到工业、农业生产、公用事业和日常生活中，工业循环供水系统就是其中一例。撤销经济开发区或者限制经济开发区内的经济活动同样有效果，这些区域正在向特殊自然保护区过渡。特殊自然保护区包括国家自然保护区、国家公园、禁伐禁猎区和自然遗迹地。特殊自然保护区内禁止包括旅游在内的任何经济活动。建立自然保护区的目的是保护自然综合体、动物和植物，以及对自然过程进行科学研究。在国家公园内建立差异化的自然保护模式（停止对土地的大力经济开发，但是保留休憩利用功能，持狩猎许可证可以捕鱼和射杀狩猎类动物）。确保在禁伐禁猎区（临时自然保护区）恢复一种或多种植物（动物）种群或者保护任何稀有的自然景观。自然遗迹地是指具有独特自然景观（个别树种、稀有种群、群落、地貌）的小地段。遵守自然保护区的制度可以为我们的下一代保留稀有的动植物品种和有代表性的自然景观。通常认为，自然保护区的面积应当不小于国土面积的三分之一，奥地利、德国、挪威保持了这一比例。在俄罗斯，自然保护区占的比例要小得多，仅为3%。俄罗斯北极地区分布着14个国家级的远海和近海自然保护区，其中包括8个国家自然保护区、4个禁伐禁猎区、1个国家公园和1个自然遗迹地。

最大的国家自然保护区是大北极自然保护区，它于1993年建立，面积超过400万hm^2（约100万hm^2是海域）。建立这个自然保护区的主要目的是保护鸟类的筑巢栖息地。该自然保护区内栖息着124种鸟类，其中有55种在这里筑巢，其余的是游荡鸟和候鸟。

秋季，大北极自然保护区的大部分筑巢鸟类沿着北冰洋海岸向西飞行，之后沿着“白海—波罗的海”线路到达位于西欧、西非和南非的休息地和越冬地。黑喉潜鸟、红喉潜鸟、小天鹅等在自然保护区内筑巢。大北极自然保护区为在西欧越冬的80%的黑雁提供了筑巢和褪毛地。

自然保护区内出没狼、北极狐、狼獾、貂、雪兔、旅鼠、麝牛、北极熊，海洋哺乳动物包括环斑海豹、髯海豹、白鲸，其中白鲸分布在自然保护区的近岸区。自然保护区的陆域生存着少量的野生驯鹿。在产仔期，驯鹿的主要的泰梅尔种群会大批进入自然保护区的南部地段，驯鹿的数量在这一时期会增加到5万～15万头。

建立坎达拉克沙国家自然保护区的目的是保护和研究坎达拉克沙湾和摩尔曼斯克湾内的冻原、泰加林和海洋的生物地理群落，该自然保护区是为考察海鸟和涉禽种群以及与之有关的陆栖和水栖生物群落的状态而建立（1939年）的。通过这些考察来研究经济活动、海洋环境污染对自然保护区地貌景观的影响，制定保护和恢复自然生态系统的方法。栖息在摩尔曼斯克州的70%的哺乳动物、78%的鸟类、所有爬行和两栖类动物、白海的多种鱼类、海洋无脊椎动物在自然保护区界内繁育后代。栖息在白海、摩尔曼斯克湾的半数以上绒鸭、大部分海鸥（近40%）、蛎鹬（约20%）在面积相对不大的自然保护区内筑巢。在自然保护区内繁育后代的动物中，有6种被列入俄罗斯濒危动物红皮书（灰海豹、矛隼、鱼鹰、白尾海雕、欧鸬鹚、金凤蝶），还有一些是摩尔曼斯克州特殊保护的稀有动物（灰鹤、隼、枭、蝮蛇、普通蟾蜍）。

大多数在自然保护区内栖息的动物并不是长期居于此地，它们会进行季节性或者突发性的迁徙，有时会在离自然保护区很远的地方越冬。因此，固定在自然保护区内繁殖这一事实并不能保证保留很多的动物品种。

“俄罗斯北极”国家公园占据着新地群岛的北部，它的建立（2009年）是为了保护北极地区独特的沿岸自然环境。在国家公园内，喀拉-巴伦支海的北极熊种群繁育后代，这里还分布着海象的主要陆上栖息地，也是黑雁和白鸥的大西洋亚种在俄罗斯唯一的筑巢地。在国家公园的北冰洋海域栖息着独角鲸、格陵兰鲸、小须鲸。游客可以乘坐到新地岛、法兰士·约瑟夫地群岛和北极点的游轮欣赏这个国家公园的美景。

“弗兰格尔岛”国家公园包括楚科奇海的两座岛屿（弗兰格尔岛和赫勒尔德岛）以及毗邻的海域。弗兰格尔岛上的植物种类繁多且独特，导管植物达500种，其中的1/5属于稀有和极稀有品种。建立这座国家公园（1976年）的目的是保护和研究北极地区岛屿的典型和独特的生态系统、独有的动物品种，如北极熊、海象和俄罗斯唯一的白雁筑巢种群等。

自然保护区的鸟类区系包括140多种鸟类，白雁是岛屿陆地上数量最多的飞禽。小型的雀形目鸟类（雪鹀和铁爪鹀）数量也很多，可以看到黑雁、绒鸭（普通绒鸭的太平洋亚种）、鸻鹬类（红腹滨鹬和灰斑鸻），以及鸥形目鸟类（包括北极鸥、叉尾鸥和楔尾鸥），还可以看到长尾贼鸥和白枭。有几种海鸟在自然保护区内筑巢并在海中觅食，它们仅把岛上的陆地作为筑巢、产卵和喂养雏鸟的地方，而更多时间是在位于峭壁海岸上的密集的栖息地群居。

每年春天，一行行白雁从北美飞到弗兰格尔岛，这可能与这些鸟类越冬的北美西部陆域的垦殖、北美大草原（鸟类的冬季栖息地）的开荒以及狩猎大雁有关。曾几何时，这些白雁曾经到达过西伯利亚北极地区的大陆冻原，但是最近100年，它们几乎不会在大陆出现。在亚欧大陆，白雁仅在弗兰格尔岛出现和定期繁衍后代。

自然保护区内常年栖息着两种旅鼠（有蹄旅鼠和西伯利亚旅鼠）和北极狐。自然保护区的哺乳动物中，最引人注目的是北极熊，北极熊是世界动物区系的稀有物种，已被列入国际和俄罗斯的濒危动物红皮书。弗兰格尔岛和赫勒尔德岛上分布着北极熊的主要“产房”，在这里，怀孕的母熊在熊窝里待产并生下熊崽，而春季带着小熊移居到海冰上。前些年，有两种哺乳动物（驯鹿和麝牛）被运到弗兰格尔岛上。1974年，20头麝牛被从美国的努尼瓦克岛运到弗兰格尔岛并在此安顿下来。在北极地区生活的有蹄动物中，麝牛的体型最大。成年麝牛的体重可达400～500kg。目前为止，弗兰格尔岛上的麝牛总数在500头以上。2001年，麝牛开始从弗兰格尔岛向北极的大陆部分迁移。狼、狼獾、貂和狐狸等正在从大陆向自然保护区界内深入。

岛屿的近岸水域中栖息着海豹，包括环斑海豹、髯海豹，其次是斑海豹和带纹海豹。在海中会不时看到鲸鱼喷出的水柱，这里有地球上最稀有的物种之一——格陵兰鲸，还有凶猛的虎鲸和号称“北极海豚”的白鲸。弗兰格尔岛也是北极的另一个巨无霸——海象的最大栖息地。

2.4.2 植物种类及分布

北极地区的植被极为稀疏，呈斑块状分布，植被特点是物种组成贫乏，生产力极低。地衣、苔藓、藻类等低等植物为优势种，壳状地衣构成了北极荒漠的基本背景。常见灰藓，泥炭藓仅出现在北极带的南部，数量有限。高等植物中有代表性的是虎耳草、北极罂粟、葶苈、繁缕、北极发草、早熟禾。摩尔曼斯克州、涅涅茨自治区、亚马尔-涅涅茨自治区和楚科奇自治区的驯鹿放牧地占总土地面积的 50%。

北极地区南部可见森林，主要是在森林冻原亚带和北部泰加林亚带。亚马尔-涅涅茨自治区的森林面积最大（3168.55 万 hm^2）（表 2-11）。

表 2-11 森林面积 （单位：万 hm^2）

俄罗斯联邦主体	合计	储备林的面积	防护林的面积				
			合计	自然保护区内的	水源保护区内的	执行防护功能的，合计	珍贵林，合计
楚科奇自治区	2773.44	0	2773.44	0	0	0.73	2772.71
摩尔曼斯克州	945.54	0	603.27	0	6.87	36.03	560.37
涅涅茨自治区	44.68	0	44.68	0	0	0	44.68
亚马尔-涅涅茨自治区	3168.55	0	1249.67	0	0	8.44	1241.23

资料来源：Абрамченко и др.，2017

绝大部分森林为针叶林，仅仅在摩尔曼斯克州，以软木阔叶树种为优势种的森林面积达到了森林总面积的 38%，而这样的森林在涅涅茨自治区则占森林总面积的 4%。

俄罗斯北极地区的植物由矮灌木、禾本科、草本科、苔藓和地衣构成。夏季的低气温决定了植物品种贫乏、生长率低和缺乏树木，但是也常见高达 2m 的灌木，而苔草、苔藓和地衣会形成像毯子一样的厚厚的草地。北极荒漠是最北端的自然带，这里几乎没有植物，主要是地衣和苔藓等低等植物，偶尔也可以看到北极罂粟这样的草本植物。

巴伦支海的浮游植物最多，如作为所有其他水中生物的主要初级食物的微藻。随着向东移动，浮游植物数量明显减少，到了楚科奇海又再次增加。

2.5 冰川与冻土

冰川和冻土是俄罗斯北极地区的典型地貌。在北冰洋海域，岸冰和浮冰常年存在。一年冰的厚度可达 1.5m，多年冰的厚度为 3～4m。海域的全年水温介于 –1.5～1.8℃。在浮冰区，表层水（100～200m 厚）的全年温度约为 –2℃。可以看到从大陆冰川脱离下来的“冰山”和“冰岛”。在北冰洋沿岸一带，冰丘（高达 15m）非常典型。海冰给船只航行造成很大困难，导致仅夏季可以通航（一般采用破冰船护航）。

俄罗斯北极地区的陆地冰川的总面积为 5.6 万 km^2。冰川厚度在 700～1000m。岛屿上多为冰穹和溢出冰川，在山地多为冰斗冰川和山谷冰川。新地岛的典型冰川是半覆盖（网状分叉）冰川。在法兰士·约瑟夫地群岛和北地群岛，常见到面积不大的大陆架冰川。

北极地区广泛分布多年冻土，在雅库特东北部，在常年温度为 –10℃和季节性融化层较薄（约 70cm）的情况下，冻土厚度达到最大。大陆架内也存在厚达 50m 的多年冻土层。

北极地区的冰对于地球气候系统来说具有重大意义。冰雪会把太阳光反射回去，使地球的温度不会上升过高。此外，北极冰在大洋的环流系统中也发挥重要作用。

2.5.1 冰川分布及变化

在地球的任何地区，冰川的规模都由地形条件（海拔、切割性、斜坡相对于太阳的方位）和气候条件（固态降水总量和温暖季节的辐射与温度状况）相结合决定。总体来看，北极地区的高大山脉不多，但是，在低纬度地区，即使是在较低海拔的中山和低山环境中，现代气候条件也完全允许多种类型冰川存在。目前，在俄罗斯的北极地区，地面冰的覆盖面积接近 56 650km^2，占地表冰川总面积的 0.35%（南极和格陵兰占 97%），占俄罗斯总面积的 0.33%（Бредихин и др.，2013）。在北极的冰川中，以冰的形式封存着约 3.5 万 km^3 的淡水储量。冰川存在于俄罗斯北极地区的所有扇形区，但是冰川的分布极不均匀，而地区和地区之间的冰川性质和规模也不相同。在陆地表面，不论是在极北的陆域，还是在北极和亚北极的群岛上，都有冰存在。

2.5.1.1 大陆冰川

大陆冰川主要由面积不大于 1km^2 的小冰川组成，这些小冰川只存在于能够积雪的地形单元中。

位于科拉半岛中央的希比内山是冰川最北部的分布区，这里的冰川小到甚至很难与多年雪堆区别开，因此，对这些极小冰川的总数量和面积至今没有统一的最终结论，这里共计有 4～5 个总面积不大于 0.1km^2 的冰川，这几个冰川的存在受益于在下切很深的冰斗边缘堆积的雪，雪是被雪崩推送到这里以及被风从抬升更高的平顶地段吹到这里。

极地乌拉尔、亚极地乌拉尔和北乌拉尔的冰川也倾向于朝东的冰斗，这里面体现出了当地冰川的主要形成机制，即挟带雪的风从大西洋把西部的主要固态降水量吹向山脉中心轴的另一边。暴风雪把雪吹移到背风坡，雪在背风坡聚集在冰斗的陡峭后壁的底部。在一个冬天内，局部就会积累 8～12m 厚的雪。因此，乌拉尔的冰斗冰川的厚度通常为 80～100m（最高 140m），而山麓冰川的厚度不超过 20m。乌拉尔只有两个冰川的面积大于 1km^2（Kotlyakov и др.，2010）。

在西伯利亚地台最高的高地和西北外缘，也形成了小型山麓冰川和冰斗冰川的冰碛沉积物。根据最新资料，61 个冰川占据的面积为 7km^2，由于这些冰川规模小（最大不超过 0.3km^2），在大量的雪堆中很难辨识它们，极不明显的移动性成为区别冰川与雪堆的主要特征。尽管非常陡峭，但是冰川上几乎看不到裂缝。由于主要分布在冰斗、小冰窝和雪蚀凹地的边缘以及阶梯状地层的凸部下方，普托拉纳冰川具有宽度多倍于长度的特殊形状。

贝兰加山脉沿着泰梅尔半岛的轴部穿过整个半岛伸展。贝兰加山脉的东北末端集中分布总面积约 30km^2 的冰川，其中山谷冰川占的比例最大。由于分冰岭表面相对平整，贝兰加山脉的典型冰川是平顶和贯通冰川的复合体，这些复合体由在其上游汇合的向对面山谷流动的大型山谷冰川组成。这些冰川复合体中面积最大的为 7～8km^2，而单个山谷冰川的最大面积超过 4km^2。小型冰川包括冰斗冰川、冰斗悬冰川、山麓冰川以及峡谷冰川和隐伏冰川等类型，这些冰川的冰一直填充到长长的浅侵蚀地形的边缘，这些地形的侧边基本上不会高于冰川表面。贝兰加山脉的冰川的温度状况有所不同，在季节性波动层（8～10m）以下，冰的温度不会上升至 –14℃以上，与冰川上空的年平均气温一致。

下勒拿河右岸被上扬斯克山脉的一个南北走向的山段 —— 奥鲁尔甘山占据。在奥鲁尔甘山的冰川下是面积 18km^2 以上的陆地面，以小的冰斗冰川和冰斗山谷冰川居多，其中最大的一个面积为 4.2km^2，它向两个相邻的集水区，即勒拿河流域和奥莫洛伊河流域输送冰流，因此很像是贝兰加山脉的冰川。在大陆性气候条件下，大西洋对雪的补给量不大，而热严酷环境造就了冰川的酷寒模式。在夏季之后留下的未解冻的残余粒雪量不大，而奥鲁尔甘冰川的存在很大程度上由雪崩和雪暴的汇聚维持。

再往东，在大西洋的影响范围内分布着西伯利亚现代冰川的一个大型源头 —— 切尔斯基山脉。由于切尔斯基山脉的切割程度比西伯利亚差，并且海拔达到 3147m，因此切尔斯基山脉集中了数百条冰川，总面积 155km^2，这一面积比涎流冰或者层状冰在河道内占据的面积小很多倍，切尔斯基山脉上每年都会形成近 2300km^2 的涎流冰，个别厚度达到 10m。俄罗斯境内最大的涎流冰是莫马河的乌拉汉塔伦涎流冰，它的面积在不同年份从 76km^2 到 112km^2 不等。尽管如此，这里的冰川仍然是俄罗斯北极地区大陆部分最大的冰川。只有在这里才能看到山谷冰川最发育的类型，即复式山谷冰川，复式山谷冰川的支流本身就是浩大的山谷冰河。这样的冰川有梅利尼科夫冰川（3.4km^2）、苏姆金冰川（3.7km^2）、奥布鲁切夫冰川（7.6km^2）和最大的察列格拉茨基冰川（12km^2）。极度的大陆性气候造成了这些冰川的特殊冰情。这里冬季盛行西伯利亚反气旋，来自固态降水的补给微薄，导致冰川体及其多石边缘极度冻结。因此，在近冰川的洼地内发育的冻土带具有最大厚度 50m 的多边形脉冰和醒目的冻胀丘。夏季，这里的气温上升得非常高，年气温振幅为 100～105℃的罕见数值。融水迅速补给已经积累的薄的雪层，在到达在冬季冻透的不透水的冰时，冻结在不透水冰的顶板上，同时显著地降低径流量并形成所谓的叠置冰。因此，在夏季结束前，冰川上基本上不会残留粒雪，粒雪已经完全变形为具有光滑漫射面的致密的叠置冰层。融水的冰川上水流最终切开冰川表面，形成又长又深（深达数十米）的冰蚀槽沟。

在俄罗斯最东北部的楚科奇山原，总面积数平方千米的十座小型冰斗冰川和悬冰川分散在一系列的矮山和脊岭之中，这些小冰川直到 1933 年才被 C.B. Обручев 发现，冰川的形成原因首先是环境湿度更大，来自白令海一侧的大洋气团平流为这些冰川提供了雪，而雪暴的搬运使负地形中的雪团浓度增高，给这些冰川补充了额外的雪。

在俄罗斯最北端的大陆部分，面积最大（225km^2）的冰川的源头位于受太平洋影响的科里亚克山原，这里没有特别大的冰川体（最大的勉强达到 $4km^2$），但是冰川的数量超过 1000 个，其中主要是冰斗冰川，占冰川总数的 80%。

但是，与北冰洋群岛上的冰川遗痕资源相比，俄罗斯北极地区大陆部分的所有这些山地冰川看起来只是不大的聚冰体，因此正是北冰洋群岛占据了北极地区陆地冰川总面积的 99%。

2.5.1.2 岛屿冰川

俄罗斯北极群岛中，冰量最多的是新地岛，其中，谢韦尔内岛（北岛）的连续冰川的面积约为 400km×100km，占新地岛冰川总面积的 94%。冰穹完全盖住了下垫面的地形，因此无法在日照地表上进行标记。只有在冰川的外缘，统一的冰空间分散为单独的溢出冰川，从冰幔和雪幔下方露出岩枝。来自冰岛–喀拉低压区的气旋从西面把雪带到新地岛，这些气旋甚至在冬季也能导致解冻。相对温和的气候和多雪常常导致整个冰川厚层在融化期结束前就升温至 0℃，而雪是通过“温暖”形式变成冰。冰的质量损失与其说是由于夏季的融化，不如说是由于冰山从到达巴伦支海和喀拉海海域的溢出冰川的漂流锋面脱离以及达到飓风风力（这里在一年的 1/3 时间内风速超过 12m/s）的强大流泄风的吹蚀（风吹雪）。除了冰川盖层区，新地岛还有过渡的山地冰川和纯山地冰川区，这些冰川区主要集中在谢韦尔内岛（北岛）的南部和尤日内岛（南岛）的北部，分布在马托奇金海峡的两侧。山地冰川看起来像是辽阔的高原冰川，或者是由自身的上游补给区在低洼地形上方合流形成的厚冰川。纯山地冰川包括冰川的所有形态类型，随着地理纬度的下降，这些类型的冰川有规律地从复式山谷冰川变为冰斗冰川，交替成为主导的冰川类型。

法兰士·约瑟夫地群岛也是以大陆冰川居多，但是由于群岛的岛屿规模明显逊于新地岛，因此独立的冰盾和冰穹的面积要小得多。尽管如此，在这两个群岛之间，冰川得以存在的气候前提和山岳形态前提具有明显的共性。法兰士·约瑟夫地群岛的冰川状况略有不同，其特点是“寒冷”形式的成冰类型更多。冰川盖层的中央部分是平顶状，随着向海岸线靠近，地表的坡度也增加。溢出冰川在与海的接触带截止，同时形成陡峭悬崖状的冰山。在冰穹的顶峰附近，冰的厚度达到 450m，而在向海中倾伏的冰舌处，冰的厚度降到 40～120m。在溢出部分，冰的流动速度可能上升到 50～60m/a。总体上，在 191 座岛屿中，仅有 56 座大岛上存在冰川。法兰士·约瑟夫地群岛的 85% 都隐藏在冰下，而在一些岛屿上，冰的覆盖率达到 98%。尽管如此，这里还发育山地–大陆过渡型冰川和小的吹雪冰川。

北地群岛的冰川面积在俄罗斯北极地区排第二（仅次于新地岛），其中，17 座大冰川复合体占据了 94% 的面积，这些复合体包含 51 座冰穹、99 座溢出冰川和 3 座大陆架冰川。在其余部分则发育简单的冰穹和山地冰川。在北地群岛的 500km 冰岸中，约 190km 冰岸由活动的峭壁断崖锋面组成。北极群岛的位置比前述的诸群岛更往东，受亚洲反气旋的影响更大，因此降水更少，冰的温度更低。冰在这里完全是按照“寒冷”形式形成。冰下的地形极其复杂。由于裂缝纵横交错，尤其在边缘部分，这里由于冰的厚度更小，冰川床的不平整使冰川中出现断裂错位，造成冰川表面难以通行。在冰盾的内部，冰的厚度有时达到 500～600m。冰的运动速度达到每年数十米，而在溢出冰川（如瓦维洛夫冰穹），冰的运动速度上升到每年 100～150m。

在北冰洋的其他岛屿上也可以看到冰川，如巴伦支海北部的维多利亚岛、北地群岛和法兰士·约瑟夫地群岛之间的乌沙科夫岛、东西伯利亚海中的德郎群岛和弗兰格尔岛。通常，岛屿冰川的形状多为穹状并带有溢出冰川，溢出冰川延伸到大洋岸边并形成冰山（仅弗兰格尔岛以小型冰川为典型）。乌沙科夫岛在这一系列岛屿中非常突出，它完全被面积 325km^2 的冰帽覆盖，使基岩无法出露地表。在乌沙科夫岛的中央，冰的厚度为 250m，而在岛的外缘，冰川槽谷常常低于海平面。维多利亚岛的情况也类似，这座岛上只有 0.9% 的面积没有被冰覆盖。

在北极地区，不论是大陆冰川还是岛屿冰川的现代演化都服从于全球的气候变化。在北极地区的高纬度带，由于天然和人为因素的共同影响，年平均温度的增长速度极高。另外，高纬度带的气候呈现出气候变化幅度趋缓，进而使补给冰川的降水量增加。北极地区各处几乎都趋于冰川物质不平衡，这种趋势导致冰川消退。在气候总体变暖的背景下，俄罗斯北极地区的冰川每年都会损失大约 2000 万 m^3 的冰（Бредихин и др.，2013）。大型冰盾和冰穹（新地岛、北地群岛）正在从海岸向后退和变薄，在山地，复式冰川系统和复合体（如贝兰加山脉或者切尔斯基山脉）被分割为单独的冰流，并且其规模不仅是从冰舌的末端一侧缩小，在补给区的石环上也在缩小。个别的例外仅证实了北极地区现代冰川的演化规律（如没有体现出消退特征的乌沙科夫岛的冰盖或者普托拉纳高原和奥鲁尔甘山的小冰川，以及没有显露出单一趋势的科里亚克冰川）。

2.5.2　冻土分布及变化

多年冻土几乎占据了俄罗斯北极地区的整个空间。冻土的总面积为 300 万 km^2。冻土的主要特征指标包括冻土在该地区的占地面积、温度和含冰情况，这些特征指标在不同位置也有所不同，取决于现代和古代的气候以及形成冻土和地貌的地质史。

2.5.2.1　冻土分布

按照分布面积，通常可以划分出岛状冻土带、不连续冻土带和连续冻土带，这些地带的面积自西向东有规律地增加，这主要是由于气候的严寒度在这个方向加大（表 2-12）。从科拉半岛到伯朝拉河前，冻土少，不到这一区域的一半。因相对温和的气候，尤其在夏季，无法让所有多年冻土都保留下来，冻土主要在剖面上部中有泥炭和表面发育苔藓厚层的地貌中以及生长在砂壤土中的云杉林中保留。含水率高，也意味着冬季冻土的含冰率高，这导致大部分太阳热量用于在春季和夏季把冰化成水，或者相反，在秋冬季把水结成冰。因此，在一年中的温暖期，热量不易于渗透到冻土内部，而冬季则相反，冻土易于冻结。苔藓在夏季停止给土壤表面增温，而云杉林的雪层厚度在冬季减少。这些自然条件加在一起，使冻土在北极地区的西部得以形成和保留，这些条件应当看作冻土分布的地貌条件。在这些条件下，冻土温度接近 0℃，很少降至 –1℃以下。岛状多年冻土被 1～2℃的融化土包围。这里冻土保留下来，是由于其含有体积超过 40% 的冰。除了由结晶、夹层和细脉组成的冰，冰往往还构成冻胀丘的核，冻胀丘的冰总厚度与冻胀丘的高度大致相同，从 0.5m 到 2.5m 不等。

表 2-12　俄罗斯北极地区多年冻土区的地貌

冻土的分布形式	地貌
连续分布	冰川
	极地荒漠
	北极冻原
	典型冻原
	南方冻原
	森林冻原
	北方泰加林
	秃峰带
	高山冻原和多石荒漠
	落叶稀疏林带
	落叶稀疏林和矮曲林带
不连续分布	典型冻原
	南方冻原
	森林冻原
	高山冻原和多石荒漠
	矮曲林带
岛状分布	典型冻原
	南方冻原
	森林冻原
	北方泰加林
	高山冻原和秃峰带
	暗针叶稀疏林带

资料来源：Бредихин и др.，2013

典型冻原区，冬季时，由于气候更加严寒，冻土面积从 50% 增加到 95%。冻土带内存在融化的地段，原因在于，第一，地表水即河流和湖泊的升温作用；第二，在低地、沟壑、溪谷不断积累的厚雪层遏止冬季变冷。融化的冻土也保留在砂土中，这是由于砂土中的水分相对较少并且砂土在夏季易于增温。在北极的这一部分地区，冻土的温度有所不同，介于 –3～–1℃。冻土的温度由地貌的特点决定，在泥炭沼泽观测到的温度最低，为 –3～–2.5℃。在砂壤土的灌木冻原带，冻土温度为 –1.5～–1℃。冻土的含冰程度各异，在砂壤土中可能达到体积的 40%，在砂中减少至 20%。在无法在小比例尺地图上标出的局部区，含冰量可能大幅高于 40%，如泥炭土中或者结冰的湖泊沉积层中。多边形脉冰的发育恰恰与结冰的湖泊沉积层有关，多边形脉冰形成于在春季和夏季被水填满的冻裂缝中。水以垂直的楔形和脉状冻结在冻土中。多边形脉冰的厚度为 1～3m。这里还可见冻胀丘，冻胀丘最常出现在森林冻原和北方泰加林中。

在西西伯利亚的北极部分，冻土呈连续和不连续分布。冻土温度的分配服从于地带性。在最北部（亚马尔半岛、格达半岛），冻土温度低于 –7℃，向南上升到–5℃～–3℃。

冻土温度的上升趋势主要由气候的纬度地带性决定。但是地貌也对冻土温度的形成产生重要影响，泥炭田的温度低于沼泽地温度。冻土中的冰十分多样，矿物土壤的含冰率往往高于 40%。西西伯利亚冻土的极典型特征是广泛分布层状冰。

这些冰可以延伸数百米，厚度 10～30m，埋藏在接近地表处或者很深处，其成因有待探讨，有可能是来自冻结的地下水层、冰川、海冰和湖冰、雪堆的封存片段，在海岸的露头、河流、冲沟和湖泊的谷地中可以看到。在北部的半岛上最常见脉冰，厚度从 1.5～2m 到 4～5m 不等。

在叶尼塞河以东，由于气候、地形（平原和山地地形）和地貌的总体影响，冻土环境变得越来越严寒和多样。在整个区域内只能看到连续的冻土分布，占俄罗斯北极地区全境的 80% 以上，仅西伯利亚大型河流的河谷和大型湖泊的下方没有连续冻土。在山地观测到冻土最低温度低于 –11℃。在泰梅尔，连续冻土包括中山与低山。在最东北端（阿纳德尔山脉、楚科奇），高山冻土的温度升高到 –9～–5℃，与相对更温和的海洋气候一致。在东冻土带的平原，冻土温度不高于 –5℃。在北泰梅尔低地和楚科奇，冻土温度为 –7～–5℃。在东北部的滨海平原上，冻土温度呈地带性上升，在冻原为 –9～–1℃，在泰加林为 –9～–7℃。

山地的冻土含的冰量少，含冰率在基岩中不高于 5%～7%，在风化壳中不高于 20%。在东北部的滨海平原，最突出的现象是厚的多边形脉冰分布十分广泛，其厚度可能达到 15～25m，宽度 4～5m。加上容纳这些冰脉的冻土中的冰，总含冰率可能达到 50%～70%。这意味着，当这样的冻土层融化时，低洼平原的高度会大幅下降并可能被海水淹没。总含冰率如此高的原因是饱水沉积物在长期（每年）冻结条件下的漫长积累和转变为永久冻结状态。除了厚的冰脉，在湖水冻结时，还会形成高近 30m 的大的含冰冻胀丘（在当地称为“地下冰丘”）。在拉普捷夫海、东西伯利亚海的岛屿和楚科奇，层状冰可能是被封存的残留冰川。

俄罗斯北极地区的冻土环境的主要变化规律在于，自西向东，冻土面积增加，温度下降，含冰率和地下冰的形式增多，而且变化范围很大。冻土的占地面积从 5%～10% 增加到 95%，温度从 –0.5～–0.2℃降至 –15～–12℃，冻土的含冰率从不到 10% 增加到 50%～80%。在各大型地区内，可以观测到所有冻土特征指标的纬度地带性，这些差异因地形而加大。平原冻土的含冰率显著高于高山冻土。在北极地区的山地内只分布着连续的低温冻土。

在开发北极地区时，不均匀的冻土环境会影响生态环境，在气候变化、自然和人为变化的影响下，冻土环境的不均匀性会变化（Anisimov and Reneva，2006）。为评价冻土对这些影响的反应，应当了解冻土的各种性质。北极的开发首先是开发矿产资源（石油、天然气、煤、有色金属等），这就伴随着对自然环境的迅速破坏，包括消除植被、灌水或排水、改变地形（填方、挖方）、破坏积雪等，这些破坏往往体现在冻土上，会造成冻土融化至特定深度、土壤沉陷和冬季冻胀、形成涎流冰以及其他冻土过程。冻土环境的这种变化会破坏工程设施、建筑物、管道、道路、钻井等。

气候变化，尤其是与变暖有关的变化，持续的时间很长而且是逐渐发生变化的，但是，与工业活动的局部影响不同，气候变化对冻土的影响无处不在，在西部的高温的岛状冻土带内，冻土的变化最极端，这里冻土或将消失。在东侧的欧洲平原，冻土以温度约0℃的岛状多年冻土的形式保留。在西西伯利亚，亚马尔和格达半岛的最北端仍保留着连续的冻土。向南，不连续冻土被岛状冻土取代。在叶尼塞河以东，连续冻土无处不在，但是冻土的温度升高，在夏季，冻土的融化深度可能加大并出现深5～15m的融化层（即“非贯穿性融区”）。含冰冻土的这些变化导致各处形成沼泽、湖泊、沟壑、溪流，并导致地貌的总体变化，增加这些地区的开发难度。

2.5.2.2 冻土的厚度

由于与大量的自然因素有关，因此多年冻土的厚度是一个极其复杂的特征指标，厚度值可能从不足10m变化到1km甚至更厚（表2-13）。多年冻土的厚度取决于气候、地形和地质这三大自然条件。气候对多年冻土厚度产生的影响是复杂的。厚度越大，决定厚度值的气候就越古老。厚度小的多年冻土（50m以内）形成于现代气候条件下。多年冻土的厚度可能变化，在变暖期或者变冷期分别减少或者顺着剖面加深，北极西部和西西伯利亚南部的冻土就是这种情况。越往东，多年冻土的厚度与古气候的联系就越多。同时，应当指出，在恶劣的古气候环境背景下，多年冻土的厚度的形成取决于该地区曾经处于海平面以下或者海冰以下，后一种情况会阻碍岩土的深部冻结。

表2-13　各地区冻土厚度分布　　（单位：m）

地区		冻土厚度
欧洲北部	科拉半岛	＜50
	卡宁半岛，极圈以南	15
	伯朝拉河，纳里扬马尔地区	50～150
	大地冻原	100～300
	极地乌拉尔	500～700
西西伯利亚	亚马尔半岛	265～330
	塔兹半岛	310～320
	格达半岛	215～310
	普尔河与塔兹河的河间地	300～400
	乌斯季波尔特区的叶尼塞河河滩地	40～360
中西伯利亚	普托拉纳高原，海拔1000m以下	500～800
	海拔1600～1700m	1100
	哈坦加镇	375
	诺尔德维克镇	＞590
	奥列尼奥克河下游	430
东西伯利亚和远东	季克西湾	651
	哈拉乌拉赫山脉	650
	孙塔尔哈亚塔山脉，海拔2500m以上	＞700
	亚纳-因迪吉尔卡低地	
	北极苔藓地衣冻原	＞400
	亚北极矮曲林和草丘状冻原	300～400

续表

地区		冻土厚度
东西伯利亚和远东	恰翁盆地、佩韦克半岛	160～250
	科雷马山原	50～170
	阿纳德尔低地	50～100

资料来源：Бредихин и др.，2013

一般来说，地形的影响使平原、山地和台地的多年冻土厚度存在显著差异。冻土厚度在平原不超过 700m，在山地达到 1～1.2km。平原的冻土厚度的变化相当有规律，服从纬度地带性和扇形区原则。在北极地区欧洲部分、西西伯利亚的平原和雅库特的滨海低地内，观测到多年冻土的厚度向北部呈现东西向和近东西向增加：在欧洲从 0～50m 增加到 200～300m；在西西伯利亚从 0～50m 增加到 200～300m 和 300～500m；在雅库特从 300～500m 增加到 500～700m。同时，自西向东，一直到东西伯利亚海的近岸平原，厚度从 0～50m 增加到 500m 以上，而在远东的北极地区则减少到 200～300m。

山地的多年冻土厚度要大于毗邻平原的多年冻土厚度。此外，冻土的厚度服从于垂直分带性原则，其原因在于，几乎失去水分的致密岩石的冻结总是比砂质-泥质松散沉积层中的冻结扩散得更深。需要强调的是，山地的冻土厚度在很大程度上取决于所选择的计算方法。在泰梅尔的贝兰加山（1100～1300m）和中西伯利亚台地的东北部（1500m）测定的冻土厚度最大，原因在于地壳的冻结时间漫长，超过 100 万年，而中西伯利亚台地的东北部冻土厚度大还有一个原因，就是来自地心的热通量值小。总体上，随着高度上升，多年冻土的厚度也从 500～700m 增加到 900m 以上，并在上扬斯克山脉、科雷马山脉等的秃峰带以及中西伯利亚台地北部（700～900m）达到最大厚度。在上扬斯克山脉、科雷马山脉等的秃峰带，冻土的厚度大与垂直分带性有关，在中西伯利亚台地北部，冻土的厚度大与古地台的地球内部热通量下降有关。在远东（楚科奇、阿纳德尔山脉、科里亚克山脉）的低山，多年冻土的厚度为 300～500m，向上为 500～700m，这里的高山冻土的厚度有所减小是由太平洋的增温影响决定的。

在多个地区，变暖期冻土上边界（顶板）有可能下降使冻土厚度的形成变得复杂，而现代气候不允许从表层冻土向深部出现新的冻结。在北极的欧洲部分和西西伯利亚平原的南部，出现了所谓的“不汇合”冻土，这里的多年冻土埋藏在 5～25m 深处，有时也会到 100m 深处。在冻土的剖面和底板中，可以看到饱含海盐的被称为“湿寒土”的零下温度层。在亚马尔、格达、哈坦加湾沿岸等地，可以看到冻土内部和下方带有湿寒土的多年冻土剖面，这里的冻土形成于含盐度偏高的海相沉积层中。

冻土的厚度可能与现代的地貌和气候条件一致，也可能承袭了古老世纪的自然环境，后者被称为“非稳定冻土”，约占所有类型多年冻土的 30%，非稳定冻土存在于欧洲北部、西西伯利亚和雅库特。非稳定冻土形成于冰川时期，因此，目前非稳定冻土是从下面，即从冰期气候被间冰期气候取代后变暖所到达的底板发生融化，融化速度为每年 1～2cm。

在西伯利亚大型河流的河谷内，多年冻土厚度的变化范围可能很大。河床下方没有冻土，但是在河谷内，由于不同地方的含水量、岩石成分、地形、河流的水情等存在差异，冻土厚度从不足 10m 到 100m 不等。

现代阶段的气候变暖趋势导致北极地区大陆西部的薄冻土（0～50m）融化。100m内的冻土，尤其是砂土组成的冻土，可能从上部融化，并在5～20m深度内形成“不汇合”冻土。变暖趋势不会触及厚的冻土，但是冻土的温度可能升高。在存在大型热泉的地方，各个位置的上部冻土都可能融化。正因如此，在建设油气田时会使用能够对冻土进行人工制冷的装置。

冻土温度随着垂直断面的深度变化。一般通过在冻土区的不同位置和在下垫的融化土中钻孔测量温度。根据温度值可以判断多年冻土的厚度。0℃温度层的位置被认为是多年冻土的底板，这意味着，温度曲线穿过0℃线的深度，即多年冻土的厚度。

2.5.2.3　冻土过程

冻土过程极为多元化。在冻土形成发育过程中，形成了特殊的地形形态。水和冰的相变转换以及冻土在零下温度下出现的应力是冻土过程的主要原因。最普遍的冻土过程可以分为两大类：一类是在一年的温暖期，冻土融化时出现的热喀斯特、泥流、热侵蚀和热磨蚀等过程，另一类是秋季和冬季，在冻土冻结和进一步冷却时，出现的冻胀、形成涎流冰和冻裂等过程。像热喀斯特和冻胀这样的过程在平原和河谷几乎无处不在。热侵蚀和热磨蚀会破坏河岸、海岸和湖岸。涎流冰最常形成于山区的河谷中，而石冰川形成于山坡上。泥流是相当普遍的一种现象，会让平原的丘陵、低岭、河谷的谷坡和不很陡峭的山坡地形变得复杂。

当然，所有冻土过程都有自身的主要原因。

热喀斯特过程是指由于冰融化成潜水后体积缩小、融化地层收缩、部分物质移出等，岩土表面在地下冰融化过程中发生的沉陷。热喀斯特过程会形成沼泽和湖泊。热喀斯特地形的大小和形状取决于融化的冰的数量和类型。层状冰和冻胀丘的冰核融化后会形成极深的湖泊和洞穴。在雅库特发现了特大的热喀斯特湖，这些湖由面积很大的厚冰脉融化后形成，当地称之为“阿拉斯凹地”。热喀斯特沉陷的深度从不到100cm到10m及以上不等。

热侵蚀是流水冲刷海岸和松散岩土表面的过程。这一过程中存在两个分量，即水流使冻土融化和水流对冻土的机械破坏。热侵蚀是形成沟壑和凹陷的原因。在经济活动过程中，工业和生活污水的乱排乱放会造成活跃的热侵蚀过程，因此曾发生过在一个夏天就形成了长超过100m、深1.5～2m、宽5～7m的冲沟。在自然界中，热侵蚀的长度可达1～1.5km，热侵蚀是冻土区内危害最大的过程之一。与热喀斯特过程不同，热侵蚀与冻土的含冰量的联系不那么紧密。不论是在多冰的地层中，还是在由砂和少量冰组成的河畔，都可以看到活跃的热侵蚀过程。

热磨蚀是波浪对北极的海岸和湖岸的热破坏和机械破坏过程。在拉普捷夫海和东西伯利亚海的沿岸地带，其中也包括在岛屿上，热磨蚀过程最为活跃。在这些地方，海岸的很长地段都由富冰冻土和冰脉组成。北极东部由富冰冻土形成的一些小岛正在从我们的视线中消失。B.A. Обручев 院士的著名小说《桑尼科夫地》中描写的正是这样的现象。

热融滑塌是指融化冻土层的土壤顺坡向下流动的过程，这种土壤中含有相当比例的粉质和泥质颗粒以及水分，水分来自融化的底冰、雨水和融雪水。泥流过程发生在2°～25°的斜坡上。土壤顺着多为冻土的不透水层流动。这一坡面过程的速度各有不同，在天然条件下最广泛的是缓慢的泥流过程，速度为每年数厘米。在人为破坏的情况下，泥流在一个小时内就可能移动近 100m。如果在富冰地层埋藏不深的地段出现异常深的融化，可能发生灾难性的快速滑坡泥流。

冻胀是指水冻结时岩土体积增大 9% 的过程。因此，冻胀的程度取决于冻结的水量。每年，在夏季融化的土壤都会重新冻结，土体表面与夏季相比会增高。岩石块在土壤表面的冻融分选效应与这一过程有关，这些岩石块会形成石圈、石环、石缘。深入到冻土中的各种工程设施的地基也会遇到这样的情况。由于管道的地基与冻土冻结在一起，在冻胀时地基会"拔地而起"从而造成事故。冻胀过程的结果是形成冻胀丘。

在一些情况下，冻胀丘是在融化的冻土冻结时形成的，在冻结时产生的水压作用下，水年复一年地向冻结锋面迁移，形成了与土壤交替的大量冰夹层。在多水的泥炭地和沼泽地，最常见到这样的冻胀丘。如果湖泊（尤指热喀斯特湖）的湖水开始冻结，那么在浅水段会出现所谓的"封闭系统"，这意味着，从冻结的湖岸和湖底一侧会建立起一个不透水的构架。冬季上部开始季节性冻结，结果使湖水处在封闭的空间中。湖水在冻结时体积会增大并通过地表膨胀隆起这一唯一的途径体现出来。这样的冻胀丘（地下冰丘）由相对干净的湖冰组成，湖水侵入冻胀丘的过程会多次发生，因此，冻胀丘的高度能达到数十米，而"迁移"的冻胀丘一般不高于 3m。需要注意的是，不仅在有冻土的地段能够观测到冻胀现象，在融化的岩土中，也就是说在冻土带的融区内，甚至冻土带以外，也会出现冻胀现象。

涎流冰的形成是指在河流、湖泊的冰面或者靠近地下水源头的岩土表面的结冰过程。水向地表的涌出机制与承压冻胀丘的形成机制相似，只是在形成涎流冰时，水会在薄弱处冲出冰或土的表面盖层并就地冻结。涎流冰在山地河流的河谷地带分布最广泛，面积为 10～100 000km^2，厚度从 1～2m 到 5～10m 不等。水在一个冬季内可能多次涌出。在建设道路时，涎流冰的形成会显著增多。

岩土在骤然变冷时会显著收缩，因此会形成寒冻裂缝，这些裂缝会深入土中 1～3m，裂缝会被雪填满，春季时会被冻土中的冰雪融化的水填满。裂缝的裂开和填水的循环往复形成了冰脉或者冰楔，从而形成多边形脉状地形。这种地形在泥炭地最常见，而在北极地区东部则在含矿物的土壤中最常见。多边形的直径从 4～5m 到 20～30m 不等，一条裂缝的宽度为 1～8cm。由于冻裂过程会重复，冰脉的直径会从 0.5～0.8m 扩大到 4～5m。冻裂会给地下管线造成危险。

石冰川过程是指含冰的粗粒碎屑物质在坡度不大于 35° 的斜坡上和山区的夷平面聚积的过程，在斜坡上的石冰川称为"石河"（石流），在山区夷平面的石冰川称为"石海"。粗粒碎屑物质是物理风化的产物，在夏季会被雨水冲刷，雨水与融化水一起使石冰川的基底（在冬季时）被冰饱和。硬岩的物理风化在一年中的过渡季节最活跃，夏季细粒土从块状物质和碎石物质中移出，冬季石冰川基底中的水冻结，因此石冰川的形成过程全年发生。

上述的冻土过程会形成相当巨大的地形形态（中观地形）。分布最广的是斑块状冻原微观地形，这种微观地形的形貌多种多样，如冻土斑块、石多边形、石网、石环、斑块状土墩等，其直径（横截面）不超过 3m。

冻土过程彼此间存在联系。水位下降时，热喀斯特湖给热侵蚀创造了条件，热磨蚀坡会下滑，产生滑坡泥流式的破坏。在热喀斯特洼地，冻胀过程活跃。在多边形脉状地形中，在冰脉处活跃着热喀斯特和热侵蚀过程。当多边形脉状地形被这些过程破坏后，原来的多边形成为独立的陡壁残丘，即“Baidzherakh”（冻土带的一种泥砂质土丘），在它的坡上活跃着泥流过程。

如果研究某一地区分布最广泛的典型的过程，会发现低温过程的地理分布是有规律的。在平原和山地，冻土过程的多样性及其覆盖面积自西向东增加。在科拉半岛和冻土带的南部观测到两个过程，在岛状和岛山状的冻土带内是热喀斯特过程，而在水量充足的融化土壤中是冻胀过程。在北极的西扇形区，大约从卡宁半岛到叶尼塞河的纬度，最典型的是热喀斯特、热侵蚀和泥流过程，而在巴伦支海和喀拉海海岸，最典型的是热磨蚀过程。除了这些过程，在雅库特的滨海低地内还有强烈的冻裂过程。这些沿岸地区以南的平原上，保留了这些过程的相同组合，但是没有热磨蚀过程。河谷内活跃着涎流冰的形成过程。在乌拉尔山脉、泰梅尔山脉、中西伯利亚台原、上扬斯克山脉、切尔斯基山脉、远东和楚科奇的山脉上，陡峭的山坡上形成石冰川，相对平缓的山坡上形成泥流，河谷主要形成涎流冰。就在这些山区的更低海拔处，山谷中和山坡上分布着更多的松散冰体盖层，活跃着热喀斯特、热侵蚀和冻胀过程，以及少得多的石冰川过程。在其没有冻土的最西面地区（科拉半岛南部和欧洲北部）也可能发育冻胀过程，且在一定条件下还会形成涎流冰。

在北极地区保持变暖趋势的背景下，一系列冻土过程的活跃度在上升。如同地质史中的情形一样，在变暖期，最先加剧的是热喀斯特过程、岸滩和坡面过程。北极地区的地形湿度的总体增加导致季节性冻胀更加强烈。融化深度的增加可能伴随着显著的泥流滑坡和石冰川运动。在经济活动活跃的地区，所有过程的活跃度比变暖情况下更高，但是是有局限的。雪的移除增加了冻裂的危险，地下水水情的变化会增加形成涎流冰的危险，这都会威胁工程设施，管道事故会导致生态灾难。

2.6 北方海

俄罗斯的北方沿岸濒临六个海，分别是巴伦支海、白海、喀拉海、拉普捷夫海、东西伯利亚海和楚科奇海，它们通常被称为北极边缘海。白海属于大陆内海，全部位于俄罗斯联邦境内。巴伦支海是处于大西洋海水强烈加温影响下的边缘海，它的东南海区从不结冰（Antrim，2011）。其余的边缘海常被称为西伯利亚海，它们属于大陆架边缘海的类型，以气候条件恶劣和严酷著称。

2.6.1 北方海概况

北方海的形态特征见表 2-14。由于地处北极圈以北，这些边缘海海上的气候严寒，冬季处于极夜环境中，冬季漫长而寒冷，温暖季节短暂而凉爽。

表 2-14 俄罗斯北方海的特征

边缘海	面积/万 m^2	体积/万 m^3	平均深度/m	最大深度/m
巴伦支海	142.4	31.6	222	600
白海	9	0.6	67	350

续表

边缘海	面积/万 m^2	体积/万 m^3	平均深度/m	最大深度/m
喀拉海	88.3	9.8	111	600
拉普捷夫海	66.2	35.3	533	3385
东西伯利亚海	91.3	4.9	54	915
楚科奇海	59.5	4.2	71	1256

资料来源：Бредихин и др.，2013

2.6.1.1　巴伦支海

巴伦支海是为了纪念荷兰航海家 Willem Barentsz 而得名，Willem Barentsz 于 14 世纪末在巴伦支海完成了三次航行。但是，最早在这里开展活动的是俄国沿海的原住民，他们早在 12 世纪就出海到达了巴伦支海的海岸。早在欧洲航海者之前，他们就在海上捕鱼途中发现了科尔古耶夫岛、瓦伊加奇岛、新地岛、尤戈尔海峡和喀拉海峡。他们还最先到达了熊岛群岛、纳杰日达岛和曾被称为“格鲁曼特”的东斯匹次卑尔根岛。

巴伦支海位于欧洲西北部的大陆海岸、瓦伊加奇岛、新地岛、法兰士·约瑟夫地群岛、斯匹次卑尔根群岛和熊岛群岛之间，濒临挪威和俄罗斯海岸。巴伦支海的大型海湾有波尔桑格峡湾、瓦兰格尔峡湾、莫托夫斯基湾、科拉湾、伯朝拉湾、乔沙湾。海岸线错综复杂，切割强烈，有众多的大小海湾、峡湾。海底是自东向西缓倾斜的海底平原。在底部沉积物中，各处可见明显的混杂粗粒材料，这与冰和广泛分布的古老冰川沉积有关。

巴伦支海的气候属极地海洋性气候，天气多变，以阴天为主，夏季寒冷短暂，冬季漫长，对于这一纬度来说比较温暖，冬季风大，空气相对湿度高。在巴伦支海的西南部，在北角暖流的影响下气候变得温和。冬季盛行西南风，最大风力 16m/s，风暴频繁。3 月份气温从斯匹次卑尔根的 –22℃、科尔古耶夫岛的 –14℃到巴伦支海西南部的 –2℃。夏季的天气通常凉爽，有阴霾，刮微弱的东北风，8 月份气温在西部和中央约 9℃，在东南部约 7℃，在北部为 4～6℃。西部的年降水量超过 500mm，北部不到 300mm。

河流主要注入巴伦支海的东南部，每年约 210km^3。注入巴伦支海的大型河流有伯朝拉河、因迪加河、沃罗尼亚河、捷里别尔卡河。由于与邻海交换海水，一年内大约有四分之一的海水会得到更新。北角海的水流带来的水量最大，每年几乎为 6 万 km^3，北角海的影响可以追索到新地岛的北岸。巴伦支海的表面流形成逆时针的环流。水流速度为 15～40m/s。在风和与毗邻海的水交换的影响下，水的环流发生改变。潮汐流，尤其沿岸的潮汐流具有重要意义。潮汐为半日潮，在科拉半岛的海湾潮高可达 6m，在其他地方为 0.6～4.7m。

巴伦支海西南部的海面水温在 1 月份为 3～5℃，在 8 月份为 7～9℃。冬季，北部和东南部气温低于 –1℃；夏季，北部达到 4℃，东南部达到 7℃。开放海域的海面含盐度在西南部为 34.7%～35.0%，在东部为 33.0%～34.0%，在北部为 32.0%～33.0%。

由于大西洋海水的强烈升温影响，巴伦支海的含冰量最低，西南部一年四季都无冰。海冰范围在 4 月份达到最大，此时近 70% 的海面被浮冰占据。8 月末时冰量最少，此时冰的边界退到 78°N 以南。在巴伦支海的北部海区通常全年可见冰，但是在特别温暖年份的 8～9 月完全无冰。

巴伦支海中栖息着180多种鱼类，最具有渔业价值的是大西洋鳕、黑线鳕、鲱鱼、鲈鲉、狼鱼、比目鱼、鲽鱼。哺乳动物中包括环斑海豹、竖琴海豹、白鲸。沿岸分布着海鸠、海鸽、三趾鸥的栖息地。作为集约型渔业地区和连接俄罗斯欧洲部分与西欧和西伯利亚诸港口的海航道，巴伦支海对俄罗斯具有重要的经济价值。主要的港口是摩尔曼斯克不冻港。巴伦支海中还发现了大型的油气田，目前正在进行开采。

2.6.1.2 白海

白海是北冰洋的一个深入陆地的内海，其大部分海域位于北极圈以南。它沿着“圣角（科拉半岛）— 卡宁角”线路与巴伦支海交界，经白海-波罗的海运河与波罗的海连通，经伏尔加河—波罗的海水路与伏尔加河连通。强烈切割的海岸线形成了四大海湾，分别是坎达拉克沙湾、奥涅加湾、德维纳湾和梅津湾。海的中央部分称为海盆，它在东北部过渡为宽的格尔洛海峡，经格尔洛海峡可进入北部的沃龙卡河。大的岛屿有索洛韦茨基群岛、莫尔若维茨岛、奥列尼岛。

白海的最深处位于坎达拉克沙湾和海盆中，其余海区为浅水区，尤其是奥涅加湾和梅津湾。大部分海岸是低地，被强烈切割，有众多小型的近岸岛屿。白海的所有海岸都有自己的名字：从坎达拉克沙市到凯姆市是卡累利阿海岸，之后到奥涅加河河口是波莫尔斯基海岸，接下来到乌赫特-纳沃洛克角是奥涅加海岸。德维纳湾的南岸被称为夏岸，北岸被称为冬岸。梅津湾的海岸包括阿布拉莫夫海岸（南岸）和科努申海岸，接下来是卡宁海岸。科拉半岛的海岸包括坎达拉克沙海岸（到瓦尔祖格河的河口之前），接下来是捷尔斯基海岸。

白海的气候属于从大洋向大陆的过渡型气候。冬季漫长而寒冷，2月份平均气温为–15℃，最低气温近–26℃。夏季短暂而清凉，东北风带来多雨天气，7月份温度为8～10℃。刮西南风时天气明朗，温度为17～18℃。最高气温（近30℃）在白海的南部。

白海水文情势主要取决于与巴伦支海的海水交换、河流径流量和潮汐。表面环流由逆时针环绕海岸线的水流形成。水流速度平均为10～15cm/s，在狭窄处为30～40cm/s，在戈尔洛海峡达到250cm/s。表面平均水温在夏季从沃龙卡入口处的7℃到湾头的15℃，在冬季各处都接近冻结温度（约–1.6℃）。注入白海的河流径流量平均为215km^3/a，其中，90%以上来自北德维纳河、梅津河、奥涅加河、凯姆河和维格河等大型河流。每年，海上空的大气降水量为600～800mm。河流径流量和降水量会使表层海水的含盐度下降至显著低于大洋的平均含盐度。冬季，沃龙卡和戈尔洛海峡的含盐度为29%～30%，海盆为27%～28%，海湾为23%～25%。夏季，含盐度的对比显著更高，从沃龙卡西北部的34%到德维纳湾湾头的10%。白海的潮汐是规则的半日潮，最大潮高（近7m）在梅津湾的湾头，坎达拉克沙湾潮高约为3m。

海平面的增水和减水波动在一年的寒冷期最为明显。秋季和冬季在刮北风时出现最高的增水（近90cm），冬季和春季刮西南风时出现最强烈的减水（近75cm）。

白海属于季节性冰封海，每年冬季都会被冰覆盖。初生冰形成于11月初的梅津湾的湾头。沃龙卡和戈尔洛海峡仅在1月份才形成冰。白海的冰不断被带出到巴伦支海，冰的厚度平均为35～40cm，在特别严寒的冬季，沿岸冰可能冻结到135～150cm厚。海冰的破裂和融化从沃龙卡开始，通常在3月末和6月初海冰就已完全融化。

白海共计有 80 多种鱼类，其中具有渔业价值的是大马哈鱼、鳟鱼、宽突鳕、北鳕、比目鱼、胡瓜鱼、白海鲱鱼、白海大西洋鳕。主要的港口是阿尔汉格尔斯克港、白海城港、坎达拉克沙港。

2.6.1.3　喀拉海

喀拉海于 18 世纪得名于喀拉河，喀拉河在新疆土开拓者开发西伯利亚过程中发挥了重要作用。喀拉海的第一批航海者是俄国的沿海原住民，他们在 16 世纪初就深入到喀拉海的西南部。最早的大陆沿岸地图由俄国海军军官在 1733～1742 年北极大考察期间绘制。海员 С. Челюскин 于 1742 年 5 月第一个到达亚洲的最北点。最早的一批商业货物于 1876 年通过海路从欧洲运送至叶尼塞河河口，1877 年装载西伯利亚货物的商业船返程，这成为经喀拉海的易货贸易的开始。

喀拉海位于新地岛、法兰士・约瑟夫地群岛和北地群岛之间，它的西北部向北极海盆宽阔敞开。大型的岛屿有别雷岛、绍卡利斯基岛、奥列尼岛、西伯利亚科夫岛、泰梅尔岛、维泽岛、施密特岛、乌沙科夫岛、俄罗斯岛。喀拉海的海岸线十分崎岖，形成了众多的峡湾和若干大型海湾，包括格达湾、叶尼塞湾、皮亚西纳湾、拜达拉塔湾、鄂毕湾。

新地岛的岸线陡峭而蜿蜒，亚马尔半岛和格达半岛的海岸是磨蚀岸；泰梅尔半岛的海岸以高岸和陡岸为主。乌沙科夫岛、施密特岛可以看到冰岸。喀拉海的底部地形不平坦，深度多为 100m 左右。狭窄的新地盆地沿着新地岛伸展。

喀拉海的气候属于极地海洋性气候，夏季短暂而凉爽，冬季漫长而寒冷。冬季，东北海区盛行中度风力的北风，其余海域上空盛行南风。西部海区风暴天气更加典型。新地岛沿岸局部盛行飓风 —— 新地岛布拉风，其持续时间从数小时到 2～3 昼夜。夏季，海上盛行方向不定的中风。2 月份的气温从新地岛的 –18℃到北地群岛沿岸的 –26℃。最低温度（–52℃）出现在切柳斯金角。8 月份的气温从北部的 0℃到南部的 6℃，最高气温出现在大陆的西南沿岸地带，可达 22℃。

注入俄罗斯北极海域的总淡水径流量有一半以上注入喀拉海，其中鄂毕河注入 407km^3，叶尼塞河注入 651km^3，皮亚西纳河注入 71.2km^3，普尔河和塔兹河共注入 78.7km^3，其余河流约注入 154km^3。河流径流全部是从南面注入喀拉海，主要是在夏季注入。河流的淡水在喀拉海表面形成了一层淡化水层，因此难以与下层水进行垂直交换和混合，从而促进了成冰过程。2 月份的表层水温从南部的 –1.3℃降到北部的 –1.7℃。8 月份的水温从东北海区的 0℃升到邻近大陆沿岸的南部海区的 5℃。2 月份的含盐度从新地岛的 34% 降到迪克森附近的 20%。8 月份的含盐度从北部的 33% 降到迪克森附近的 11%。潮汐属于规则的半日潮，在某些海区为全日潮和混合潮。潮高为 0.5～0.8m。海流强度弱，为 5～7m/s，在新地岛和亚马尔半岛北部之间形成环流。

海冰在 9 月开始形成，从 10 月至次年 5 月，几乎整个海域都被漂流的海冰覆盖。浅水岸边和海湾中会形成固定的沿岸冰。在平均天气条件下，一个季节内会积累 1.7～1.9m 厚的冰。沿岸冰和漂流冰之间会定期出现冰间湖。其中，阿姆杰尔马冰间湖、亚马尔冰间湖和鄂毕−叶尼塞冰间湖的出现尤其有规律。冰从 6 月份开始融化，到 8 月份时大部分海域已经无冰。

喀拉海的特点是生物丰度指数高，喀拉海中栖息着 82 种鱼类，其中分布最广的是鲑鱼、白鲑、鲟鱼；在海湾可以看到成群的白鲸。捕鱼对象包括大西洋鳕、白鲑、红点鲑、欧白鲑、秋白鲑、胡瓜鱼、宽突鳕、北鳕。港口有迪克森港、阿姆杰尔马港以及叶尼塞河畔的杜金卡港和伊加尔卡港。

2.6.1.4 拉普捷夫海

俄国的新疆土开拓者从17世纪上半叶开始知道拉普捷夫海的存在。1735～1736年，尉官B. Прончищев从勒拿河河口到泰梅尔半岛的北岸对拉普捷夫海海岸完成了首次测绘。1935年，为了纪念同为海军军官的双胞胎兄弟Д. Лаптев和Х. Лаптев确立了现在的名称，他们两人在1739～1742年完成了拉普捷夫海大陆沿岸的测绘并绘制了这一海区的首张准确地图。

拉普捷夫海是位于北地群岛、泰梅尔半岛、西伯利亚沿岸和新西伯利亚群岛之间的大陆边缘海。大型的岛屿有大别吉切夫岛、小泰梅尔岛、斯塔罗卡多姆斯基岛、别尔科夫斯基岛、斯托尔博沃伊岛。海岸线被强烈切割，形成了众多的海湾和半岛，大型海湾有哈坦加湾、阿纳巴尔湾、奥列尼奥克湾、亚纳湾、捷列扎·克拉韦涅斯湾、法杰伊湾；中小型海湾有玛丽亚·普龙奇谢娃湾、科热夫尼科夫湾、诺尔德维克湾、季克西湾、布奥尔哈亚湾、万金湾、谢利亚赫湾、埃别利亚赫湾；半岛有哈拉图穆斯半岛、诺尔德维克半岛、希罗科斯坦半岛。海岸的性质各异，沿岸地段主要由埋藏冰组成，目前正在经受强烈的磨蚀。

海底地形为被若干海沟弱切割的平原，自南向北平缓下降。近一半海域的深度不超过50m，深200m以内的海域占总面积的72%。大陆架的沉积层由砂和淤泥组成，有时夹杂漂砾石，深海区的海底主要是淤泥。气候属极地海洋性气候，在南部海区带有大陆性气候特征。拉普捷夫海上空每年有3～5个月的极夜期。冬季盛行南风和西南风，风速8～10m/s。1月份气温约–34℃，记录到的最低温度为–61℃。夏季盛行3～4m/s的北风。7月份的气温从北缘的0℃升到南岸的4℃。在小型海湾中，夏季的气温可能升至15℃，夏季最高气温可达24℃，最低气温4℃。

勒拿河是注入拉普捷夫海的最大河流，它每年带来543km^{3}河水，哈坦加河带来92km^{3}河水，奥列尼奥克河带来40km^{3}河水，亚纳河带来36km^{3}河水，阿纳巴尔河带来18km^{3}河水，每年总共注入拉普捷夫海大约730km^{3}淡水。夏季，表层水温为–1～4℃。含盐度从河口段的10%升到北部的31%。冬季，含盐度从南部的15%升高到北极中纬度带的33%。冬季，各处的表层水温都接近冻结点，为–1.8～–1℃。

拉普捷夫海的大部分海域都被冰覆盖。成冰季节的持续时间从南部的7～8个月增到北部的9～11个月。在寒冷年份，所有季节都可能形成冰。在特别温暖的年份，拉普捷夫海在9月初是完全无冰的。宽阔的近岸带在冬季被固定的沿岸冰覆盖，其余部分的冰是漂流冰。在冬季结束前，沿岸冰和漂流冰的厚度可能达到1.7～1.8m。漂流冰的连续性主要取决于盛行风。持续的东风会把漂流冰吹离沿岸冰，甚至在最酷寒期也会形成开阔的水域，即所谓的“冰间湖”（冰间水道）。随着风力减弱和停止，冰间湖会很快被初生冰填补。

拉普捷夫海的水平环流主要具有气旋特点（逆时针）。潮汐为不规则的半日潮，潮高0.3～0.8m。仅哈坦加湾的湾头潮高会超过2m。海平面的增减水波动不超过2.5m。在中央海域，秋季 5～7 级风暴期间，浪高可能达到 4～5m，最大浪高近 6m。

拉普捷夫海中栖息着 80 多种鱼类，其中经济鱼类有北极红点鲑、西伯利亚白鲑、秋白鲑、白北鲑、鲟鱼、欧白鲑、目荀白鲑。哺乳动物有海象、海豹、白鲸。北极熊在岛屿上产仔。鸟类种类繁多，尤其在沿岸的栖息地，海鸠、海鸽在此筑巢；海鸥的种类很多。北极狐、旅鼠、雪鸮会在岸上出没。

拉普捷夫海是北方海航道的一部分，季克西港是主要的港口。北方海航道线路的海上货物运输一般采用破冰船护航。

2.6.1.5 东西伯利亚海

东西伯利亚海是位于新西伯利亚群岛与弗兰格尔岛之间的大陆边缘海。在西部经海峡与拉普捷夫海连通，东部濒临楚科奇海。岛屿有新西伯利亚岛、熊岛、艾翁岛、德朗岛、若霍夫岛。海湾有恰翁湾、科雷马湾、奥穆利亚赫湾。

在科雷马河的河口前，东西伯利亚海的西部海岸为沼泽化的低地，主要由埋藏冰组成，海岸经历了显著的侵蚀冲刷并使岸线的轮廓发生改变。科雷马河的河口以东为高耸的海岸，局部延伸至海滨突然中断。东西伯利亚海的大部分处于大陆架上，大陆架为切割不显著的平原地形，从西南向东北坡度小，以 20～25m 深度为主。100m 以上的深度位于海的东北部。

东西伯利亚海属带有一些大陆性特征的极地海洋性气候。冬季盛行西南风和南风，平均风速为 6～7m/s。1 月份的月平均气温约为 –29℃。夏季盛行北风，平均风速约为 7m/s。在东西伯利亚海的西部，夏季结束前的风速为 10～15m/s。7 月份的平均气温从北部的 0℃升到大陆沿岸的 3℃。天气多为下毛毛雨和湿雪的阴天。

河流的淡水径流量约为 $267km^3/a$。大型河流有科雷马河、因迪吉尔卡河、阿拉泽亚河。河水注入东西伯利亚海的南部浅水部分，近 90% 的径流来自夏季月份。冬季的表层水温从 –0.2℃降到河口附近的 –0.6℃，而在海的北缘为 –1.8～–1.7℃。夏季，水温在开阔海域升高至 2～3℃，而在海湾内为 7～8℃。表层海水的含盐度自西南向东北逐渐增加，含盐度的浮动范围大，从夏季科雷马河、因迪吉尔卡河河口附近的 4%～5% 到冬季东北海域的 31%～32%。水平环流具有不明显的气旋（逆时针）性质。海流强度不大，容易被持续的强风破坏。

东西伯利亚海是俄罗斯北极边缘海中最富冰的海，一年中几乎有九个月都完全被冰覆盖。沿岸冰的发育相当宽广，在西部海区能达到 400～500km 宽。在冬季结束前，近岸带的沿岸冰厚度为 1.9～2.0m。冬季盛行的东南风为冰间湖的形成创造了条件。海冰在 5 月末至 6 月开始瓦解。在 9 月的上半月出现极少量的冰，之后开始新的结冰季。

东西伯利亚海的潮汐属于规则的半日潮，潮汐高度不大，一般不超过 0.25m。海平面的减水和增水波动平均为 0.6～0.7m，在拉普捷夫海峡为 2～5m。

在俄罗斯所有北极边缘海中，东西伯利亚海的动物种类最贫乏，海中栖息着 55 种鱼，其中以红点宽、宽突鳕、白北鲑、目荀白鲑、海鲈鱼、白鲑居多；海洋哺乳动物包括海豹和海象。捕鱼和捕猎海兽仅用于满足当地需求，具有纯粹的地方性。在经济方面，东西伯利亚海可用作北方海航道的一部分。主要的港口是佩韦克港。

2.6.1.6 楚科奇海

楚科奇海是大陆边缘海，是俄罗斯北极边缘海中最东边的海，也是（沿穿过白令海峡的经线）与美国领土（美国阿拉斯加）毗邻的边境海。海岸线被浅度切割，海岸以山地为主。海底平坦，深度多在 50～100m，最深的海区位于西北部。

楚科奇海的气候属于极地海洋性气候，接受的日照热量较少，气温的年波动幅度不大。气温在 2 月份降至 –28℃。冬季的典型天气是刮阵风的寒冷阴天。夏季以雨夹雪的阴天为主，气温在 7 月份为 2～6℃，在背风的地方可能达到 15～20℃。

河流径流量较小（$72km^3/a$），因此对水文情势的影响不大。平均每年有 2.9 万 km^3 的相对温暖的太平洋海水穿过白令海峡流入楚科奇海并形成温暖的过渡层。

表层水温在冬季分布均匀，接近冻结点，约为 –1.7℃，夏季，在无冰的情况下，气温会升至 2～4℃，在楚科奇海的东部为 7～8℃，这里更强烈地体现出太平洋海水的升温影响。含盐度从夏季的 28% 到冬季的 32%。最低的含盐度出现在春季冰的边缘，为 24%，白令海峡的东部总是保持最高的含盐度，为 32.5%。

2.6.2 北方海的海冰

俄罗斯的北极边缘海都处在热收支为负值的气候区，这为每年在海上形成海冰提供了固定条件。北极边缘海的地理位置使白海和巴伦支海具有最温和的气候条件，喀拉海和楚科奇海则具有更加严寒的条件，东西伯利亚海和拉普捷夫海的气候条件最为严寒。西伯利亚诸海每年存在 7～8 个月的连续海冰，给冬季的海上运输造成困难，缩短了北方海航道的夏季通航时间。

按照固定程度，海冰分为沿岸冰和漂流冰。沿岸冰为宽度不等的与陆地冻结到一起的近岸连续冰带，沿岸冰在整个封冻期都固定不动。随着夏季融化期的到来，沿岸冰一般会脱离海岸，加入漂流冰的行列，会逐渐瓦解并完全融化，但是，在特别寒冷年份的夏季，某些海区的沿岸冰可能会保留至下一个结冰季。漂流冰由不同大小的冰盘组成，这些冰盘的直径从数百米到 1km 以上不等，在风和水流的作用下不停地漂流移动。

在漂浮过程中，冰盘相互碰撞和倾轧，在强烈挤压下沿着边缘叠加巨块（冰丘），冻结到一起又重新劈裂，形成很快被初生冰填补的裂缝和海冰穴。

9 月末至 10 月，在边缘海的北界确立了稳定的零下气温后，秋季的初生冰开始形成。几乎在同时，西伯利亚诸海的大陆沿岸和岛屿沿岸开始形成沿岸冰。到 11 月份，各处都进行着强烈的成冰作用，除巴伦支海的西南海区以外，各个海的海域完全被海冰覆盖。气温越低，冰聚积得就越快，随着冰厚度的增加，冰的聚积逐渐变慢。在平均气候条件下，冰在一个冬季形成的厚度从白海的 0.3～0.4m 增加到拉普捷夫海和东西伯利亚海的 1.8～2.0m。在西伯利亚海的沿岸冰与漂流冰之间，即使在最严寒时，也会出现开放的水域，即冰间湖（冰间水道），冰间湖是在一定的天气环境下形成和存在的，由强烈和持续的风把漂流冰吹离沿岸冰后形成。冰间湖内一直在进行着初生冰的强烈成冰作用。

海冰的厚度在 4～5 月不再增长，此时冰达到了最大的发育度，之后开始逐渐瓦解和融化。北极边缘海的冰量在 8～9 月初达到最少，此时仅在西伯利亚诸海的北界和维利基茨基海峡、拉普捷夫海峡和德朗海峡的海区内可以看到漂流冰。

北极地区的海冰形成受到三个主要过程的影响：冰在温度低于冰点时的形成与生长过程；冰在风和洋流影响下的运动过程，风和洋流决定冰的来与去和相应的冰的聚集、堆积或分散；海冰的融化和因此造成的海冰瓦解、厚度和密集度减小。

海冰的年龄、密集度和积聚度随环流变化。巴伦支海、喀拉海、楚科奇海和拉普捷夫海以离岸流为主，在一年中的寒冷期形成 1～2m 厚的一年冰。在波弗特海和东西伯利亚海，封闭式环流占优势，这里形成平均厚度 3～4m 的强烈挤压堆积的多年冰，还可见冰岛和冰山碎块，其厚度达数十米，能够对海底产生强烈的刨蚀作用。

根据季节不同，海冰面积占北冰洋总面积的比例从 45%～50%（9～10 月）到 75%～80%（3～4 月）不等。冬季，仅巴伦支海的西部和中心部分无冰，北冰洋的其余部分均被冰占据（表 2-15）。在大陆、群岛和岛的沿岸，在 10～11 月会形成沿岸冰，此部分为固定海冰，是由海岸和浅冰段的海底冻结在一起形成的。在沿岸冰的形成过程中，受到来自开阔海域的浮冰的动态影响，会形成堆积冰脊，而如果堆积冰脊下沉到海底，则成为搁浅冰丘。在一年中的寒冷期盛行离岸风的地区，会形成稳定的沿岸冰外冰间湖。在 7～10 月，沿着亚欧大陆和北美洲的西扇形区的宽阔水域没有冰存在。

最近几十年间，由于全球性气候变化，海冰的面积和厚度均有所减少。

表 2-15　俄罗斯北极边缘海的多年平均含冰量（冰在海面所占的比例）　（单位：%）

边缘海的名称	1 月	2 月	3 月	4 月	5 月	6 月	7 月	8 月	9 月	10 月	11 月	12 月	年均值
巴伦支海	49	57	61	63	56	43	24	12	9	16	27	40	38
喀拉海	100	100	100	100	100	92	80	52	32	68	100	100	85
拉普捷夫海	100	100	100	100	100	89	78	52	36	95	100	100	87
东西伯利亚海	100	100	100	100	100	97	94	80	67	95	100	100	94
楚科奇海	100	100	100	100	99	90	82	75	71	98	100	100	93

资料来源：Бредихин и др.，2013

2.6.3　北方海的岛屿

俄罗斯北方海的岛屿分布在北冰洋广阔的洋面上，均位于北极圈之外，主要集中在北冰洋的巴伦支海、喀拉海、拉普捷夫海、东西伯利亚海、楚科奇海和白令海等边域。这些岛屿从西部的卡累利阿到东部的楚科奇半岛，绵延约 7000km。俄罗斯北极岛屿总面积大约 20 万 km^2，位于摩尔曼斯克州、阿尔汉格尔斯克州、涅涅茨自治区、亚马尔–涅涅茨自治区、克拉斯诺亚尔斯克边疆区、萨哈（雅库特）共和国和楚科奇自治区。

俄罗斯北极主要岛屿从西到东大致排列如下（岛屿名称为音译）：维克多利亚岛（14 km^2）、法兰士·约瑟夫地群岛（16 134 km^2）、科尔古耶夫岛（3497 km^2）、新地岛（约 90 605 km^2）、白岛（1810 km^2）、肖卡尔斯基岛（428 km^2）、维列吉茨基岛（154 km^2）、奥列尼岛（约 1197km^2）、扎博维德尼克群岛（约 4921km^2）、喀拉海岛（4000km^2）、诺尔杰什列德列岛（约 50km^2）、维泽岛（约 289km^2）、乌沙科夫岛（约 328km^2）、北地群岛（约 36 554km^2）、大别基切夫岛（约 1764km^2）、新西伯利亚群岛（约 36 290km^2）、梅德韦日群岛（约 65km^2）、阿伊欧岛（约 2000km^2）、弗兰格尔岛（约 7608km^2）、拉特曼诺夫岛（约 29km^2）。

2.6.3.1 新地岛

俄罗斯阿尔汉格尔斯克州分布在新地岛。新地岛位于巴伦支海和喀拉海之间，由两个大岛组成：北岛和南岛被一条狭长的宽约3km的马托奇金海峡隔开。新地岛总面积8.3万km^2，其中北岛面积4.89万km^2，南岛面积3.33万km^2，诸多小岛约1000km^2。西海岸地形比东海岸更加崎岖；许多海湾是典型的峡湾形态（如列涅克、梅德韦日、涅兹纳耶梅伊等峡湾），深入陆地40km。最大的半岛是谷溪诺地。最北点是卡尔列森角，最南端是库索夫鼻角。波浪在群岛四周激荡。平原、高地和中高山沿岛起伏延伸，分布着河流和冰川峡谷。北岛群岛的最高点是诺登斯基尔德群岛（1547m）。南岛最高点为1292m，这里均是冻土。

新地岛位于中生代早期形成的褶皱系北部。南岛由古生代的沉积物（砂岩、黏土页岩、砾岩、石灰岩）组成，在许多地方被辉长岩和辉绿岩（很少有花岗岩侵入体）挤压破碎成褶皱。北岛沉积了古生代的褶皱沉积岩。第四系冰川、坡积、海洋、泥炭沼泽沉积物分布广泛。南岛已发现多金属含银矿床（巴甫洛夫斯科耶）和锰矿床（罗加切沃-塔宁斯基锰矿区）。

新地岛气候为典型北极气候，天气恶劣。冬天寒冷漫长。新地岛是北半球风力最大的地区之一，风速高达50m/s，且伴随着强烈的暴风雪。特征之一是当地风暴可以达到飓风强度。霜冻可达–40℃。3月气温可从西海岸的–15℃降到东海岸的–20℃；8月气温从北部的2℃上升到南部的6℃。年降水量（70%以雪的形式）从西部的200mm到东部的700mm不等。积雪每年持续9个多月。极光很频繁（一年最多100天）。

新地岛北岛约65%的面积被冰川覆盖，形成了俄罗斯最大的冰川（长413km，宽95km，厚300m），其表面海拔1100m。在某些地方，冰川可延伸到峡湾或以断裂的方式进入公海，形成冰障和壁架（高达25m），并形成许多冰山。在北岛南部和南岛北部，山区冰川发育多为普通形式。在南岛的南部，沿着河谷和阶地的悬崖汇聚许多冰雪。新地岛河网不发达，尤其是在北岛，南岛最大的河流是无名河。最大的湖是古西诺湖。

新地岛的北岛和南岛的一部分位于北极荒漠的自然带上。南岛大部作为冻土带是北极苔原区的一部分，在沼泽低地上以苔藓–斑点苔原景观为代表，在高地上以苔藓地衣苔原景观为代表。山下有矮小的柳树和桦树。山上有鳞状地衣和稀有苔藓。南北两个岛上都生长着开花植物：北方发草、虎耳草、葶苈、北极罂粟等。哺乳动物包括北极狐、旅鼠、驯鹿、北极熊。海洋中有海豹、海兔、竖琴海豹、海象、白鲸、虎鲸，以及鳕鱼、鲱鱼等鱼类。夏季，岩石海岸上形成一片大型鸟类的栖息地：常见海鸥、凯拉、海雀、鹅、嚎头等。这里建有极地观察站，如小卡姆拉库里站、俄罗斯湾站、欲望角站等。1955～1990年，这里进行了核武器和氢武器试验。

科学家称，俄罗斯人首次到达新地岛是11～12世纪。第一批定居点出现在19世纪下半叶。

2.6.3.2 法兰士·约瑟夫地群岛

法兰士·约瑟夫地群岛位于俄罗斯巴伦支海，属阿尔汉格尔斯克州。它由191个岛屿组成，总面积16 134km^2。法兰士·约瑟夫地群岛分为三个部分：东部的威尔切克岛

（2000km^2）和格雷厄姆·贝尔岛（1700km^2）；中部是位于奥地利海峡和不列颠海峡之间的大部岛群；西部是乔治岛，为群岛中最大的岛屿（2900km^2）。

法兰士·约瑟夫地群岛地质地形非常复杂，可见砂岩、粉砂岩、石灰岩和玄武岩表层区。多数岛屿被冰川覆盖（13 735km^2），有广阔玄武岩高原（高达 620m）的遗迹，海峡（深 500～600m）为宽阔的冰川流。冰川覆盖物的主要成分是冰台和排出的冰河冰水。无冰地区（亚历山大岛、乔治岛、格雷厄姆·贝尔岛和海耶斯岛）多是高原；它们以小“绿洲”、岬角和冰川孤峰为代表。这里是典型的北极气候。一月温度约 –24℃（最低温度为 –52℃）；7 月温度从 –1.2℃（胡克岛）到 1.6℃（海耶斯岛）不等。年降水量为 200～550mm。多年冻土无处不在。已知约有 1000 个小型（2km^2）和浅水（10m）湖泊。北极苔藓和北极荒漠为典型景观。哺乳动物有北极熊和北极狐。海洋中有海豹、海兔、竖琴海豹、海象、独角鲸和白鲸。鸟类有 26 种。亚历山大岛和鲁道夫岛建有极地观测站。黑塞岛建有地球物理天文台（1957 年建造）。1873 年，奥匈帝国探险家到此。该岛以奥地利国王法兰士·约瑟夫一世的名字命名。

2.6.3.3 新西伯利亚群岛

新西伯利亚群岛是拉普捷夫海和东西伯利亚海中的一个群岛，位于俄罗斯的萨哈（雅库特）共和国。新西伯利亚群岛总面积 3.8 万 km^2，由三组岛屿组成：南部的利亚霍夫斯基群岛、中部的新西伯利亚本岛组（科特尔尼岛、新西伯利亚岛和贝尔科夫斯基岛）和东北部的德隆群岛（别涅塔岛、然涅特岛、亨利尼特岛、维尔基茨基岛和热霍夫岛）。

新西伯利亚群岛海岸常见巨大的海湾、众多的岬角；侵蚀性平原地貌；可见热岩溶盆地、冰冻裂缝、岩石砂矿、岩石堆。最高的岛屿是别内塔岛（德隆加山，高 426m），其次是科特尔尼岛（马拉卡廷塔斯山，高 361m）和利亚霍夫斯基群岛（埃米–塔斯山，293m 高）；其中最低点为诺瓦亚·西伯利亚（高 62m）。

新西伯利亚群岛西南部属于中生代新西伯利亚–楚科奇褶皱系，由浅海碳酸盐岩和古生代的陆源沉积物以及三叠纪 — 早侏罗世的陆源地层组成，在晚侏罗世之前和早白垩世中期经历了褶皱过程。科德里奈伊岛以东部分岛屿属于超大苔地，具有前寒武纪的积淀和显生宙的沉积物盖层。德隆群岛上有玄武岩露头。岛屿表面覆盖着第四系海洋和冰川沉积物；利亚霍夫斯基群岛上有大陆性堆积。

新西伯利亚群岛属典型的北极气候，严峻恶劣。1 月平均气温约为 –30℃，7 月约为 3℃。年降水量达 130mm。积雪持续 9 个多月。现代冰川仅在德隆群岛发育。多年冻土分布广泛。群岛内分布许多热岩溶湖泊、小河和沼泽。稀疏的北极荒漠景观独具特色。一些鸟类沿着河岸集聚。

18 世纪，哥萨克队员曾到达布利亚霍夫斯基群岛。

2.6.4 北方海航道环境

北方海航道是俄罗斯欧洲部分与远东之间距离最短的海上通道，其沿着俄罗斯北极沿岸穿过北冰洋的边缘海（巴伦支海、喀拉海、拉普捷夫海、东西伯利亚海和楚科奇海）和部分太平洋（图 2-1）。北方海航道从新地海峡到普罗维杰尼耶港的主线路长度为

5610km。1914～1915 年，Б. Вилькицкий 率领水文考察队乘坐“泰梅尔号”和“瓦伊加奇号”破冰船完成了这条线路的首航（自东向西航行并在泰梅尔半岛越冬）。但是，直到 20 世纪 30 年代，人们才开始对北方海航道进行定期开发并持续至今。在 20 世纪 80 年代末，北方海航道的货物运输量达到了每年 600 万～700 万 t，当今的年货物运输量不超过 200 万 t。经这条航道向北极的偏远地区运送燃料、设备和粮食并运出木材、鱼产品、矿物和其他商品。北极和西伯利亚大型河流的港口提供了转运场地。北方海航道的线路上分布着大大小小多座港口，包括摩尔曼斯克港、阿尔汉格尔斯克港、阿姆杰尔马港、瓦兰杰伊港、杜金卡港、迪克森港、季克西港、佩韦克港、普罗维杰尼耶港和阿纳德尔港。其中吞吐量最大的是终年不冻的贸易海港——摩尔曼斯克港（1290 万 t/a），其次是阿尔汉格尔斯克港（450 万 t/a）。

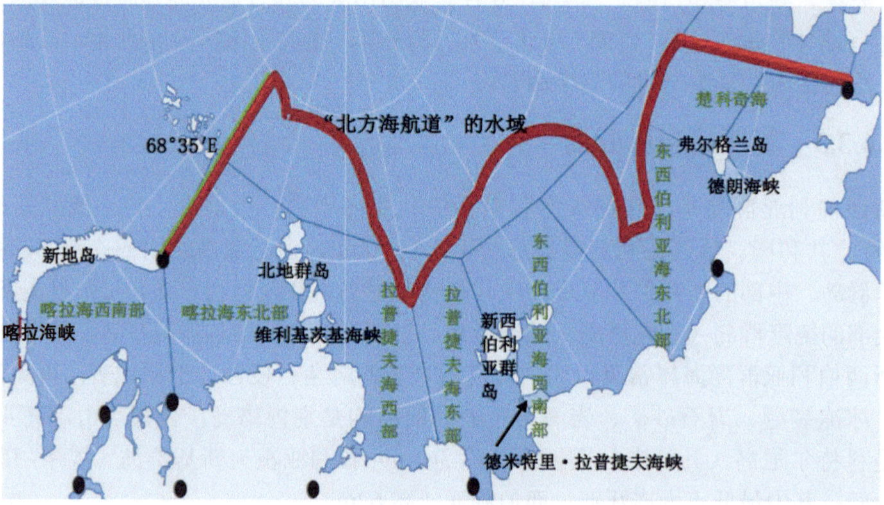

图 2-1　俄罗斯北方海航道的水域图

资料来源：北方海航道管理总局，http://www.nsra.ru/[2023-06-30]

北方海航道的长度只相当于苏伊士运河或者绕过非洲的线路长度的 1/3～1/2，因此这条航道可能成为欧洲国家和远东之间的运输系统的替代线路，这一计划有待于俄罗斯的当代和下一代人来实现。由于北冰洋流域的连续冰面积正在减小，连续冰在北极边缘海大陆架的存在时间正在缩短，以及需要开发海底和陆地的石油烃类和其他矿产，因此提高北方海航道在俄罗斯经济中的作用的计划具有现实意义。对这些资源的开发应当执行保护北极地区独特生态系统的一切必要措施，同时还要兼顾北极地区河流流域及其河口和边缘海海域正在发生的气候变化和经济活动的趋势。

2.7　本章小结

本章深入探讨了俄罗斯北极地区的自然地理环境，揭示了其独特的地形地貌、气候特征、水文条件以及生态环境。

第一部分对俄罗斯北极地区的地形地貌进行了介绍。在地形方面，俄罗斯北极地区地形多样化，既有辽阔的平原区（平原内的地表高差通常在 200m 以内），包括俄罗斯东欧平原和西西伯利亚低地的北缘、北西伯利亚、亚纳–因迪吉尔卡低地和科雷马低地，也有不少的山区（陆地山脉，海拔不低于 500m，被强烈切割，通常有 200m 以上的高差）。同时，俄罗斯北极地区的大洋底部也有相应复杂的地形。在地貌方面，俄罗斯北极大陆架的地貌是在内源性、外源性和人为性的影响下形成的。其具有两个主要的地貌要素：北冰洋凹陷地带和大陆北缘，并且俄罗斯北极地区的地貌结构在各邻近地区具有延续性。

第二部分对俄罗斯北极地区的气候与水文进行了介绍。在气候方面，俄罗斯北极地区气候的总体特点是年温度低。在冬季，地区内气旋活动强烈，平均气温在北部和南部几乎相同，但自西向东变化剧烈，并且几乎没有昼夜温度的变化。在夏季，俄罗斯北极地区的温度状况主要由太阳辐射量决定。同时，俄罗斯北极地区的年降水量分配存在一定的规律。积雪的平均特征值与热力状况紧密关联，积雪天数的分布非常接近地带性分布。在水文方面，北极地区的蒸发量小，河网稠密，并且当地河流的长度不大（10～200km）。注入北极海水中的巨大淡水径流显著地影响了河流的水文情势和冰情。

第三部分对俄罗斯北极地区的土壤与植被进行了介绍。在土壤方面，俄罗斯北极地区土壤的面貌在很大程度上是由寒冻作用决定的，寒冻作用使不同地区体现出不同的面貌。在植被方面，俄罗斯北极地区或者环北极带的典型特征是缺乏木本植物。因此，森林的北界成为环北极带和北方带之间的显著分界线。北极地区或环北极带植被主要由亚欧大陆和北美大陆的被草类冻原、小灌木冻原、灌木冻原、苔藓冻原和地衣冻原覆盖的广阔无林空间组成。

第四部分对俄罗斯北极地区的动植物进行了介绍。俄罗斯北极地区是麝牛、野生驯鹿、雪羊、北极熊等多种稀有动物的栖息地。冻原的食草动物包括北极兔、旅鼠、麝牛和野生驯鹿，很多鸟类和海洋动物都是当地特有物种。海中生活着海豹、海象，以及须鲸、一角鲸、虎鲸和白鲸等鲸目动物。气候变化使北极地区的多种动物濒临灭绝。其中，北极熊面临的威胁最大。同时，俄罗斯北极地区的植被极为稀疏，呈斑块状分布，植被特点是物种组成贫乏，生产力极低。目前，俄罗斯正在制定环境保护方案并逐步施行到工业、农业生产、公用事业和日常生活中，同时建立起了国家自然保护区、国家公园、禁伐禁猎区和自然遗迹地，以加强对俄罗斯北极地区的自然环境保护。

第五部分对俄罗斯北极地区的冰川与冻土进行了介绍。冰川几乎存在于俄罗斯北极地区的所有地区，但是冰川的分布极不均匀，而地区和地区之间的冰川性质和规模也不相同。同时，多年冻土几乎占据了整个俄罗斯北极地区。冻土的总面积为 300 万 km^2。北极地区变暖的背景下，一系列冻土过程的活跃度在上升。最后对北方海进行了介绍。俄罗斯的北方沿岸濒临北极边缘海，并且都处在热收支为负值的气候区，这为每年在海上形成海冰提供了固定条件。北方海航道沿着俄罗斯北极沿岸穿过北冰洋的边缘海和部分太平洋，是俄罗斯欧洲部分与远东之间距离最短的海上通道。直到 20 世纪 30 年代，人们才开始对北方海航道进行定期开发并且至今没有结束。未来，北方海航道将有望成为欧洲国家和远东之间的运输系统的替代线路。

总体而言，本章提供了一个全面的视角，以理解俄罗斯北极地区地理环境的复杂性及其对全球生态系统的潜在影响，同时也强调了对该地区进行可持续管理和保护的紧迫性。

第 3 章　俄罗斯北极地区的自然资源

俄罗斯北极地区拥有丰富的能源资源、矿产资源、水资源、生物资源和旅游资源等，并具备一定开发潜力，了解俄罗斯北极地区自然资源概况，对指导北极地区发展具有重要现实意义。

3.1　能源资源和矿产资源

俄罗斯北极地区的矿物资源极其丰富，这些资源在俄罗斯的能源资源和矿产资源总平衡表中占比较大。

俄罗斯北极地区处于大陆边缘位置，由于北冰洋的古大洋的形成过程的特殊性，岩浆成矿建造及其组合体具有独特的形成过程，这里的地下矿物资源独具特色，并具有高度的富集性。在北极带的成矿构造中，总体上显示出三个接近同心圆形态的大成矿带，分别是含金-金刚石的边缘成矿带、含多金属-油气-金-铂的中间成矿带以及含多金属-硫化物-油气的内部深海成矿带，大成矿带包括一系列的金属和油气省以及煤盆地、北极西部、中心和东部大陆架砂矿成矿区（Dobretsov and Pokhilenko，2010）。成矿带根据主导矿物命名，但是大体上仍反映出成矿类型的变化。例如，在中间成矿带查明金刚石矿床（埃别利亚赫矿床），而在边缘成矿带查明铂矿床（谢伊纳夫-加利诺埃矿床）、油田（萨莫特洛尔油田）和气田。

俄罗斯北极地区的可利用矿产资源主要可分为两大类：①油气资源（包括石油、天然气、凝析油），这是资源经济方面的主要类别；②固体矿物，包括固态的可燃性有用矿物（烟煤和褐煤）和金属矿。

根据近年来的评估结果，俄罗斯北极地区的油气资源可采储量超过 1000 亿 tce。同时，从生态角度来看，在近岸海区、北冰洋海域浅滩的大陆架开采石油是复杂和危险的。在严寒的气候条件下，发生事故的概率会成倍增加。风暴、大浪、浓雾以及厚厚的冰层给石油泄漏后的清理工作增加了难度。如果事故发生在持续数月的极夜期间，那么事故清理工作只能在黑暗中进行。另一个危险则是冰山，与冰山碰撞会威胁采油平台的安全。

俄罗斯北极地区的固体矿物的种类繁多，其中包括金、锡、铂、铬铁矿、金刚石、钛、铁、锆、宝石原料等有价矿物。最近几十年，在大陆架发现了有工业价值的大陆架铁锰结核矿床。在俄罗斯北极地区的俄罗斯边缘海大陆架内，还有磷钙石、海绿石的矿床和大型矿点，以及分布在北极东部海域浅海大陆架上的独一无二的猛犸象骨骼化石砂矿。此外，北极地区还蕴藏着丰富的固态可燃性矿物，如烟煤和褐煤等。

在俄罗斯北极地区，在国家矿产储量平衡表中登记在册的有 23 种金属和非金属矿物的 702 座矿床，以及 50 座烟煤和褐煤矿床，其中包括 24 座黑色金属（铁、锰、铬、钛）矿床、191 座有色金属（铝、钨、锡、铜、镍、钼、铅、锌、汞）矿床、16 座稀有金属（钽、铌、锆、稀土金属）矿床、361 座贵重金属（金、银、铂）矿床、47 座金刚石矿床和 63 座化工矿山原料（磷灰石、磷钙石、云母）矿床（Абрамченко и др.，2017）。

北极地区的固体矿产总储量在俄罗斯的矿物原料总基础储量中占有相当大的比例：占铬基础储量的 83.0%，主要有阿加诺泽罗矿床和索普切奥泽罗矿床（卡累利阿-科拉矿产资源基地）；占钛基础储量的 52.0%，主要有亚连加矿床（伯朝拉矿产资源基地）、洛沃泽罗矿床（卡累利阿-科拉矿产资源基地）；占铜基础储量的 42.0%，占镍基础储量的 88.0%，占钴矿的 72.0%，主要有塔尔纳赫矿床、十月矿床等（诺里尔斯克矿产资源基地）；占铝土矿基础储量的 44.0%，主要有韦扎尤-沃雷克维矿床等（伯朝拉矿产资源基地）；占锡基础储量的 53%，主要有杰普塔茨基矿床等（杰普塔茨基矿产资源基地）；占稀土金属基础储量的 72.3%，主要有希比内矿床群和洛沃泽罗矿床群中的矿床（卡累利阿-科拉矿产资源基地）；占铂族金属基础储量的 98.0%，主要有诺里尔斯克矿产资源基地的矿床；占金刚石基础储量的 81.7%，主要有乌达奇内岩管、尤比列伊内岩管等（北雅库特矿产资源基地）；占磷灰石基础储量的 67.7%，占霞石基础储量的 77.0%，主要有希比内矿床群中的矿床（卡累利阿-科拉矿产资源基地）。

对于俄罗斯的经济领域来说，作为高技术的研发基础并且决定国家众多工业领域未来发展的战略金属和矿物具有特殊的重要性（表 3-1）。在俄罗斯北极地区的欧洲部分，科拉成矿省的北部，集中了铜-镍矿石、铁、铂和稀土金属、钽、钛、铌、多金属、磷、萤石、铬、锰、金刚石和金等矿物的巨大资源量。而在科拉半岛的希比内-洛沃泽罗地区（阿纳巴尔地盾），发现个别地段具有铀矿的找矿前景。稀土金属主要开采自科拉半岛的洛沃泽罗山岩体，其精矿的年产量约为 6000t，伴生回收钛和锶。已探明的稀土金属储量（主要是铈族）占俄罗斯总储量的 25% 以上。主要开采磷矿的希比内矿床群内赋存俄罗斯稀土金属总储量的 40% 以上，但是这些矿藏目前尚未开发。在波罗的地盾内发现了三个含铂成矿带。由于波罗的地盾上没有沉积盖层，因此这里的有用矿物更容易开采。

表 3-1 金属、非金属和矿物在高技术产业中的应用

应用方向	工艺/产品	关键金属和矿物
工业和基础设施	钢	Fe、Cr、V、Mo、Ni、Co、Mn、Nb
	催化剂	PGE
	陶瓷制品	Li、Ce
	颜料	Ti、Cr
	基体	Zr
	防火材料	Sb
	低温物理	He
能源生产	风力涡轮机	REE（Nd、Dy、Sm、Pr）
	光电原件	In、Sb、Ga、Te、Ag、Cu、Se
	核反应堆	U、Th、Zr
能源消费	电动车、蓄电池	REE（La、Ce、Nd、Pr）、Li、Ni、Co、Mn、石墨
	电动车、磁体	REE（Nd、Dy、Sm、Pr）
	电动车、燃料元件	PGE、Sc
	汽车、轻金属	Al、Mg、Ti
	汽车、催化剂	PGE

续表

应用方向	工艺/产品	关键金属和矿物
通信技术	导线	Cu
	微型电容器、移动电话等	Ta、Nb、Sb
	平板屏幕、发光体	In、Y
	光纤和红外线光学器件	Ge
	半导体	Ga
国防安全	辐射探测器	He
	装甲、军械武器	Be、W、Cr、V
	航空航天设施、耐热合金	Re、Nb、Ni、Mo、Sc
交通运输	轻合金、耐热合金（高温传导性，如用于喷气式发动机的涡轮机）、高速列车、磁体	Al、Mg、Ti、Sc、Th、Re、Nb、Ni、Mo、Co、Sm
水和食品安全	水淡化处理	PGE、Cr、Ti
	生产肥料	磷钙石、钾碱、Mg

资料来源：Абрамченко и др.，2017

俄罗斯北极地区的金属矿产潜力与大陆北部及其大陆架的大型油气资源成矿带一起构成了规模巨大的矿产资源区（表 3-2），可以逐步替代俄罗斯南部正在采空的储量。对北极地区矿产资源成因的研究存在极大的不均衡性，在诺里尔斯克和科拉地区等个别地区，按照 1∶25 000～1∶10 000 比例尺对具体的矿产地进行了研究，对泰梅尔-北地、拉普捷夫、楚科奇等其他地区的研究则要薄弱很多。这些地区具有相当大的扩大固体矿产资源基础储量的可能性，这要求为找到新的矿产地而开展一整套的预测与成矿调查工作和地质勘探工作。预期有可能存在沉积黄铁矿矿床、铬和铂矿床，这些矿床与古洋壳的残余物有关。北极地区也具有找到对于北极来说非传统的矿物类型的前景，如低硫型铂矿，黑色页岩型金矿、钨矿、钒矿、煌斑岩型金刚石矿，砾岩型金矿，以及科马提岩型金和镍矿等。

表 3-2　俄罗斯北极地区战略金属储量和开采量在整个北极地区和俄罗斯所占的比例　（单位：%）

有用矿物	在整个北极地区的占比		在俄罗斯的占比	
	储量	开采量	储量	开采量
镍	97	97	88	83.33
铜	48.4	81.66	42	54.37
钴	99	99	72	85
锌	13.15		3.25	
铅	19.97		4.28	
锡	100		53	
钨	43.1		5.11	
钼	2.36		4.7	
钛	30.9		8.75	

续表

有用矿物	在整个北极地区的占比		在俄罗斯的占比	
	储量	开采量	储量	开采量
锆石	99	100	5.17	98
金	23.3	34.2	11.72	9.75
银	52.77	29.16	11.16	33
铂 + 钯	99.55	98.84	98	95.37

资料来源：《2012 年俄罗斯联邦矿产资源现状及利用情况国家报告》

尽管北极地区的有用矿物的储量极其丰富，但是俄罗斯的高技术工业领域仍然存在矿产资源保障度的问题，这与更具有技术和经济可达性的已经开采的富矿床的储量正在减少，以及开发新矿床的难度大和花费巨大有关。开发和开采俄罗斯北极地区的新矿床将会创造新的高技术生产部门，并且显著地提高俄罗斯企业的现有生产量。

3.1.1 油气资源

早在 20 世纪 40 年代的苏联时期，俄罗斯北极地区就开始有油气发现。1943～1948 年，最早在位于中部的勒拿 — 阿纳巴尔盆地发现了诺尔德克斯科耶（Nordvikskoye）、柴达赫斯科耶（Chaydakhskoye）、南季吉扬斯科耶（Tigyanskoye Yuzhnoye）和伊利因–科热弗妮科弗斯科耶（Ilyinsko-Kozhevnikovskoye）4 个小型油气田。之后，勘探工作向西转往西西伯利亚盆地的北部陆上。20 世纪中期，全世界对油气资源需求量的增加，以及油气资源储量在陆地传统油气开采地区的减少使美国、加拿大和俄罗斯北极地区的地质勘探工作活跃起来，最终发现了大量的油气田，包括位于西西伯利亚盆地内的俄罗斯最大的乌连戈伊（Urengoyskoye）气田，以及扬堡（Yamburgskoye）气田、鲍瓦年（Bovanenkovskoye）气田等，这些重大发现极大地推动了北极地区的油气勘探活动。20 世纪 70～80 年代，在俄罗斯北冰洋水域内与上述国家毗连的含油气带的海底延伸段以及在挪威的大陆架开始开展地质勘探工作。通过地质勘探，发现了一系列的海底油气储藏，而在北极地区部分的钻孔证明未来可能有大的发现。受益于俄罗斯陆域的地质构造的特殊性和在苏联时期开展的大规模地质勘探工作，俄罗斯跻身全球十大石油储量国，并且其天然气的储量和资源量居全球之首。20 世纪 90 年代初随着苏联解体，俄罗斯北极地区的勘探工作几乎陷入停滞，2000 年以来开始缓慢恢复。近十年来，随着北极地区尤其是海域勘探活动重新加大，又取得了一些新的重要突破（图 3-1）。受北极地区自然条件恶劣、俄罗斯区域经济发展不平衡等多种因素影响，俄罗斯北极地区早期油气勘探进程缓慢。最近十多年来，俄罗斯加大了对北极的勘探力度，其本土油公司曾与外国公司开展了一系列合作，因低油价等原因，西方国际油公司近些年纷纷撤离俄罗斯；但俄罗斯本土油公司坚持自立自强、积极保持战略定力与勘探投入，获得了一系列新的重要突破。未来，北极地区油气勘探将会更加受到重视。

俄罗斯的大陆架面积占各大洋大陆架总面积的 22 % 左右（620 万 km^2 以上）（Zolotukhin and Gavrilov，2011；王淑玲等，2016），同时，极具前景和钻探可行性的大陆架的面积占俄罗斯北极地区水域面积的 60% 以上。俄罗斯大陆架具有公认的巨大的油

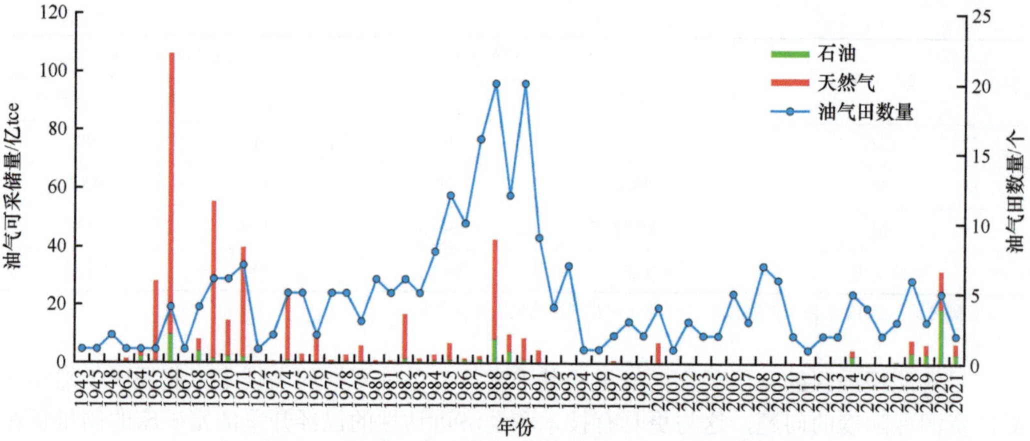

图 3-1　俄罗斯北极地区历年发现油气可采储量变化

气资源潜力，俄罗斯国内权威专家评估的截至目前的总可采资源量为 1000 亿 tce，其中天然气占比达 76%。根据俄罗斯联邦自然资源和生态部的官方数据，截至 2009 年初，总可采资源量增加至 1300 亿 tce。巴伦支海、伯朝拉海和喀拉海水域赋存着俄罗斯整个大陆架油气初始资源量的大约 80%（李泽红等，2021）。美国地质调查局等对俄罗斯可采资源量的评估量是俄罗斯国内专家评估量的 1/3～1/2，这可能是按照开发这些资源的收益率进行的修正，或者是地质情报不足造成的。

根据俄罗斯专家的计算结果，油气资源在俄罗斯联邦水域的分配很不均匀，约 75% 的总资源量和 86% 的北部海底资源量集中在巴伦支海、伯朝拉海和喀拉海的底部，这在很大程度上取决于区域的地质特殊性和这片水域的巨大面积（总共占俄罗斯北极大陆架的大约 50%）。北极地区的所有海底矿床都是在这片水域发现的。同时，油气矿藏发现于包括志留系和奥陶系在内的很宽的地层范围内。环北极地区的石油和凝析气与海底天然气储量的大部分是在俄罗斯水域发现的，包括 43.1% 的液态烃类和 91.3% 的天然气。在北极东部的诸海中（拉普捷夫海、东西伯利亚海、楚科奇海），至今没有进行过油气普查钻井。

3.1.1.1　环北极地区的地质和地球物理研究

五个环北极国家对北极大陆架水域的地质和地球物理研究程度取决于这五个国家为研究和开发海底油气资源制定的国家政策，还取决于影响冰原在冬季和夏季分布特点的自然与气候条件（表 3-3）。由于北大西洋暖流的存在，挪威巴伦支海西部的自然和气候条件要比俄罗斯北极地区海域温和得多。挪威水域仅在最北部的斯匹次卑尔根群岛周围和略往南被冰覆盖，而除了与挪威接壤的巴伦支海俄罗斯扇形区的西南部和西部以外，俄罗斯北极地区的大陆架则几乎完全被冰覆盖（Журавель，2018）。

表 3-3　油气可采资源量在俄罗斯水域的分配　　（单位：%）

北方海	油气可采资源量比例
喀拉海	44.39
巴伦支海	30.72

续表

北方海	油气可采资源量比例
鄂霍次克海	8.85
东西伯利亚海	5.66
伯朝拉海	3.50
其他海域	6.88

各环北极国家对其北极水域的地震研究程度相差达几十倍，局部达几百倍，在 2000 年前，地震研究仅限于北冰洋的海冰分布区域。2000～2015 年，在俄罗斯的北极水域，CDPM-2D 地震勘探量（2D 共深度点法）从 46.9 万 km 增加到 82 万 km（增加了 74.84%），而钻井数量从 51 口增加至 88 口（增加了 72.55%）。同时，喀拉海的地震勘探数据量增加了 1.4 倍，拉普捷夫海增加了 2.8 倍，东西伯利亚海增加了 5.6 倍，楚科奇海增加了 1 倍。但是，对拉普捷夫海、东西伯利亚海和楚科奇海的地震勘探研究依然是相当不充分的（0.03～0.08km/km^2），在这些海域没有钻过一口深井。地震研究程度最高的（大于 1km/km^2）区域包括：在波弗特海和楚科奇海的北部大陆架、巴伦支海的挪威西南部水域，以及巴伦支海、伯朝拉海和喀拉海的俄罗斯水域的个别区域。通过在俄罗斯北极大陆架的 CDPM（共深度点）地震勘探，发现了 500 多个有前景的矿点，占俄罗斯大陆架所有矿点的 40% 以上。北极所有矿点的 80% 以上分布在巴伦支海和喀拉海（图 3-2）。

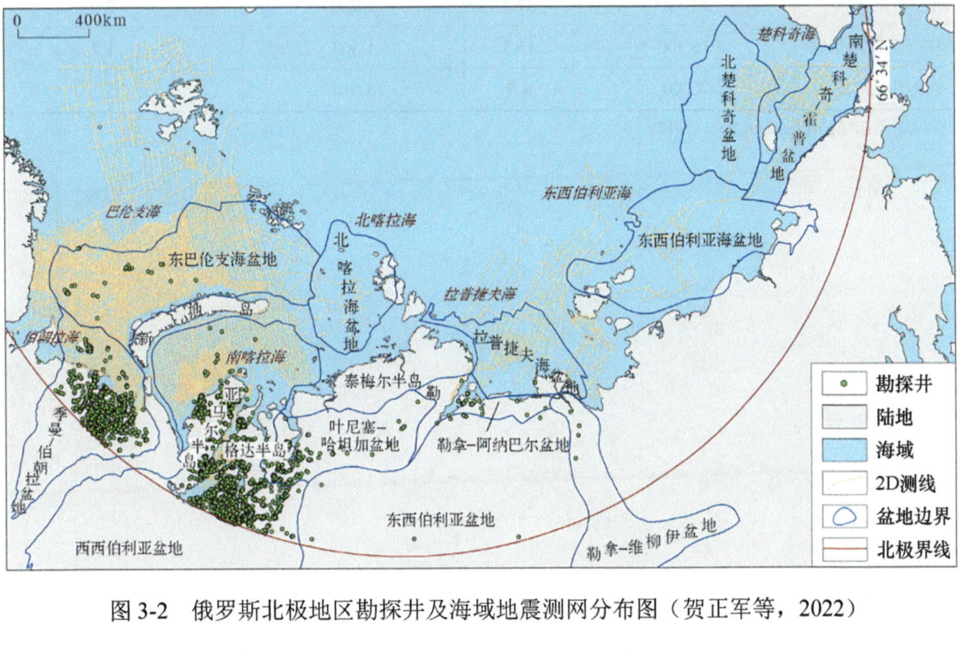

图 3-2　俄罗斯北极地区勘探井及海域地震测网分布图（贺正军等，2022）

在俄罗斯大陆架共钻进 88 口井（表 3-4），在巴伦支海和伯朝拉海共钻进 56 口普查和勘探井，总钻程 165.6km，已经发现了 11 座油气矿床（南多尔干油田和北多尔干油田被视为一个油床）。在喀拉海钻进了 32 口井，发现了 15 座矿床，其中有 8 座在陆海过渡带。俄罗斯北极地区共发育了 12 个含油气盆地（表 3-5），从西至东依次包括：位于西部的季曼–伯朝拉盆地、东巴伦支海盆地、西西伯利亚盆地，位于中部的东西伯利亚盆地、叶尼塞–哈坦加盆地、勒拿–阿纳巴尔盆地、北喀拉海盆地、拉普捷夫海盆地、勒拿–维柳伊盆地，位于东部的东西伯利亚海盆地、北楚科奇盆地及南楚科奇–霍普盆地（图 3-3）。

表 3-4　俄罗斯北极大陆架的地质勘探作业量和发现的矿床数量

海域	海的面积/万 km^2	2015 年 CDPM 地震勘探作业量/万 km	2016 年的钻井数量/口	矿床数量/个
巴伦支海和伯朝拉海	116.75	49.89	56	11
喀拉海	95.07	19.86	32	15
拉普捷夫海	80.00	6.45	0	0
东西伯利亚海	96.00	3.14	0	0
楚科奇海	42.06	2.55	0	0
北极地区合计	429.88	81.89	88	26

资料来源：Абрамченко и др.，2017

表 3-5　石油和天然气储量在主要含油气盆地的分配

含油气盆地	石油		天然气	
	储量/万 t	占比/%	储量/亿 m^3	占比/%
西巴伦支盆地	4 500	4.5	1 680	1.8
东巴伦支盆地	41 500	41.6	46 630	49.8
南喀拉盆地	1 500	1.5	38 890	41.5
阿拉斯加北坡	32 500	32.6	1 900	2.0
波弗特–麦肯锡盆地	15 300	15.3	1 563	1.7
斯韦尔德鲁普盆地	4 500	4.5	3 010	3.2

资料来源：Абрамченко и др.，2017

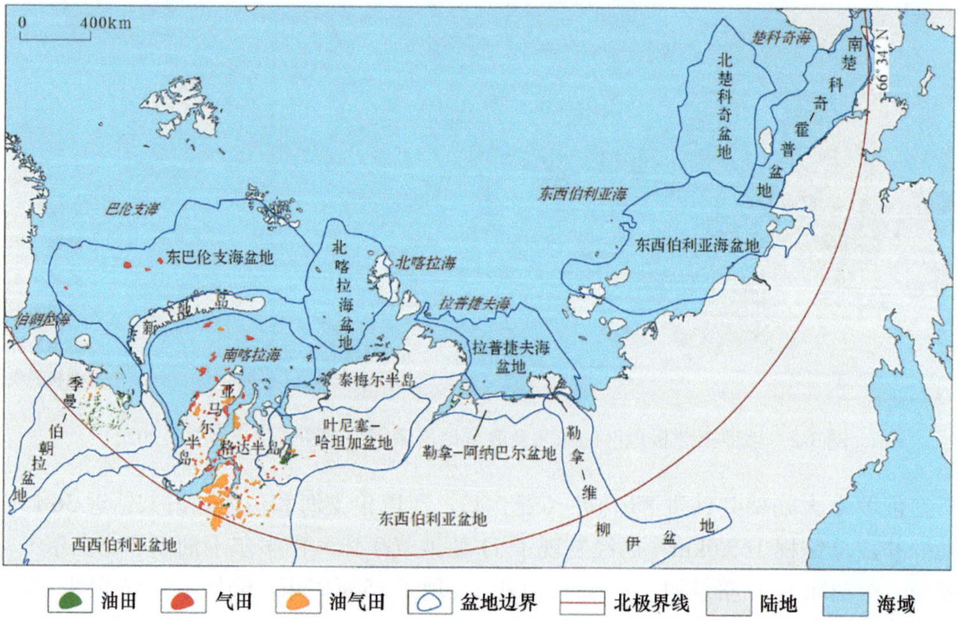

图 3-3　俄罗斯北极地区含油气盆地与油气田分布图（贺正军等，2022）

根据规模大小和油气资源量，划分出已经发现油气田的若干含油气省和含油气区，以及多个含油气的远景省和远景区。如果是天然气成分居多，则分别称为“含气省”和“含气区”（“含气远景省”和“含气远景区”）。

3.1.1.2　季曼－伯朝拉含油气省

季曼-伯朝拉含油气省位于外贝加尔的同名板块上，它的北部进入俄罗斯北极地区，主要是涅涅茨自治区界内的北极地区。它的沉积盖层的厚度变化范围很大，从 1～2km 到 10～12km。季曼-伯朝拉板块北部的主要构造单元（伯朝拉-科尔瓦坳拉谷、霍列伊韦尔盆地、瓦兰杰伊-阿兹瓦构造带、前新地边缘拗陷）向作为巴伦支海浅水延伸段的伯朝拉海中延伸。在季曼-伯朝拉含油气省内共发现了约 250 座油气矿床，其中以油田为主，这些油田主要与泥盆系和石炭系-下二叠统陆源-碳酸盐岩沉积物有关。已查明，奥陶系和志留系层系具有工业含油气性。

在俄罗斯北极地区的涅涅茨自治区境内，发现了 90 座以油田为主的矿床。早期发现的是瓦西尔科沃油田（1970 年）、哈里亚加油田（1970 年）和拉亚沃日油田（1971 年）。规模较大的油田、油气田、气田和凝析气田是：托拉维亚油田、哈里亚加油田、纳乌尔油田、特列布斯油田、季托夫油田、南黑利丘尤油气田、瓦西尔科沃凝析气田、库姆扎凝析气田和科罗维诺凝析气田。C_{1+2} 级总可采储量评估为石油 11 亿 t、天然气 5200 亿 m^3 以上。在季曼-伯朝拉含油气省的俄罗斯北极地区，早期开采的矿床包括瓦西尔科沃矿床（1975 年开始）、佩夏诺-奥泽尔卡矿床（1985 年开始）和哈里亚加矿床（1987 年开始）。

在伯朝拉海水域，在以碳酸盐岩为主的沉积层中发现了 6 座大型和中型矿床，分别是波莫尔凝析气田（1985 年）、北古利亚耶夫凝析油气田（1986 年）、普里拉兹洛姆油田（1989 年）、瓦兰杰伊海油田（1995 年）、梅登海油田（1996 年）、多尔干油田（1999 年）。此外，在科尔古耶夫岛上发现了两座油田，分别是产于古生界碳酸盐岩和古近系砂岩中的佩夏诺奥泽尔卡油田（1982 年）和产于古近系砂岩中的塔尔斯科耶油田（1988 年）。2001 年，在帕汉恰构造上的志留系沉积层中得到了非工业的原油流。季曼-伯朝拉含油气省的海洋部分可能赋存约 40 亿 t 液态烃类和 1.8 万亿 m^3 天然气。

3.1.1.3　东巴伦支含油气省和西巴伦支含油气省

巴伦支海俄罗斯扇形区的含油气性与东巴伦支含油气省和西巴伦支含油气省有关，这两个含油气省的特点是资源的指标值高。在东巴伦支含油气省和西巴伦支含油气省的面积约 117 万 km^2 的盆地中，主要的沉积填充物为陆地碳酸盐岩（奥陶系–下二叠系）和陆源杂岩体（二叠系–中生界），其总厚度在东巴伦支含油气省的南部达到最大值（18～20km）。发现的主要油气母体岩和产矿岩是侏罗系、古近系和新近系的陆源沉积岩。鉴于科尔古耶夫岛和伯朝拉海大陆架的古近系和新近系沉积含有油气，可以预期，在巴伦支海的一系列区域，古近系和新近系沉积物不仅含气，还含油。侏罗系杂岩体以含气为主。

在地区内划分出的大型构造单元包括南巴伦支盆地和北巴伦支盆地，以及两个盆地之间的卢德洛夫鞍部。盆地的侧边为大型的油气远景隆起，其中最主要的有：东坡的阿德米拉尔捷伊长垣（阿德米拉尔捷伊-近新地岛含油气远景区）；费登斯基穹隆、中央（岑特拉利纳亚）浅滩隆起、戈金隆起和珀尔修斯隆起，以及大部分位于挪威领水中的西巴伦支含油气省的东部外围的西部的其他隆起。根据专家评估，东巴伦支含油气省和西巴伦支含油气省的俄罗斯部分的资源量约为290亿t液态烃类和50万亿m^3以上的天然气。

绵延约400km的阿德米拉尔捷伊长垣分布在新地岛西海岸，它的西部围限巴伦支海洼地，因此，这条长垣的沉积物可能聚积了大量的油气。在长垣上发现了三个大型隆起：帕赫图索夫隆起（40×60km）、阿德米拉尔捷伊隆起（50×60km）和克列斯特隆起（30×40km）。尽管1986～1988年在阿德米拉尔捷伊隆起和克列斯特隆起曾进行过找矿钻探，但是因为处在退化的石油窗内，所以这些矿点都被看作是远景矿点。

在东巴伦支含油气省发现了5座成藏于侏罗系和三叠系陆源杂岩体中的凝析气田和气田，包括储量罕见的施托克曼凝析气田（约4万亿m^3天然气和5000万t凝析油，发现于1988年），摩尔曼斯克（1983年）、卢德洛夫（1988年）、列多沃（1990年）三座大型矿床，以及中等储量的北基利金气田（1985年），北基利金气田位于巨大（约1万km^2）的费登斯基穹隆的东南麓。在费登斯基穹隆内的巴伦支海海区不结冰。

北基利金气田的天然气矿藏赋存于砂岩中，砂岩中有下三叠系粉砂岩和泥板岩夹层。根据钻探结果，判断在费登斯基穹隆的三叠系沉积层中有良好的泥质覆盖物，而在穹隆的下三叠系和古生界沉积层中，预期会有异常高层压，这一点提高了发现大型油气矿藏的前景。多数专家认为，费登斯基穹隆是具有发现油气储量很高前景的地质对象，这里可能发现的油气储量将比施托克曼凝析气田的更多或者与之持平。在新地岛和法兰士·约瑟夫地群岛发现了大量的石油和沥青矿点，这为更详细地研究东巴伦支含油气省的侧边带提供了有力的依据。

3.1.1.4　西西伯利亚含油气省

西西伯利亚含油气省的北部（北极）在行政区划上完全处于俄罗斯北极地区内的亚马尔-涅涅茨自治区。该油气省划分出陆地的含油气区（亚马尔含油气区、戈达含油气区、纳德姆-普尔含油气区）和喀拉海南部水域的含油气区（南喀拉含油气区）。在南喀拉盆地的中心部分，中生界-新生界杂岩体的厚度达到10～12km，而其在边缘部分，在帕伊霍伊、新地岛和西泰梅尔地区，厚度减少到沉积层完全消失。广泛发育产出厚沉积层系的裂谷系统。

西西伯利亚含油气省的主要石油母体层系是巴热诺沃（上侏罗系-下贝里亚斯阶）泥质杂岩体。在俄罗斯北极地区的大部分区域，页岩油储量几乎都蕴含于巴热诺沃岩系的页岩油沉积层中。大部分的液态烃类矿藏发现于下白垩系和侏罗系杂岩体中。

1962年发现了北极圈以北的第一座油气田——塔兹湾油田，1964年发现的新港凝析油气田是亚马尔半岛的第一座油气田。在亚马尔-涅涅茨自治区的陆地和毗连的水域共发现了235座油气矿床，其中包括乌连戈伊凝析油气田（1966年）、扬堡凝析油气田（1969年）、梅德韦日耶凝析油气田（1967年）、扎波利亚尔内凝析油气田（1965年）等特大型和大型的凝析油气田。目前正在开采其中的91座油气田。1971年，发现了亚马尔半岛最大的博瓦年科沃凝析油气田，在它附近的沿岸带发现了处于陆海过渡带的哈拉萨韦凝析气田（1974年）和克鲁森施特恩凝析气田（1976年）。

在西西伯利亚含油气省的北极带发现的主要是天然气和凝析气矿层。塞诺曼阶杂岩体（砂岩、粉砂岩、黏土和煤炭）是区域含气体，它的盖层是土伦阶-古近系黏土。塞诺曼阶矿层的埋藏深度不大，从 470m 到 1400～1600m，它含有地区大约 60% 的已探明天然气储量。在很长一段时间里，塞诺曼阶杂岩体确保了俄罗斯 60%～85% 的天然气开采量。塞诺曼阶矿层在很多情况下具有石油边缘（塔兹、俄罗斯、南俄罗斯等凝析油气田）。近年来，土伦阶－塞诺曼阶杂岩体获得了广泛的关注。2016 年，俄罗斯联邦国家矿产储量委员会平衡表中登记了产于梅德韦日耶凝析油气田塞诺曼阶沉积层中的 100 亿 m^3 天然气层，而它的预测资源量约为 0.9 万亿 m^3。

西西伯利亚含油气省北部的大多数油气田都拥有多个储油气层。例如，扎波利亚尔内油气田有 10 个矿层，俄罗斯油气田有 10 个储层，克鲁森施特恩油气田有 11 个储层，扬堡油气田有 16 个矿层，地球物理油气田有 17 个储层，南俄罗斯油气田有 18 个储层，博瓦年科沃油气田有 22 个储层，哈拉萨韦油气田有 23 个储层，马雷加油气田有 31 个储层，南坦别伊油气田有 33 个储层，别列戈沃耶和乌特连涅耶油气田有 34 个储层，北坦别伊油气田有 47 个储层。

在南喀拉、亚马尔和格达含油气区，仅对上部构造阶进行了钻探。已经证明，下侏罗系－中侏罗系、上侏罗系－尼奥克姆统、巴列姆阶－阿普第阶和阿尔布阶－塞诺曼阶杂岩体具有工业含油气性。陆地（博瓦年科沃区、新港区和其他地方）的一系列深井钻探结果证明，古生界沉积层极具前景。在三叠系杂岩体中可能发现油气矿藏。在大陆架发现了三座大型矿床，分别是卢萨诺沃凝析气田（1988 年）、列宁格勒凝析气田（1990 年）和波别达凝析油气田（2014 年）。南喀拉含油气区可能赋存约 70 亿 t 液态烃类和 23 万亿 m^3 天然气。

截至 2017 年初，在喀拉海共钻进 32 口井，总钻程 58.9km，其中，在列宁格勒凝析气田和卢萨诺沃凝析气田各钻两口井，在鄂毕湾和塔兹湾有 26 口井，这些井是由俄罗斯天然气工业股份公司（Gazprom）的子公司 Gazflot 公司在 2000～2010 年承钻的。最终，俄罗斯天然气公司共发现 4 座气田和凝析气田（卡缅内梅斯海、北卡缅内梅斯、鄂毕和丘戈里亚哈），并证实了 4 座矿床（谢马科沃、安吉帕尤塔、托塔－亚哈、哈拉萨韦）的海下延伸段具有含油气性，使天然气储量增加了 1.5 万亿 m^3 以上。2014 年，俄罗斯石油公司（Rosneft Oil）在南喀拉含油气区的西北部发现了大型的波别达油田。

3.1.1.5　叶尼塞–阿纳巴尔含油气省

叶尼塞－阿纳巴尔含油气省的面积超过 30 万 km^2，它位于从喀拉海南部海域经哈坦加湾向拉普捷夫海域延伸的叶尼塞－哈坦加拗陷中。在新的油气区划方案中，叶尼塞－阿纳巴尔含油气省的西部和中部被划入西西伯利亚含油气省，而阿纳巴尔－哈坦加含油气区和勒拿－阿纳巴尔含油气区被划入勒拿－通古斯含油气省，但是有很多专家对这一划分方式存有争议。

在叶尼塞－哈坦加拗陷中，在深度 2700m 内的二叠系－白垩系沉积中发现了梅索亚哈气田（1967 年）、济姆诺气田（1968 年）、卡赞采沃气田（1969 年）、奥泽尔诺气田（1969 年）、巴拉赫尼诺气田（1975 年）、哈别伊气田（1982 年）、乌沙科夫气田（1988 年），以及佩利亚特卡凝析气田（1969 年）、杰里亚比诺凝析气田（1984 年）等。大型的佩利亚特卡凝析气田的天然气储量超过 1500 亿 m^3。1968 年，铺设了天然气管道并开始向诺里尔斯克市和诺里尔斯克联合企业供应哈坦加－维柳伊含气省梅索亚哈气田的天然气。

俄罗斯北极地区界内的哈坦加-维柳伊含气省划分出叶尼塞-哈坦加含气区和勒拿-阿纳巴尔含气区，这两个含气区位于哈坦加盆地（以往传统上认为是阿纳巴尔-哈坦加鞍部）和勒拿-阿纳巴尔单斜。

1926～1933年在泰梅尔以东南的侏罗系岩石露头中发现了石油的天然露头，因此，20世纪30年代初，在哈坦加盆地的尤留恩格-图姆斯半岛（诺尔德维克角）开始了俄罗斯北极圈内地区最早的地质勘探工作，采用Craelius法和旋转法钻井（从1934年开始），在二叠系-下白垩系的很宽的地层序列中发现了大量的油气矿点。1934～1953年，在诺尔德维克湾地区施钻了381口取心井和38口深井（平均深度1675m）。通过在73°N以北一系列地区的钻探，发现了北极地区的第一批石油和天然气矿床，包括诺尔德维克、伊利亚-科热温、南季吉亚诺等油气矿床。1946年，在深度130m的三叠系古冰冻砂岩的盐株穹隆上发现了全世界最北端（截至当时）的诺尔德维克油田，它位于74°N以北5km处。

1939年，在俄罗斯北极地区，在东西伯利亚东北部[萨哈（雅库特）共和国]奥列尼奥克穹隆东坡的勒拿-阿纳巴尔单斜中（69°N～72°N），发现了俄罗斯最大的沥青矿床之一——奥列尼奥克矿床。1948～1953年，北方海航道管理总局油气勘探考察队进行了找矿钻探。矿藏包含13个二叠系含沥青砂质段，总厚度达200m。矿床的形成与阿纳巴尔台背斜在中生代-新生代的隆起有关，导致含油地层出露地表并被剥蚀。在里菲阶-奥陶系沉积层中也发现了沥青。根据北极地质科学研究所的数据（1967年），在约5000km^{2}区域内，沥青资源量为13亿～22亿t。在邻近的区域发现了拉索哈沥青矿床、东阿纳巴尔沥青矿床和锡利吉尔-巴尔哈沥青矿床。

3.1.1.6 北喀拉含油气远景省

北喀拉含油气远景省位于被北西伯利亚岩床与南喀拉盆地分隔开的同名盆地内。北喀拉盆地的沉积层系由古生界和中生界沉积层组成，其厚度达12～20km，面积超过30万km^2。其主要成因与泥盆系、石炭系和白垩系沉积层有关，但是没有进行过钻探。

3.1.1.7 拉普捷夫含油气远景省

拉普捷夫含油气远景省的沉积层系由涵盖元古界、古生界、中生界和新生界的一套沉积层组成。这一沉积层系的厚度达到10～12km，面积为30多万平方千米。里菲阶、文德阶、志留系-二叠系、三叠系、侏罗系、白垩系和古近系的沉积层被认为具有油气远景。拉普捷夫含油气远景省内可能赋存着大约230亿t液态烃类和4万亿m^{3}天然气。没有在大陆架进行过钻探。

3.1.1.8 东北极含油气远景省

大型和具有很大前景的东北极含油气远景省又称为东北极-北楚科奇含油气远景省或者极北含油气远景省，它位于东西伯利亚海和楚科奇海的北部，面积约60万km^2。对东北极含油气远景省的CDPM法地震勘探研究程度不够充分（不足0.1km/km^2），因此它的边界需要进一步查明。

根据CDPM法地震勘探的区域调查数据，东北极含油气远景省的东部延伸入美国的领水并且紧密衔接（可能是统一的整体）阿拉斯加北坡的大型含油气省。东北极含油气远景省的沉积层系厚度达18～20km，它可能赋存大约60亿t液态烃类和4.7万亿m^3天然气。这些数据可以证实，该远景省是俄罗斯北极地区东部边缘海大陆架内最具远景的。同时，根据阿拉斯加北坡含油气省类推，东北极含油气远景省的主要远景与出露在新西伯利亚群岛的上古生界（石炭系、二叠系）和中生界（三叠系、侏罗系、白垩系）杂岩体有关。一些研究者提出把东北极含油气远景省与阿拉斯加北坡、波弗特-麦肯锡和加拿大北极群岛的含油气省合并为区域性的“美亚-北极油气聚积带”。毋庸置疑，阿拉斯加北坡的含油气省、加拿大海盆、波德沃德尼科夫海盆和北冰洋其他深海区的含油气远景省的大陆坡具有很大的前景。

3.1.1.9 南楚科奇含油气远景省

南楚科奇含油气远景省位于俄罗斯北极地区的深10～50m的楚科奇海南部。在南楚科奇巨型拗陷内划分出被厚度4～6km的白垩系和新生界（以古近系为主）陆源沉积物填充的三个盆地。南楚科奇含油气远景省的东延伸段（霍普含油气省）位于阿拉斯加大陆架。南楚科奇含油气远景省可能赋存达10亿t的液态烃类和约1万亿m^3的天然气（没有进行钻孔）。

3.1.1.10 阿纳德尔－纳瓦林含油气区和哈特尔含油气区

在楚科奇自治区，在阿纳德尔-纳瓦林含油气区和哈特尔含油气区的陆地上，在整个新生界剖面查明了含油气特征，但是由于沉积盖层的厚度有限，预测发现的油气矿床不大。全俄石油地质勘探科学研究所评估楚科奇自治区陆地的油气地质资源量为6亿吨标准燃料。对陆地液态烃类资源的勘探程度约为4%，对陆地天然气资源的勘探程度为2.3%。白令海水域的阿纳德尔-纳瓦林含油气区（滨太平洋含油气远景省）的白垩系-新生界沉积层也具有前景。

1982～1988年发现了4座不大的矿床（3座在阿纳德尔-纳瓦林含油气区，1座在哈特尔含油气区），4座矿床的C_{1+2}级液态烃类总储量为970万t、天然气为105亿m^3。从2002年起开始在西奥泽尔气田的中新统和上中新统沉积层气藏开采天然气，用于满足当地不大的需求量（每年2000万～2700万m^3）。2015年，累计开采量超过3亿m^3。

在白令海的含油气区的水域部分，沉积层的厚度增大到3～5km。全俄石油地质勘探科学研究所对这一部分的油气地质资源的评估值约为2.80亿吨标准燃料，其中包括约1200亿m^3天然气和1.60亿t液态烃类，而天然气的可采资源量不足900亿m^3（计入80%的天然气采收率），液态烃类的可采资源量不足5000万t。楚科奇大陆架的油气资源潜力不到萨哈林（库页岛）大陆架的油气资源总潜力的9%。2002年，西伯利亚石油公司（Sibneft）在阿纳德尔湾钻进了第一口井（也是唯一的井），并没有发现油气储层。

通过分析环北极地区所有国家的油气开采现状，发现在过去的近半个世纪中，从俄罗斯、美国、加拿大和挪威的北极地区的地下开采出了数量巨大的油气原料，达208亿吨标准燃料（截至2017年初），其中约85.9%开采自俄罗斯北极地区，13.6%开采自美国阿拉斯加。其中，液态烃类占19.5%，天然气占80.5%。

算上所有类型的油气资源，俄罗斯北极地区在22年（1991～2013年）时间里贡献了本国一半以上的油气开采量。在俄罗斯北极地区开采出的油气资源中，以天然气居多，其在1996年占93.7%，在2016年占83.9%。

根据全俄石油地质勘探科学研究所的数据，各地区对北极油气开采地区的总初始资源量的勘探程度为亚马尔-涅涅茨自治区33.5%，涅涅茨自治区38.3%，萨哈（雅库特）共和国北部10.3%，克拉斯诺亚尔斯克边疆区北部8.2%。我们可以相信，在俄罗斯北极地区的陆域和水域，存在着发现大量矿床的可能性，这将使俄罗斯的油气储量大幅度增加（Григоренко и др.，2007）。

3.1.2 天然气水合物

天然气水合物（gas hydrate，GH）是一种不稳定的矿物，是由水分子和气体分子组成的化合物，它大量赋存在大洋和南北极的多年冻土区，极地带的陆地和水域是地球上最有利于形成和保存天然气水合物的区域。

形成天然气水合物的温压条件存在于北极地区的具有多年冻土的大部分陆地和北冰洋的大部分水域，包括俄罗斯的几乎整个北极大陆架。由于俄罗斯北极大陆架面积巨大，几乎遍布冻土带，因此很多专家推测，这里集中了极大量的天然气水合物。地图上标出了目前已知的发现北极地区天然气水合物聚集体的地段和区域。鉴于到目前为止已在北极地区采出的岩心定位水合物的矿点尚未纳入标准的钻井规程，因此统计所得的天然气水合物的点位并不多。但是，随着关于水合物矿点的直接和间接数据不断积累，天然气水合物点位已经汇合成为含水合物岩石的特定分布区，随着时间推移可能发现完整的北极含水合物省。

阿拉斯加北坡是全世界被研究最多的天然气水合物省。20世纪70年代，在普拉德霍湾-库帕鲁克河特大型油田（Prudhoe Bay-Kuparuk River）所在地带，在钻井过程出现气苗。但是，当时的钻井队不了解天然气水合物，而且证明揭露含水合物地层的很多资料已经遗失。

美国于1982年初通过的首个国家计划使情况发生了改变，在该计划框架下开始对天然气水合物进行系统性的研究。在计划实施期间查明阿拉斯加存在甲烷水合物储层，研究了波弗特海大陆架的15个天然气水合物聚集带。1982～2005年，BP、ExxonMobil、ConocoPhilips和Chevron等公司完成了大量的地震勘探、地质和地球物理学调查。在阿拉斯加北坡钻进了专用的调查井，使用专用的密封式取心器采集含有水合物的岩心样品。

在阿拉斯加的普拉德霍湾油田，对从天然气水合物中开采甲烷进行了试开采。2012年初，美国能源部联合ConocoPhilips公司和日本JOGMEC公司在Ignik Sikumi 1号实验井利用向储层注入碳酸气的方法对天然气水合物储层进行了试验开采。尽管试验取得良好成果，但是由于需要低压使开采甲烷的造价昂贵以及必须分离碳酸气，这一开采方法的前景并不明朗。

20世纪70～90年代，在加拿大的整个北极沿岸和加拿大北极群岛的冻土区下方几乎都发现赋存天然气水合物的迹象。但是，这主要是在处理测井数据时取得的间接标志。

在麦肯锡河三角洲的900～1200m区间钻Ivik井和Mallik井时，发现天然气大量排出，这一区间由具有高孔隙度（20%～25%）的古近系-新近系非固结砂组成。在钻孔中进行的综合测井表明，Ivik 井内的天然气水合物夹层的总厚度约为 27m，而在 Mallik 井内约为 110m。发现的天然气水合物的赋存区间位于冻土层底板以下，但是高于甲烷水合物稳定带的下边界。在从含水合物的区间释放出来的气体中，甲烷占 99% 以上。

1992 年，在麦肯锡河三角洲的冻土层中钻进 92GSCTaglu 井并提取冻土。根据目测和岩心融化时的单位气体含量，发现不论是在 336m 和 354m 深的水合物稳定带区间，还是在天然气水合物稳定带上方的 119m 深的水合物介稳定带，都存在天然气水合物夹层。1998 年，在附近钻进了 Mallik 2L-38 普查-调查井，它是国际（日本、加拿大、美国、印度和德国）北极地区天然气水合物勘探和开采项目中的关键井。1998～2000 年，项目的第一阶段完成，在此阶段钻进了一口井，研究了地质构造和地层性质并制定了勘探测井法。2001～2004 年，采用不同方法影响地层并分析结果的第二阶段工作内容落实。2005 年，对钻遇天然气水合物储层的井进行测试的阶段启动。2007～2008 年冬季，测试显示天然气以每昼夜几千立方米的流量流向井口。

根据在美国和加拿大北极地区的多个钻孔中赋存天然气水合物这一事实以及分析测井曲线，形成了在相邻区域找矿的工业标准。同时，分析了在美国和加拿大北极地区的陆地、波弗特海和大西洋中的几乎所有钻孔，通过分析找出了赋存天然气水合物概率高的钻孔。

在挪威北部大陆架的一系列考察过程中，在从 Hakon Mosby 海底泥火山区域和 Nyegga 麻坑底部等处采集的岩心中发现了天然气水合物样品。在若干区域，尤其在斯匹次卑尔根群岛的大陆架和大陆坡，发现了赋存天然气水合物的间接迹象，包括基于地震勘探数据识别的 BSR 界面（MAGE 北极海洋地质勘探考察队股份公司等）。

至今，在俄罗斯北极地区的任何一片水域都没有完全明确地发现天然气水合物，而在毗邻的北极陆地上，也仅是在面积不大的区域内不同程度地预测存在天然气水合物，如扬堡、博瓦年科沃和乌连戈伊等凝析油气田的钻孔岩心样品证实赋存天然气水合物。俄罗斯天然气科学研究院专家于 1987 年在扬堡凝析油气田从 70～120m 深的冻土层提升出了含水合物的天然样品，对这些样品最初的研究证实，天然气水合物以封存状态赋存在冻土层中，并且可以确立在现代天然气水合物稳定带以外分布的天然气水合物残留储层的新类型。自我封存效应开启了在不施加高压的情况下以浓缩状态保存和运输天然气的新可能性。在乌连戈伊凝析油气田，在古近系沉积区间发现了天然气水合物。

没有直接的证据证明俄罗斯北极水域赋存天然气水合物，但这并不能否定它可能存在，而只是证明普查找矿工作尚有不足，此前几乎没有有针对性地开展过此项工作。另外，在鄂霍次克海、里海和黑海的很多区域以及贝加尔湖湖底都发现了天然气水合物储层。1986～1991 年，俄罗斯联邦渔业和海洋学研究所、俄罗斯科学院远东分院太平洋海洋研究所及其他研究所证明，在鄂霍次克海，在幌筵岛地区和杰留金盆地萨哈林岛（库页岛）东北坡，在 640m 以上深处存在天然气水合物储层。在发现天然气水合物的地区，观测到深部的“气炬”形式的活跃排气。

俄罗斯科学院远东分院太平洋海洋研究所在拉普捷夫海和东西伯利亚海的考察过程中，发现了底部沉积层的活跃排气带，推测这与在被海水融化的水下冻土中的天然气水合物分解有关。

俄罗斯目前已知的大多数陆地天然气水合物都是介稳定（残留）天然气水合物。这不是由于在天然气水合物稳定带内没有大的稳定天然气水合物储层，而是由于俄罗斯没有开展有针对性的天然气水合物普查勘探工作，首先是没有像美国和加拿大一样进行专业化的钻探和取心。甚至在1969年开始开采的梅索亚哈气田也没有取得含有天然气水合物的岩心样品，而是根据地层压力曲线的变化，即根据间接数据推测赋存天然气水合物。同时，推测在梅索亚哈气田约800m深处的上部产矿层位有天然气水合物在冻结层下大量聚集。根据间接迹象，推测俄罗斯北极地区的西西伯利亚和东西伯利亚境内的一系列区域赋存天然气水合物，具体如下。

拉普捷夫海沿岸带，乌拉汉尤里亚赫区域奥列尼奥克河河口，这里的冻土层厚度达450m。推测天然气水合物赋存在深300～780m的天然气水合物稳定带。

萨哈（雅库特）共和国西部，阿纳巴尔台背斜的南缘。推测残余天然气水合物赋存在深80～100m以及140～190m的冻土带内。在天然气水合物稳定带内，在335～340m、453～462m、543～548m区间见到含天然气水合物地层的迹象。

科雷马-因迪吉尔卡低地，大丘科奇亚河地区（阿赫梅拉村）。实验室研究表明，甲烷可能以水合物状态（残余水合物）赋存。在季节性融化层中，每年有天然气水合物形成和瓦解。

楚科奇半岛的北部。在深度100m内的含金原生矿和砂矿的地下井巷中，多年冻土融化时会发生活跃的气体释放。气候释放与冻结层内的残余天然气水合物的融化有关。

上述的“天然气水合物问题”证明，在开发底部沉积构造中的传统油气原料资源时，必须对未来可能构成自然危险和人为危险的巨大的天然气资源进行综合的调查研究。

3.1.3 金属与非金属成矿区带

俄罗斯北极地区矿产资源潜力对于俄罗斯的经济具有重大意义。

被重点开发的卡累利阿-科拉矿产资源基地是北极地区最重要的地区之一，这里集中了赋存大量战略型和其他类型固体有用矿物的大型原矿床。卡累利阿-科拉成矿省包含了铜-镍石、磷灰石、铁、稀土金属、白云母伟晶花岗岩、白云母-稀有金属伟晶花岗岩和陶瓷工业用伟晶花岗岩与金刚石的矿床。在奥涅加半岛的近岸海洋沉积物中，发现了非工业型的锆石-钛铁矿-石榴石海滩砂矿，而在科拉半岛的捷列克海岸，发现了产于海成阶地沉积物中的一系列稀土-锆石-钛铁矿-石榴石砂矿。佩琴加、蒙切戈尔斯克、希比内等地区的很大一部分的磷灰石矿床以及铜-镍矿床已经采空，但是前景仍没有穷尽。卡累利阿-科拉成矿省的矿床中探明有科磨致岩、澳大利亚型镍和金、火山岩中的含铜黄铁矿、云英岩中的锰、高碳页岩和石英脉带中的多金属、金和铂族等。已知还有金伯利岩型矿田。

俄罗斯西北部有可能建立新的铂矿开采基地，其中，在下元古界费奥多罗沃-潘斯基地块建立的可能性最大，这里有绵延的铂族矿物地层，是罕见的Stillwater型矿点。已经发现布拉科沃矿床、索普切奥泽尔矿床、大巴拉卡矿床等铬铁矿矿床，目前正在对这些矿床进行勘探。划分出三个含铂成矿带，分别是佩琴加-伊曼德拉-瓦尔祖格成矿带、北卡累利阿成矿带和南卡累利阿成矿带。卡累利阿-科拉成矿省广泛发育地质年龄相近的含铂层状地块，包括蒙切戈尔地块、伊曼德拉地块、格涅拉利斯卡亚山、费奥多罗沃-潘斯基地块、托尔尼诺-纽兰卡瓦拉地块、布拉科沃地块等，这些地块形成于赋存铂金属低硫化物、铂-铜-镍、铬铁矿和钒-钛磁铁矿矿石的具有共同裂谷成因机制的不同等级矿石-岩浆体系，这些地块的广泛发育说明，在波罗的地盾内可能存在一个节律-层状暗色火山岩-超暗色火山岩的大型深成岩体。关于存在波罗的层状深成岩体的推测显著地提升了卡累利阿–科拉成矿省的含铂矿的远景。

阿甘奥泽尔铬铁矿层状矿床的储量为 2800 万 t，占俄罗斯的铬铁矿战略性原料总储量的一半以上（俄罗斯 50% 以上的铬铁矿为进口）。矿石的品质不高是一个严重缺陷，阿甘奥泽乐和索普切奥泽尔矿床的有用组分的含量不超过 22%。由于经济指标值低，企业对这些矿床的开发进展缓慢，其中包括矿床附近的季赫温企业。

目前，洛沃泽罗矿床群正在开发的矿床是俄罗斯国内利用钛铌酸钠铈矿精矿制取钛、铌、稀有金属及其他金属的唯一源头（索利卡姆斯克联合企业）。但是，这些组分现有生产量存在不足，俄罗斯需要进口这些组分的制成品。由于计划大力发展优质钢的生产和整体发展稀土工业，未来将会出现严重的原料缺口。

希比内矿床群的磷灰石-霞石矿床可能成为稀土金属储量的另一个大规模产地，这些矿床赋存俄罗斯 72.5% 的稀土金属表内储量，稀土元素氧化物的品位为 1.05%、奥列尼溪矿床现有一个在加工磷灰石原料时伴随制取稀土精矿的技术综合体，这为依托希比内矿床群建立大规模的稀土金属生产企业创造了机会。

伯朝拉矿产资源基地。季曼铝土矿矿区的 4 座矿床最为重要，其表内总储量为 2.294 亿 t，长远来看，这些矿床的开发将成为乌拉尔地区矾土和金属铝生产用原料的可靠来源。季曼铝土矿矿区内还有产于油砂中的雅列格特大型钛矿床，这里赋存着俄罗斯二氧化钛总储量（27.86 万 t）的一半以上，这里已经连续数十年利用地下井巷和钻井开采具有特殊性能的石油。目前，已经建立了利用雅列格特矿床的白钛石加工钛凝结剂的试生产厂，该厂的生产能力为 5 万 t。未来，利用综合工艺的开采可以满足冶金用原料的基本需求量。

新地岛矿产资源基地。最主要的矿床是巴甫洛夫层状多金属矿床（新地岛的尤日内岛），其铅储量为 45.34 万 t，锌储量为 196.0 万 t。目前的主要任务是研发多金属矿石在开采地就地选矿的工艺和论证把精矿经海路运送到国内外市场的最佳物流方案。晚古生代拗陷的形成和外成锰矿化作用、之后的中古生代构造-岩浆活跃化（与中泥盆纪—晚泥盆纪玄武岩-粗玄岩建造有关的玛瑙、蛇纹石石棉、天然铜及其硫化物）和结束拗陷发育的早中生代构造作用决定了帕伊霍伊-新地岛成矿省的成矿特点。外成锰矿化的一部分（高等级氧化矿石）的形成与中生代–新生代的风化作用有关。石膏-硬石膏的成矿与下石炭系碳酸盐岩层系的聚积同步。该成矿省的主要矿物包括多金属、锰、萤石、天然水晶、玛瑙，还伴生开采铜、石膏-硬石膏、贵金属、蛇纹石石棉和铁。在新地岛的东岸发现了由可能含金刚石的碱性似玄武岩组成的新生界火山筒。总体上，最有前景的地区是多金属成矿的马托奇金海峡地区、新地岛南部的罗加乔夫-泰纳含锰地区、南新地岛含萤石区、具有天然水晶矿点的谢韦尔内岛中心区、含复合型锑-砷-贵金属和多金属矿化作用的群岛东部乔尔纳亚山地区、可能含镍的中帕伊霍伊地区。

诺里尔斯克矿产资源基地。储量平衡表登记了十月矿床、塔尔纳赫矿床、诺里尔斯克矿床、马斯洛沃矿床等 7 座铜-镍和铜-金矿床的储量。这些矿床拥有巨大的铜、镍、钴、金和银储量，其开采量决定着国际和国内市场的行情。在克季-诺里尔斯克亚成矿省发现了罕见的诺里尔斯克-塔尔纳赫型铂族-铜-镍矿床和上塔尔纳赫型低硫化物铂金属矿点。在加工诺里尔斯克-塔尔纳赫型矿床的矿石时，形成了含铂元素的巨大的人工矿床。中泰梅尔亚成矿省的特点是存在一系列没有进行过充分研究的含镍和含铂矿点，该成矿省还具有含多金属、银、锑、砷、萤石、稀有金属、煌斑岩型金刚石的前景。

拜姆矿产资源基地（楚科奇半岛）。最主要的矿床是大型的佩先卡斑岩铜矿床，铜的表内储量为372.67万t，平均品位为0.83%（初步估计）。矿石中赋存钼、金、银、铅、锌、铼、硒、铂族等一系列伴生元素。已经研发了制取铜和钼精矿的统一的浮选工艺并进行了测试，此项工艺为在矿床就地建设工厂奠定了基础。

杰普塔茨基矿产资源基地。这里的矿床多为原生矿床，包括锡品位高（1.15%）的杰普塔茨基含铁-多金属-锡矿床和奥季诺含云英岩钨-锡矿床。此外，这里还分布着富矿的季列赫佳赫、丘尔普、坚克利等锡砂矿。锡的总储量为51.03万t，但是，由于需求量低，只准备开发杰普塔茨基矿床和季列赫佳赫矿床。

除了分布在俄罗斯东北部的上述矿产资源基地，还有一系列大型的战略性矿物产地，包括：埃别利亚赫砂矿和原生矿点等金刚石矿床，具有极高铌与稀有金属品位的托姆托尔稀有金属矿床，库波尔矿床等含金矿床，以及佩尔卡奈矿产资源基地的锡矿床。显然，这里形成了一个规模庞大的固体矿物综合开发地区，该地区未来具有巨大的经济潜力，为此需要建设交通、能源和社会基础设施。

3.2 水资源

水资源是人类在生产和生活中广泛利用的自然资源的重要组成部分，除了水资源，自然资源还包括土地资源、矿物资源和生物资源等。但是，与其他资源不同的是，水是不可替代的、流动的、可更新的和多用途的资源，是地球上所有生命体生存所必需的资源并且被用于各种类型的经济活动中。

河流的水资源分布广泛、易于获取并且能够在地球的水循环过程中快速更新（大约每16天更新一次）。由于水利用，这些属性以及其他属性，使河流的水资源具有了与湖泊、冰川和深层地下水资源相比特殊的价值和不可替代性。俄罗斯联邦的河流水资源总储量（$4322km^3/a$）仅次于巴西（$8120km^3/a$），加拿大拥有$3420km^3/a$，美国拥有$3048km^3/a$，中国拥有$2700km^3/a$。俄罗斯水资源的主要部分（约3040 km^3/a，大约占70%）形成于俄罗斯北极扇形区边缘海的集水区域。

在河流流域，水资源利用的方式是从河流和与河流有关的地下水中取水并用于工业、公共事业和农业中，其结果是水的径流量减少以及向河流排放污水。向河流排放污水虽然会增加河水的体积，但是会降低河水的质量。水资源利用还包括利用河水的能量（造成河水的流动性和水情发生改变）、航运、生物和休憩资源。

与俄罗斯的南部地区相比，俄罗斯北极地区河流流域的水资源利用规模相对较小，这与流域内的自然资源开发程度低和人口密度低有关，很多河流基本上没有受到水资源利用的影响，这一点在科拉半岛、卡累利阿和西伯利亚、叶尼塞河和鄂毕河流域南部地区的一系列河流体现得很明显。在俄罗斯欧洲区域的北部，水资源利用的中心分布在北极地区界内（或邻近边界）。在西伯利亚，水资源利用的中心主要分布在主要河流流域的南部和中部，远离俄罗斯北极地区。在俄罗斯北极地区界内，水资源利用的中心主要是摩尔曼斯克州和卡累利阿的企业和居民点、阿尔汉格尔斯克市和郊区、纳里扬马尔市、萨列哈尔德市、拉贝特南吉市、诺里尔斯克工业区、萨哈共和国（雅库特）和楚科奇自治区的东北地区的采矿企业。

在 20 世纪 70 年代后期和 80 年代，由于在国家经济的粗放式发展时期经济需求增长，用水量和污水排放量达到了峰值。尽管如此，在科拉半岛和卡累利阿的多条河流流域，以及奥涅加河、伯朝拉河、普尔河、塔兹河、皮亚西纳河、勒拿河、亚纳河、因迪吉尔卡河、科雷马河和阿纳德尔河等河的流域，取水量相对不大，并且对北极地区的很多河流基本上没有进行过取水，甚至在开发程度前三的河流 —— 北德维纳河、鄂毕河和叶尼塞河流域，在这一时期也分别只取用了 1.2km^3/a、15.7km^3/a 和 5.12km^3/a，分别占这些河流多年平均径流量的 1.1%、3.9% 和 0.8%；摩尔曼斯克州的河流的取水量为 2.3km^3/a（占径流量的 4.4%）。对于鄂毕-额尔齐斯河流域南部和乌拉尔经济区的某些河流，经济领域用水使河流的径流量减少，已经达到了出现淡水供应短缺的临界。

在这一时期，工业和公共事业领域是取用河水的大户。在鄂毕河和叶尼塞河流域，80%～90% 的取水用于这两个领域；在俄罗斯欧洲区域北部和西伯利亚，几乎全部取水都用于这两个领域。在鄂毕河、叶尼塞河和勒拿河流域的草原和森林草原地区，10%～20% 的取水用于灌溉和向农业企业供水，大部分取水在利用后回归到河流中。在鄂毕-额尔齐斯河流域，受气候干旱、农业发展和其他因素影响，河水径流量减少的取水量与排放的污水量的差值达到最大（5.4km^3/a）。

20 世纪 90 年代，人为活动对地区内可更新水资源的影响显著减小，工业和农业领域用水量平均减少了 20%～35%，向地区内水体排放的污水量也减少。21 世纪前十年总体上维持了这一状况，经济活动对水资源的影响依然保持较低水平（与 20 世纪 80 年代相比）。同时，在鄂毕河北部流域，由于石油和天然气开采量增加，用水量也相应增加。2005～2009 年，摩尔曼斯克州（1.84km^3/a）、北德维纳河流域（0.72km^3/a）、伯朝拉河（0.42km^3/a）、鄂毕河（7.52km^3/a，不计哈萨克斯坦和中国境内的取水量）、叶尼塞河（3.15km^3/a）和勒拿河（0.31km^3/a）的取水量较大。在这些流域，向河流排放的污水量与取水量持平（Астафьев и др.，2013）。

水力发电也是水资源利用的一种形式，它不是利用水资源本身，而是利用流动的水的能量。对俄罗斯北极地区河流的水电潜力的开发开始于 19 世纪末，在苏俄内战开始前，图洛马河的上图洛姆水电站、尼瓦河的尼瓦第二水电站和纳德沃伊奇水坝已经建成并投入运行。水电站的建设在 20 世纪下半叶达到高潮。目前，帕兹河（帕特索-约基河）、图洛马河、捷里别尔卡河、沃洛尼亚河、尼瓦河、科夫达河、凯姆河、下维格河、额尔齐斯河、托博尔河、叶尼塞河、安加拉河和维柳伊河的大段河段都建有梯级枢纽水库。鄂毕河、汉泰卡河、库列伊卡河和科雷马河上建有规模庞大的单个水库。

目前，科拉半岛和卡累利阿的多条河流上运行着大型的水利枢纽。帕兹河（由 7 座水电站组成的梯级水电站，包括挪威境内的 Skogfoss 和 Melkefoss）、图洛马河（2 座）、捷里别尔卡河（2 座）、沃洛尼亚河（2 座）、尼瓦河（3 座）、科夫达河（3 座）、凯姆河（4

座）和下维格河（5 座）等河流上修建了多座水电站。21 世纪初这些水电站的年发电量可达 84 亿 kW·h；水库的总面积和总体积分别为 $9340km^2$ 和 $68.3km^3$。

但是，俄罗斯最大的水库和最大的水电站建在西伯利亚北极地区的河流上（表 3-6）。在这里，尤其是安加拉–叶尼塞河梯级水库的发电量最大。仅安加拉河上的一座布拉茨克水库就拥有 $5478km^2$ 的面积和 $169.3km^3$ 的总体积，属于世界级的特大河谷型水库。21 世纪初布拉茨克水电站的年发电量为 226 亿 kW·h。伊尔库茨克水库和维柳伊水库的规模同样罕见。通过在安加拉河源头建设水坝和拦断世界上最大的湖 —— 贝加尔湖，建成了伊尔库茨克水库。维柳伊水库是俄罗斯和全世界在多年冻土分布带建设的最大河谷型水库。最深的河谷型水库是叶尼塞河上的萨彦–舒申斯克水库，坝高 234m。

表 3-6　西伯利亚北极地区河流流域的水库的基本数据

河流名称	水库名称	面积/km^2	总体积/km^3	有效体积/km^3	年发电量/(亿 kW•h)
鄂毕河	新西伯利亚水库	1070	8.80	4.40	16.9
额尔齐斯河	布赫塔尔马水库	5490	49.62	30.81	27.7
	乌斯季–卡缅诺戈尔斯克水库	37.0	0.66	0.04	16.7
叶尼塞河	萨彦–舒申斯克水库	621	31.34	15.3	120
	迈恩水库	11.5	0.12	0.07	17.2
	克拉斯诺亚尔斯克水库	2000	73.29	30.42	204
安加拉河	伊尔库茨克水库	154	2.1	0.45	41
	布拉茨克水库	5478	169.3	48.2	226
	乌斯季伊利姆斯克水库	1922	58.93	2.74	217
库列伊卡河	库列伊卡水库	558	9.96	7.3	26.2
汉泰卡河	乌斯季–汉泰卡水库	2120	23.52	12.81	20
维柳伊河	维柳伊第一、第二水库	2176	35.88	17.83	27.1
	维柳伊第三水库	104	1.08	0.19	2
科雷马河	科雷马水库	443.4	14.4	6.56	33.2

资料来源：Бредихин и др.，2013

俄罗斯北极地区的很多水库都是通过拦断天然的外流湖建成的（在这些外流湖的湖成河的河道上建水坝），包括帕兹河上的凯塔科斯基水库（伊纳里亚尔维湖），图洛马河上的上图洛姆水库（诺托泽罗湖），捷里别尔卡河上的上捷里别尔卡水库（文奇亚维尔湖），沃洛尼亚河上的谢列布良斯克水库（洛沃泽罗湖），尼瓦河上的伊曼德拉–皮连格斯克水库（伊曼德拉湖）、库马水库（托波泽罗湖、皮亚奥泽罗湖和昆多泽罗湖），科夫达河上的约夫斯克水库（苏绍泽罗湖、卢沃泽罗湖和索科洛泽罗湖），以及克尼亚热古布斯克水库（诺托泽罗湖、科夫多泽罗湖、涅尔波泽罗湖、别利奇耶湖、巴比耶湖）。

预期地区内经济部门的用水量会增加，但是会被气候造成的河流水量增加补偿，因此不会导致注入俄罗斯北极扇形区海域的河流的径流量出现危险的变化。预计在西西伯利亚更南部的地区（鄂毕–额尔齐斯河流域的草原地区）会出现紧张的水利形势。哈萨克斯坦境内预计及逐渐增长的工业、农业、公共和生活用水量以及新增取水量，可能导致出现水资源短缺。相邻地区（中亚）水资源短缺不断加剧，这可能是邻国之间政治关系紧张的原因。

俄罗斯北极地区河流的水文情势的自然变化或者人为变化不仅伴随着径流量的减少，还伴随着冲积土、溶解物质、热流量的减少，这导致一系列危险的水文现象以及河流、海洋及其生物群落的状态出现不良的转化。

由于向俄罗斯北极地区人烟稀少的居民点运送货物的铁路和航空运输成本高，因此水运对于北极地区来说具有重要意义。河运船舶的吨位大，运输单位货物的能源消耗量只是铁路运输的六分之一。河道运输有时是北极边缘海集水区的北部（沿海）和南部（内陆）地区唯一的交通工具。通航期相对较短、严酷的气候条件要求使用破冰船以及保障必要的航线水深的问题等，都给地区内广泛使用航运造成限制。

根据保障各类型船舶行驶安全的船舶主尺度（深度、宽度等）的不同，俄罗斯北极地区的河运水路分为七个等级。与 1991 年前相比，目前地区内的河流航运发展程度要小很多，主要是在下维格河（白海–波罗的海航道）、北德维纳河（航行总长度 5612km）、鄂毕河（航行总长度 17 790km）、叶尼塞河（航行总长度 14 132km）和勒拿河（航行总长度 13 890km）实行定期通航，这些河流和其他河流依然用于季节性地向俄罗斯北极地区的偏远居民点运送货物。下维格河河口的白海城、北德维纳河河口的阿尔汉格尔斯克市、梅津河河口的梅津市、伯朝拉河河口的纳里扬马尔市、鄂毕河河口的萨列哈尔德市、叶尼塞河河口的杜金卡市和伊加尔卡市、哈坦加河河口的哈坦加市、亚纳河河口的下扬斯克市、因迪吉尔卡河河口的乔库尔达赫市、科雷马河河口的切尔斯基市以及其他城市的港口具有重要的河运价值，必要的商品经铁路或者北方海航道运抵这些港口。

北方海航道是俄罗斯欧洲部分与远东之间距离最短的海上通道，它沿着俄罗斯北极沿岸穿过北冰洋的边缘海（巴伦支海、喀拉海、拉普捷夫海、东西伯利亚海和楚科奇海）和部分太平洋。北方海航道从新地海峡到普罗维杰尼耶港的主线路长度为 5610km。1914～1915 年，Б. Вилькицкий 率领水文考察队乘坐“泰梅尔号”和“瓦伊加奇号”破冰船完成了这条线路的首航（自东向西航行并在泰梅尔半岛越冬）。但是，直到 20 世纪 30 年代，人们才开始对北方海航道进行定期开发并且至今没有结束。在 20 世纪 80 年代末，北方海航道的货物运输量达到了 600 万～700 万 t/a，当前运输量不超过 200 万 t/a。经这条航道向北极的偏远地区运送燃料、设备和粮食并运出木材、鱼类产品、矿物和其他商品。北极和西伯利亚大型河流的港口提供了转运场地。北方海航道的线路上分布着大大小小多座港口，包括摩尔曼斯克港、阿尔汉格尔斯克港、阿姆杰尔马港、瓦兰杰伊港、杜金卡港、迪克森港、季克西港、佩韦克港、普罗维杰尼耶港和阿纳德尔港。其中，吞吐量最大的是终年不冻的贸易海港 —— 摩尔曼斯克港（1290 万 t/a）和阿尔汉格尔斯克港（450 万 t/a）。

北方海航道的长度只相当于苏伊士运河或者绕过非洲的线路长度的 1/3～1/2，因此这条航道可能成为欧洲国家和远东之间的运输系统的替代线路，这一计划有待于俄罗斯的当代和下一代人来实现。由于北冰洋海域的连续冰面积正在减小，连续冰在北极边缘海大陆架的存在时间正在缩短，以及需要开发海底和陆地的石油烃类与其他矿产，因此提高北方海航道在俄罗斯经济中作用的计划具有现实意义。对这些资源的开发应当执行保护北极地区独特生态系统的一切必要措施，同时还要兼顾北极地区河流流域及其河口和北冰洋边缘海海域正在发生的气候变化和经济活动的趋势。

3.2.1 淡水资源储量及分布

北极地区蒸发量小，因此河网稠密，并且当地河流的长度不大（10～200km），仅伯朝拉河、鄂毕河、皮亚西纳河、哈坦加河、阿纳巴尔河、勒拿河、因迪吉尔卡河、科雷马河等跨境河流的长度超过1000km，这些河流仅下游进入俄罗斯北极地区。这些河流流经宽阔的河谷，在河口形成湾。河谷内没有冻土。注入北极海水中的巨大淡水径流显著地影响了河流的水文情势和冰情。河流在每年有9～10个月结冰，某些河流会冻透至河底。在大陆上，这些河流在5～6月份解冻，在10月份开始结冰；在岛屿，这些河流则是在7月中旬解冻，在9月初开始结冰。冬季常枯水。

在大陆地区，尤其在低洼地，有很多较小和浅的热喀斯特湖，这些热喀斯特湖在一年中的大部分时间被冰覆盖，其中最大的是泰梅尔湖（4500km^2）。

3.2.1.1 陆地水

俄罗斯是世界上水资源保证率最高的国家之一，淡水储量极为丰富（表3-7）。地表水（含沼泽）占俄罗斯领土面积的12.4%，其中84%的地表水集中在乌拉尔山脉以东。俄罗斯以拥有发达的河系和湖系著称，这些河系和湖系分属于北冰洋、太平洋、大西洋流域和内陆水体流域，俄罗斯的沼泽面积也十分辽阔，尤其是俄罗斯的北部。根据现有的评估数据，沼泽内集中了约3000km^{3}的天然水静态储量。

表3-7 俄罗斯境内的水储量 （单位：km^2）

类型	储量
大型河流河道内的水	116.5
大型湖泊的水	24 855
土壤水	6 430
地壳上部的地下水	2 874 124
河水和地下水形成的冰锥	84.8
生物水	130
大气水分	180

资料来源：Абрамченко и др.，2017

俄罗斯北极地区境内湖泊较多的地区包括科拉半岛、亚马尔半岛、格达半岛、泰梅尔半岛、普托拉纳高原、勒拿河与科雷马河的河间地。大多数湖泊是冻土带和森林冻土带内面积不大的热喀斯特水体。表3-8列有地区内几座大型湖泊的数据。泰梅尔湖是最大的湖泊之一，它位于北极圈以北很远的地方，在贝兰加山脉脚下。泰梅尔湖的沿岸带被浅水湾强烈切割。平坦的南岸由第四系松散沉积层组成。具有更古老基岩露头的北岸向着贝兰加山脉的山麓急剧抬升，有多条支流从贝兰加山脉的山麓流入泰梅尔湖。

表 3-8　俄罗斯北极地区的大型湖泊

名称	面积/km^2	海拔/m	最大深度/m
泰梅尔湖	4500	6	26
汉泰湖	822	65.8	420
伊曼德拉湖	810	126	67
皮亚西诺湖	735	28	10
拉巴兹湖	470	47	—
乌姆博泽罗湖	422	149	115
拉马湖	318	45	＞300

资料来源：北极基金，https://arctic.narfu.ru/[2023-06-30]

（1）沼泽

沼泽（尤其是高位沼泽）是俄罗斯北极地区的典型水体。平原地区的沼泽率在俄罗斯欧洲部分的北部达到 20%～40%（在摩尔曼斯克州达到 39.3%），在西西伯利亚地区达到 35%～40%。沼泽的面积从数公顷到数十平方千米不等。按照水和矿物质的补给条件和植物的种类，分为低位沼泽、中位沼泽和高位沼泽。

沼泽在河流水文情势的形成中发挥重要作用，沼泽能够调节汛水和洪水，并促进河水对很多大气和人为污染物的天然自净化。

俄罗斯全境流淌着 250 多万条河流，北方地区则主要有包括鄂毕河、勒拿河在内的 11 条重要河流（表 3-9）。俄罗斯境内的多年平均河流径流量为 4200～4300km^3/a。湖泊内集中了 26 600km^3 以上的淡水，湖泊的多年平均（更新）径流量超过 530km^3/a。沼泽内汇集的约 3000 km^3 的水每年提供 1000km^3 的径流量（支出）。大量的淡水集中在地下冰和面积约 1000 万 km^2 的多年冻土区内。

表 3-9　俄罗斯北方地区的重要河流

名称	注入的海	长度/km	流域面积/万 km^2
鄂毕河（含额尔齐斯河）	喀拉海	5410	299.0
勒拿河	拉普捷夫海	4400	249.0
叶尼塞河	喀拉海	4092	258.0
科雷马河	东西伯利亚海	2513	64.7
奥列尼奥克河	拉普捷夫海	2292	21.9
伯朝拉河	巴伦支海	1810	32.2
因迪吉尔卡河	东西伯利亚海	1726	36.0
哈坦加河（含科图伊河）	拉普捷夫海	1636	36.4
阿纳德尔河	白令海	1150	19.1
亚纳河	拉普捷夫海	872	23.8
北德维纳河	白海	744	35.7

资料来源：Абрамченко и др.，2017

俄罗斯北极地区的河系主要由注入北冰洋（占主体）和太平洋的边缘海的河流组成，还有数量不多的河流属于大西洋流域。

（2）鄂毕河

鄂毕河是位于西西伯利亚的河流，它发源于阿尔泰山，由比亚河与卡通河汇流而成。鄂毕河全长 5410km，在河口形成鄂毕湾并注入喀拉海。鄂毕河的流域面积为 299.0 万 km^2，在俄罗斯排第一位。鄂毕河还是俄罗斯水量第三大的河流（仅次于叶尼塞河和勒拿河）。在鄂毕河南部坐落着由新西伯利亚水电站的水坝形成的新西伯利亚水库。额尔齐斯河是鄂毕河的主要支流，从它在蒙古国与中国边界的源头到从左岸注入鄂毕河的入河口的长度为 4248km，这一长度超过了鄂毕河本身的长度。鄂毕河主要由雪水补给。在春汛和夏汛期间产生主要的年径流量。春汛在上游从 4 月初开始，在中游从 4 月下半月开始，在下游从 4 月末至 5 月初开始。鄂毕河平均每年有 180～220 天的冰封期。

（3）勒拿河

勒拿河是东西伯利亚最大的河流，注入北冰洋的拉普捷夫海。勒拿河全长 4400km，流域面积 249.0 万 km^2，流经伊尔库茨克州和萨哈（雅库特）共和国。勒拿河的一些支流属于外贝加尔边疆区、克拉斯诺亚尔斯克边疆区、哈巴罗夫斯克边疆区、布里亚特共和国和阿穆尔州。一般认为勒拿河的源头是贝加尔湖以西 7km 的一个小湖，它位于贝加尔山脉的一座海拔 2023m 的无名峰脚下，海拔 1470m。勒拿河是俄罗斯的流域完全处在俄罗斯境内的河流中最大的，也是世界上流域完全处在永冻土区内的最大的河流。勒拿河拥有面积辽阔并分布大量河汊的三角洲，占据 60 000km^2 的流域面积。融雪水和雨水是勒拿河及其几乎所有支流的主要补给来源。在集水区内遍布的多年冻土干扰潜水对河流的补给，只有地热泉是例外。受降水水情的影响，勒拿河的春汛、夏季的几次高洪水和秋冬季的低枯水非常典型。勒拿河按照与解冻相反的顺序自下游向上游结冰。勒拿河的冰情和强烈的冰壅塞现象与俄罗斯的其他河流相比更突出。

（4）叶尼塞河

叶尼塞河是世界上的大河之一，从克孜勒市到入海口的河长为 3487km，从小叶尼塞河的源头起算为 4287km，从大叶尼塞河的源头起算为 4092km。叶尼塞河的流域面积（258.0 万 km^2）在俄罗斯和亚欧大陆排第二位（仅次于鄂毕河），在全世界排第七位。叶尼塞河流域的特点是具有强烈的不对称性：河流的右岸高于左岸 5.6 倍。叶尼塞河是西西伯利亚和东西伯利亚的天然分界线。叶尼塞河的左岸让广袤的西西伯利亚平原截止，而右岸则是高山泰加林的王国。从萨彦岭到北冰洋，叶尼塞河流经西伯利亚的所有气候带。叶尼塞河属于以雪水补给为主的混合补给型河流，雪水补给的占比略低于 50%，雨水补给占 36%～38%，上游的地下水补给不到 16% 并向下游减少。叶尼塞河从下游开始结冰（10 月初）。水内冰的形成强烈和秋季流冰对于叶尼塞河很典型。冰封期在下游从 10 月末开始，在中游和克拉斯诺亚尔斯克市河段从 11 月中开始，在山地河段从 11 月末至 12 月开始。在个别河段的河道内会出现大片的冰锥。叶尼塞河大部分河段的特点是春季汛期冗长、夏季洪水次数多、冬季径流量急剧减少（但是冰坝发育使水位下降缓慢）。上游的特点是春夏季汛期冗长。

（5）科雷马河

科雷马河流经萨哈（雅库特）共和国和马加丹州境内。科雷马河由发源于鄂霍次克–科雷马山原的阿扬尤里亚赫河与库卢河汇流而成。科雷马河为混合补给型河流，其中雪水补给占 47%，雨水补给占 42%，地下水补给占 11%。汛期从 5 月中持续至 9 月，水位涨幅可达 14m。河水的年平均支出量在中科雷姆斯克市河段（距离河口 641km）为 2250m^3/s，最大支出量为 25 100m^3/s（6 月），最小支出量为 23.5m^3/s（4 月）。河口的年径流量为 123km^3（3900m^3/s）。年平均输沙量为 550 万 t。夏季，科雷马河的水位下降，水位仅在雨季上升并形成短时的洪水。河水的水温较低，为 10～15℃，仅在 7 月末至 8 月初的平静河段水温达到 20～22℃。科雷马河在 10 月中、偶尔在 9 月末开始结冰。冰封前是历时 2 天到 1 个月的流冰和流凌以及冰塞。冬季，在河道内和地面上会形成大片的冰锥。科雷马河在 5 月下旬到 6 月初解冻。流冰持续 2～18 天并伴随着形成冰坝。

（6）奥列尼奥克河

奥列尼奥克河是位于东西伯利亚的河流，它发源于克拉斯诺亚尔斯克边疆区境内，之后流经萨哈（雅库特）共和国，在注入拉普捷夫海的奥列尼奥克湾时形成面积 475km^2 的三角洲。奥列尼奥克河为雪水和雨水补给，汛期从 6 月持续到 9 月，10 月到次年 5 月为枯水期。河水的年平均支出量在河口为 1210m^3/s，在解冻前的下游可能不到 1m^3/s。在个别年份，奥列尼奥克河会有一个月的完全封冻期，上游从 1～4 月会分段地完全封冻，在 9 月末至 10 月冻结，在次年 5 月初至 6 月上半月解冻。

（7）伯朝拉河

伯朝拉河是位于科米共和国和涅涅茨自治区的河流，它发源于科米共和国东南部的北乌拉尔山脉，最初主要向西南流淌。伯朝拉河从源头到乌尼亚河的河口具有山地河流的性质。在距离河口约 130km 处，伯朝拉河分为两条支流，分别是东支流（大伯朝拉河）和西支流（小伯朝拉河）。向下游，在纳里扬马尔地区，伯朝拉河形成宽约 45km 的三角洲并注入巴伦支海的伯朝拉湾。伯朝拉河为以雪水补给为主的混合补给。汛期开始于 4 月末至 5 月初，最大汛期出现在中游和下游的 5 月中期直到 6 月的最初几天。夏季和冬季为枯水期。夏季枯水期从 7 月中持续到 8 月，枯水期常被雨洪水中断。河水的年平均支出量在河口为 4100m^3/s。伯朝拉河在 10 月末结冰；解冻从上游开始并伴随形成冰坝。

（8）因迪吉尔卡河

因迪吉尔卡河是流经萨哈（雅库特）共和国东北部的河流，它由发源于哈尔坎山北坡的哈斯塔赫河和塔伦尤里亚赫河汇流而成，注入东西伯利亚海。由于多年冻土的发育地区位于因迪吉尔卡河的流域内，因此流域内的河流内常出现巨大的冰锥（涎流冰）。因迪吉尔卡河的补给来源包括雨水和雪、冰川和冰锥的融化水。一年中的温暖期为汛期；在全年径流量中，春季径流量约占 32%，夏季径流量约占 52%，秋季径流量约占 16%，冬季径流量占比不到 1% 并且局部河段完全封冻。乌斯季涅拉河段的平均支出量为 428m^3/s，最大支出量为 10 600m^3/s。河口的年径流量为 58.3 km^3，泥沙输送量为 1370 万 t。因迪吉尔卡河在 10 月开始结冰，在次年 5 月末至 6 月初解冻。

（9）哈坦加河

哈坦加河是位于克拉斯诺亚尔斯克边疆区的河流，它由科图伊河和赫塔河汇流而成并注入拉普捷夫海的哈坦加湾。哈坦加河流淌在北西伯利亚低地的宽阔河谷中并分出多条支汊。在下游河段，河谷的宽度不超过 5km，河道内分布着大量岛屿。哈坦加河流域内分布着总面积 1.16 万 km^2 的约 11.2 万个湖泊。哈坦加河主要由雪水补给。汛期从 5 月末持续到 8 月，在 9 月末至 10 月上半月开始结冰，在次年 6 月上半月解冻。水位的年内波动幅度可达 8.5m；下游河段在枯水期会出现涨潮。河水的年平均支出量为 $3320m^3/s$，最大支出量为 $18\,300m^3/s$。

（10）阿纳德尔河

阿纳德尔河是位于远东最东北部的河流，它流经楚科奇自治区的阿纳德尔区境内。阿纳德尔河发源于阿纳德尔台原的中心部分，注入白令海阿纳德尔湾的奥涅缅湾。阿纳德尔河流域内分布着总面积 $3231km^2$ 的 23 595 个湖泊，大多数湖泊通过密集的溪流和支流系统彼此连通以及与阿纳德尔河流域内的其他河流连通。阿纳德尔河流域的河流的水文情势的典型特点是以春季融雪产生的径流量为主（约占年总径流量的 70%），因此会出现春季汛水。从 5 月末至 6 月初开始出现非常湍急的流冰。流冰期间常形成冰坝，个别河段的水位因此在 2～3 天内就可能上涨 1m。下游和中游的汛水在 6 月中达到高峰。汛水通常为单峰型，在倒春寒时水位有时会小幅下降。

流域或者集水区是地表的一部分，它包括作为某一河流或者河系的补给水源的含水岩土层系。集水区域从成因上决定了径流的数量和质量，并因此奠定了天然水资源的主要参数。

每条河流的流域都包括地表集水区和地下集水区。地表集水区是水由此流入河系的地表地段；地下集水区是水通过地下途径进入河系的土壤层系。地表集水区可能不与地下集水区重合。直接注入海或者闭口湖的河流被称为干流；直接注入干流的是一级支流，接下来是二级支流、三级支流等。注入干流的所有河流共同形成河系。

在俄罗斯北极地区的流域中，面积最大（占 90%）的是北极流域（北冰洋流域），它大部分位于西伯利亚，也包括俄罗斯欧洲部分的北部。西伯利亚的鄂毕河（含额尔齐斯河）、叶尼塞河和勒拿河等大河属于这一流域，这些河流的流域总面积超 800 万 km^2；注入北冰洋的总径流量为 $49\,554m^3/s$。北极流域的其他河流属中小河流；俄罗斯欧洲部分的主要河流是北德维纳河（含维切格达河）、苏霍纳河和伯朝拉河；俄罗斯亚洲部分的主要河流是因迪吉尔卡河和科雷马河。西伯利亚主要的自南向北流淌的大河为俄罗斯内陆地区与北冰洋沿岸带之间提供了水上通道，但是这些河流每年有漫长的冰封期。西伯利亚的河流的特点是坡度不大（如鄂毕河的 2010km 以上河段的总落差为 200m）。应当指出，西伯利亚河流的上游常比下游提早解冻，这导致形成冰坝。在汛期，河水会淹没大片地域，因此出现大量沼泽地。

俄罗斯北极地区的边缘海流域内的河流的数量和长度见表 3-10。

表 3-10　俄罗斯北极地区的河流数量与长度

海的流域	河流的数量/条	河流的全长/km
白海	109 534	373 898
巴伦支海	61 348	2 400 103
喀拉海	475 187	2 278 219
拉普捷夫海	421 786	1 641 381

续表

海的流域	河流的数量/条	河流的全长/km
东西伯利亚海	483 672	997 980
楚科奇海	41 830	84 215
白令海	172 140	400 939

资料来源：俄罗斯联邦国家统计局，http://gks.ru[2023-06-30]

太平洋流域面积约占俄罗斯北极地区总面积的 10%，太平洋流域内的河流的长度不大，但是流速快，其中最大的河是阿纳德尔河。大西洋流域面积占俄罗斯北极地区总面积的比例不到 1%。

河网密度是指某一面积内所有地表水流的长度（km）与该面积（km^2）的比值。河网密度显示该地区内的水系的发达程度。河网密度同时表征相邻水流之间的平均距离。

在俄罗斯北极地区境内，河网密度介于 0.2～1.0km/km^2。科米共和国和楚科奇自治区的河网密度最大，亚马尔-涅涅茨自治区和克拉斯诺亚尔斯克边疆区的河网密度最小。绘制河流水文情势类型图的依据是河流的补给来源与河流径流量在各季节的分配情况（Львович，1963），还研究了雪水、雨水、冰川水和地下水等补给来源。在一定条件下，每一种补给来源的占比如果达到 80% 以上，都可能成为几乎全部的来源；也可能具有优势值（50%～80%）或者与其他类型相比占优势（50% 以下）。

在俄罗斯北极地区的大部分区域（近 4/5），河流由雪水补给（50%～80%）并以夏季径流为主。

具有雪水补给和以春季径流为主的河流属于白海流域。科拉半岛北部的河流具有同样的补给类型且以夏季径流为主。

俄罗斯北极地区的一小部分河流的补给为雨水补给（50% 以下），同时以夏季径流（80% 以上）为主。

北极岛屿的水文条件最不利，这里不少于 80% 的河流径流源自冰川，而径流过程仅在一年中最温暖的两个月份持续。

3.2.1.2　水量

年径流量是指在一年中流经河流断面的水量，用 m^3 或 km^3 表示。利用年径流量和集水面积计算在一年内全流域面积上流出的水层厚度和单位时间内从 1km^2 流出的水的体积（用 L 表示），即径流模数，是水文分析和水资源管理中的重要参数。

径流量的测量单位包括：水的瞬间（秒）支出，它表征河流在某一时刻的含水量（m^3/s）；径流模数是指单位流域面积在单位时间内产生的径流量 [m^3/（s · km^2）]；径流深度是指在某一时间段内河流的径流体积与它对应的集水区的面积的比值（mm）；径流系数是指在某一时间段内的径流深度与同一时段内降落在流域内的降水量的比值，无量纲。

气候条件、地貌（地形）因子、土壤和水文地质条件、植被和地质条件（大地构造）是河流径流的主要形成因子和条件。

河流径流的体积及其流况紧密地依赖于那些决定热量和水分比例的条件。河流能够存在的前提是降落到集水区的大气降水量应当足够用于保持持续的水流和补偿蒸发、蒸腾、向土壤渗流等造成的损失。

集水区的地形的性质决定了河系和沟壑系统的坡度与密度。坡和河道的坡度大会提高水从坡上流出的速度和在河道内流淌的速度，相应地，河流径流量增加。

土壤和水文地质条件的影响体现在水在土壤中的聚积形态中。岩土的透水性越大、地层越厚，地下的容积就越大，调蓄能力也越强。在喀斯特地貌强烈发育的地区，坡面径流被岩溶漏斗吸收，与区域性的数值相比，径流中的地下水补给的比例上升。河谷和河道下切越深，含水层在河流补给中的参与就越多。

通过影响雪的融化强度和水在地表的流速，植被也对水文情势产生影响。森林对径流情势具有双重影响。一方面，由于森林中的雪融化延后，春汛期拉长；另一方面，由于森林土壤和枯枝落叶层的入渗能力强，地表径流的很大部分转变为地下径流。因此，有林地段流出的径流比从无林地段流出的径流更加均匀。

地壳的构造运动可能使河流迁移、径流情势和侵蚀强度改变。

河流的年径流量由地表径流和地下径流等径流的成因分量构成，河水的径流情势带有显著的季节性。

河流径流深从萨哈（雅库特）共和国北部的 100mm 增加到叶尼塞河流域的 900mm 以上。

地表径流量的分配与年径流量的分配一致。地表径流深介于 100～700mm，喀拉海、拉普捷夫海和东西伯利亚海的沿岸地带的径流量最小，叶尼塞河流域的径流量最大。

北极平原地区的地下径流量的绝对值不大，尤其在多年冻土连续分布区，年径流深不足 10mm，而地下径流量在河流径流量中的比例不超过 5%。在这些地区，被河流排泄的地下水主要发育在季节性融化地带，其次在河谷的河床下方融区地带。冻结层下水的排泄可能仅发生在鄂毕河、纳德姆河、普尔河、塔兹河等大河河谷内的贯穿融区地段。

根据俄罗斯联邦水文气象和环境监测局的数据，俄罗斯在 2014 年的水资源量为 4623km^3，比多年平均值高 8.5%。这一资源量的大部分（4424.7km^3）形成于俄罗斯境内，而 198.3km^3 来自相邻国家。总径流量的约 80% 注入北冰洋的巴伦支海、白海、喀拉海、拉普捷夫海、东西伯利亚海和楚科奇海。

俄罗斯北极地区河流流域的水资源量（河流年径流量）在 2014 年大部分显著不同于多年平均值和 2013 年的数值。

在北德维纳河和勒拿河流域，2014 年的水量分别比正常值低 5.4% 和 3.1%。在伯朝拉河、鄂毕河和叶尼塞河流域，2014 年的水量分别比正常值高 30.5%、19.1% 和 10.3%。科雷马河流域的水资源量增加幅度最大，增加了 50.9%（表 3-11）。

表 3-11　俄罗斯北极地区各流域的河流径流资源量

河流流域	流域面积/万 km^2	水资源量的多年平均值/（km^3/a）	2014 年的水资源量/（km^3/a）	与多年平均值的偏差/%
北德维纳河	35.7	101.0	95.5	–5.4
伯朝拉河	32.2	129.0	168.3	30.5

续表

河流流域	流域面积/万 km²	水资源量的多年平均值/（km³/a）	2014 年的水资源量/（km³/a）	与多年平均值的偏差/%
鄂毕河	299.0	405.0	482.5	19.1
叶尼塞河	258.0	635.0	700.1	10.3
勒拿河	249.0	537.0	520.1	–3.1
科雷马河	64.7	131.0	197.7	50.9

资料来源：Абрамченко и др.，2017

2014 年，俄罗斯联邦从天然源头的总取水量为 708.0683 亿 m³，污水排放量为 1480.00 亿 m³。在俄罗斯联邦主体的总取水量排名中，克拉斯诺亚尔斯克边疆区排第 11 位（21.1252 亿 m³），摩尔曼斯克州排第 14 位（16.9269 亿 m³），阿尔汉格尔斯克州排第 30 位（7.3241 亿 m³），科米共和国排第 36 位（4.9411 亿 m³），萨哈（雅库特）共和国排第 51 位（2.1460 亿 m³），楚科奇自治区排第 80 位（2864 万 m³）。

2014 年，俄罗斯的新水取用量为 559.7293 亿 m³。在俄罗斯联邦主体的新水取用量排名中，克拉斯诺亚尔斯克边疆区排第 10 位（19.3137 亿 m³），2014 年的新水取用量比 2010 年减少 19%；摩尔曼斯克州排第 14 位（15.5883 亿 m³），2014 年的新水取用量比 2010 年增加了 4%；阿尔汉格尔斯克州排第 25 位（6.0684 亿 m³），2014 年的新水取用量比 2010 年减少了 9%；科米共和国排第 33 位（4.6277 亿 m³），2014 年的新水取用量比 2010 年减少了 9%；萨哈（雅库特）共和国排第 55 位（1.6097 亿 m³），2014 年的新水取用量比 2010 年减少了 2%；楚科奇自治区排第 80 位（2654 万 m³），2014 年的新水取用量比 2010 年减少了 6%。

2014 年，俄罗斯的循环供水和二次（后续）供水系统中的水支出量为 1365.9030 亿 m³。在俄联邦主体的这一指标的总排名中，克拉斯诺亚尔斯克边疆区排第 17 位（30.9853 亿 m³）；科米共和国排第 27 位（14.9719 亿 m³）；萨哈（雅库特）共和国排第 32 位（12.5070 亿 m³）；摩尔曼斯克州排第 37 位（9.0418 亿 m³）；阿尔汉格尔斯克州排第 39 位（8.5429 亿 m³）；楚科奇自治区排第 64 位（1.7320 亿 m³）。

在俄联邦主体的向地表天然水体排放被污染的废水的排放量排名中，克拉斯诺亚尔斯克边疆区排第 13 位（3.6669 亿 m³），2014 年的污水排放量比 2010 年减少了 21%；阿尔汉格尔斯克州排第 15 位（3.3587 亿 m³），2014 年的污水排放量比 2010 年减少了 24%；摩尔曼斯克州排第 16 位（3.3053 亿 m³），2014 年的污水排放量比 2010 年减少了 3%；科米共和国排第 35 位（1.0706 亿 m³），2014 年的污水排放量比 2010 年减少了 9%；萨哈（雅库特）共和国排第 45 位（7895 万 m³），2014 年的污水排放量比 2010 年减少了 9%；楚科奇自治区排第 79 位（486 万 m³），2014 年的污水排放量比 2010 年增加了 12%。

2014 年，俄罗斯的达标净化水的体积为 18.3640 亿 m³，在俄联邦主体的这一指标的排名中，科米共和国排第 15 位（4642 万 m³），2014 年的净化水量比 2010 年减少了 15%；克拉斯诺亚尔斯克边疆区排第 17 位（4319 万 m³），2014 年的净化水量比 2010 年减少了 2%；阿尔汉格尔斯克州排第 21 位（3003 万 m³），2014 年的净化水量比 2010 年减少了 16%；摩尔曼斯克州排第 33 位（1012 万 m³），2014 年的净化水量比 2010 年增加了43%；萨哈（雅库特）共和国排第54位（177万m^3），2014年的净化水量比2010年减少了39%；楚科奇自治区排第66位（9万m^3），2014年的净化水量比2010年增加了22%。

喀拉海流域的取水量和用水量都很大（占2011～2014年全俄总量的15%～18%）。在这一水利地区，主要的用水大户分布在鄂毕河和叶尼塞河流域。2013年，喀拉海流域的取水量为1100.00亿m^3。

鄂毕河流域的主要问题与水体被石油产品、工业和公共废水污染，以及集水区，尤其是中、下游的集水区被工业排放物污染有关。在流域的上游，水资源匮乏造成严重的生活饮用水和工业用水紧张问题。

在叶尼塞河流域，尽管有克拉斯诺亚尔斯克水电站和布拉茨克水电站的水库进行调蓄，洪涝灾害仍然会定期发生，造成巨大经济损失。融水引发的大洪灾形成于叶尼塞河上游流域并多次暴发。这一流域的水依然被评定为“被污染的水”。

2013年，在白海流域，从天然水体的取水量为10.66亿m^3，新水的直流式用水量为8.85亿m^3，循环和二次-后续用水量为20.53亿m^3，被污染的废水的排放量为6.33亿m^3。该地区的绝大部分用水发生在北德维纳河流域。

北德维纳-伯朝拉河流域的主要问题是河流被森林工业、木材加工业、造纸业、油气开采企业的废水污染，以及很多居民点和工业设施遭受定期洪涝灾害。

集中在巴伦支海流域内的企业和组织的天然水体取水量在2013～2014年俄罗斯天然水体总取水量中约占1%，其污水排放量在总污水排放量中占比不到1%。2014年，这一地区的取水量为5.27亿m^3，污水排放量1.01亿m^3。

从拉普捷夫海流域的主要河流——勒拿河及其支流取用的水量不大（每年3.00亿～3.30亿m^3），显著低于全俄总量的1%。2014年的取水量为3.07亿m^3，污水排放量为8100万m^3。

在勒拿河流域，除了河水被未净化污水污染的问题、中雅库特低地地区的供水紧张和南雅库特水资源的季节性匮乏问题之外，还有一个极其尖锐的问题就是洪涝灾害。在春汛期，由在勒拿河全长形成的大冰坝造成的河水泛滥会迅速淹没居民区、破坏沿岸设施、冲毁堤岸以及造成其他危害（Банщикова，2004）。

地下水是供水水源之一和极重要的矿产资源。地下淡水构成了俄罗斯水资源基础储量的主体，主要用于饮用。在地表水水质持续恶化的背景下，地下淡水常常成为居民唯一的优质饮用水来源。满足居民对优质饮用水的需求具有越来越重要的社会和经济意义。

在俄罗斯，适合作为生活饮用水、工业生产用水、土地和牧场灌溉用水的地下水总探明储量为8582.6万m^3/d；2014年，地下水开采量为2658.6万m^3/d。

俄罗斯境内的地下水预测资源量为8.690 55亿m^3/d（317km^3/a），地下水资源在俄罗斯北极地区的各联邦主体中的分配很不均衡：科米共和国为6931.5万m^3/d，克拉斯诺亚尔斯克边疆区为3867.1万m^3/d，亚马尔-涅涅茨自治区为2980.8万m^3/d，萨哈（雅库特）共和国为2575.3万m^3/d，阿尔汉格尔斯克州为912.9万m^3/d，涅涅茨自治区为271.2万m^3/d，楚科奇自治区为46.0万m^3/d，摩尔曼斯克州为32.9万m^3/d。

3.2.2　水能资源储量及分布

俄罗斯北极地区的河流平均每年向北冰洋输送约 2900km^3 的淡水，占北冰洋总入流量的 55.6%，是北冰洋重要的淡水来源。该地区平均径流量大于 100km^3 的河流共有 6 条，自西向东依次为北德维纳河、伯朝拉河、鄂毕河、叶尼塞河、勒拿河和科雷马河。

其中，每年从鄂毕河、叶尼塞河和勒拿河到喀拉海和拉普捷夫海的径流总量约为 1577km^3。大部分淡水在每年 6～9 月的无冰期进入海洋。由此产生的河流，即鄂毕河、叶尼塞河和勒拿河羽流是北极地区最大的，也是海洋中最大的河流羽流之一。

其中，叶尼塞河作为世界大河之一，每年流入喀拉海的流量达到 635km^3。勒拿河也是世界大河之一，流经多年冻土区。其在俄罗斯河流的全流量方面排名第二，它流入拉普捷夫海的流量约为 540km^3。鄂毕河每年流向喀拉海的鄂毕湾的流量约 400km^3。西伯利亚北极地区各大河的河口形成大海湾状。相对温暖的河水影响了周边地区的北极气候。

俄罗斯北极地区，包括岛屿和大陆苔原地区拥有大量的湖泊，其数量超过 250 万个，其中多数面积不大。只有约 19 000 个湖泊的面积超过 1 km^2。然而，俄罗斯北极地区湖泊总面积达到 16 万 km^2，略低于俄罗斯所有天然水库面积的一半。

泰梅尔湖是俄罗斯北极地区最大的湖泊，地处多年冻土带，海拔 6m，湖泊面积 4560 km^2，最大深度 26m，平均深度 2.8m。

北极圈以北最深的湖泊位于普托拉纳高原。个别湖深超过 100m，这使得普托拉纳高原上的湖成为北极地区最大的淡水水库。

北冰洋水文的特点是有常年不化的海冰覆盖，其余海面上分布着漂流的冰山和浮冰，而北冰洋大部分岛屿遍布冰川，沿岸基本都是多年冻土带。北冰洋是世界最浅且最冷的大洋，其实就是以北极极点为中心的一片辽阔水域，占北极地区面积的 60% 以上。现在，三分之二以上的北冰洋洋面全年覆盖着厚达 1.5～4m 的冰块，由于洋流的运动，这些海冰还会不停地漂移、分解和融化。

俄罗斯在北极地区的水能资源利用处于比较低的水平，一方面是因为国力和资金有限，顾及不暇，科研投入极少；另一方面是北极地区处于待开发状态，不具备建立水利设施的条件，除了极个别地区有个别水电站外，新建很少。俄罗斯北极地区实际水资源还是比较丰富的，因为世界性的几条大河每年向北冰洋注入巨量的淡水。

同时，北极地区目前开发的主要是资源型矿产，因此造成涉矿开采的环境，特别是水体污染严重，并对周边生态造成威胁。因此，水利建设与开发必须考虑到其生态保护与安全问题，目前已经提出对北极大型河口、水资源和生态进行环境评估，包括合理利用水资源，考虑人为影响和集水区气候条件下保护水和水生生物资源等问题。但这只是部分科学家的建议，还未真正实施。

造成水污染的原因的还有管理不善、没有确保可持续发展的具体措施、对北极自然系统中发生的自然过程缺乏科学认知和理解、过时的技术及其解决方案、缺少保护和监管方案等。例如，摩尔曼斯克州河流和湖泊众多，其水资源在俄罗斯欧洲地区最为丰富，水质也相对比较好，成为该州独特的自然财富。然而，摩尔曼斯克州的磷灰石工业区开采和加工磷灰石与霞石产生的工业废水正在使该州水资源受到严重破坏，这些工业废水排入到自然水系中，使得河道因容纳废水被切断，废水污染的终端集汇点是该州饮用水和工业用水供应源——伊曼德拉湖和乌姆博塞罗湖（音译）。结果导致摩尔曼斯克州最大的水库水质退化。俄罗斯北极矿产资源开发也存在着这种问题，是后苏联转型时期自然资源利用中的明显缺陷。

俄罗斯北极地区水资源性质也比较特殊，如几乎所有河流都有春季洪水（通常为6月、7月，甚至8月），其主要原因是积雪融化，其次是俄罗斯欧洲部分、西西伯利亚或东西伯利亚的水情特点。在亚太地区的东北部，有远东和高山类型的河流，其年中温暖的时期处于高水位状态，其他是由冰、冰川和高海拔雪原、地下冰融水形成的河流，因此夏秋降水的贡献很大。

目前仍被广泛使用的河流分类标准见专著《苏联水文地理》。

俄罗斯北极水文研究的主要方向包括：评估河流流域水平衡、河流和水道径流值以及流入北极河口和海洋的河水流量；流经河流的水流特征变化的因素和模式，以及它们以地图和图形分析依赖形式的表达；河流的水情、特征和主要类型；制定计算水流和河势的特征方法、地图、列线图和区域方案，特别是未勘探过的领土和物体；水管理及其对河流水流和水情的影响，包括河流及其水情的极端条件对人口和经济的限制；河流流量和河势长期波动的统计结构、模式和原因，以及进一步变化的情景评估；对河流集水区径流形成过程进行远程监测、物理和化学数学建模，对选定水库的径流值进行时序预测；北极河流河口的水情、径流转化和水动力学与河口过程的数值模拟。

与此同时，随着北方海航道被提上议事日程，以及研究北海航道和通航河流运输干线功能用水的需要，水文过程的物理和数学建模也成为一个研究方向，主要包括研究北极河口的径流、水情和水动力学的变化等。

就俄罗斯水力发电潜力而言，其水力资源可与现有煤气发电势均力敌。但实际情况是俄罗斯水力发电的潜力仅有15%被利用。俄罗斯现代水电站目前大约有100余座水电站组，水电机组总装机容量约为4500万kW（世界第五）。但水电站在俄罗斯总发电量中的占比低。在水电生产方面，俄罗斯低于加拿大、中国、巴西和美国。尽管未来水力发电可能会被重视与开发，但即使开发水电项目，也将集中在俄罗斯的西伯利亚、远东地区，以及北高加索地区。北极地区水电发展还没有被关注。

近几十年来，实际情况是，俄罗斯水力发电产生的电力在俄罗斯总能源中的占比一直呈下降趋势。例如，1995年为21%，1996年为18%，1997年为16%。这既是由于过去水电设备的过时、老化和恶化，新建设备停滞和不足，也是由于其被更方便的能源资源所代替，即天然气和石油在国家能源中所占比例增加。利用油气资源快捷方便，操作简单，而利用水电能源耗时费力，需要大量资金、人员和设备，特别是北极与北方地区如进行水电项目，其前期投入巨大，实际效益远不如油气，因此即使俄罗斯北极地区和北方地区水力资源丰富，利用比高，但是对当前的俄罗斯政府而言，并不关注北极地区水电开发。俄罗斯水能发展高光时段基本是在苏联时期。其标志性水电站为萨扬-舒什斯克、克拉斯诺亚尔斯克、布拉茨克、乌斯季伊利姆斯克等大型水电站。现有数据表明，俄罗斯水电失去其战略重要性的危险越来越大。因为在水力资源充足的国家，密集的水利建设仍在继续，而不是减少。

总之，俄罗斯在水力资源利用领域将继续处于停滞或下降态势，因为北极地区开发的主要目标是矿物资源、鱼类资源和北方海航道及其相应的基础设施建设，研究北极水文的主要研究机构有圣彼得堡的北极和南极研究所。该所于 1920 年 3 月 4 日首次对西伯利亚和北极岛屿的河流、湖泊和河口进行科学考察与探险，获得了首批有用数据，建立了第一个极地水文站。俄罗斯科学院希尔绍夫研究所也一直在研究俄罗斯北部欧洲河流河口发展情况，并与俄罗斯国立水文研究所一起参与了北极地区水文的研究。远东水文气象研究所、水资源保护研究所和俄罗斯联邦水文气象和环境检测局的摩尔曼斯克、雅库茨克等地方分部，以及俄罗斯科学院地理所、西伯利亚分院伊尔库茨克地理所、乌拉尔分院水问题研究所、俄罗斯科学院远东分院太平洋海洋研究所、卡累利阿科学中心、俄罗斯地理学会和莫斯科大学地理系等也是主要研究力量。其中，莫斯科大学地理系从 20 世纪 70 年代至今，在俄罗斯北极从科拉半岛到楚科奇的几乎所有主要河口组织了考察，包括在海岸的重要节点地段，即基洛夫斯克建立了极地教育和科学基地，编写了《俄罗斯北极海岸的地质生态状况和自然管理的安全》一书和第一本供在校学生和所有大学生使用的北极地理地图集。圣彼得堡大学地球科学研究所地理系、俄罗斯国立水文气象大学、北方（北极）联邦大学等也有研究北极水文的学术方向。

3.3　森林资源

俄罗斯北极地区由于寒冷和日照原因，仅存在苔原森林，其为俄罗斯北极地区主要植被，但在俄罗斯占比相对较低。这是因为北极地区自然条件恶劣，不适宜林木花草生长，其规模和可持续增长受到限制，因而难成商业化运作。俄罗斯北方苔原林呈带状分布，从俄罗斯欧洲部分的沿海亚北极、大西洋北极到滨北冰洋穿越西伯利亚中部和东部和东北部的俄罗斯北极地区。但从西到东，限制森林植被发展的因素的作用增加，主要表现在适宜生长季节短、常年生长在多年冻土带中、冬季气温极低和夏季缺水等。

在俄罗斯的欧洲领土和西西伯利亚地区，苔原森林主要生长在一般平原地带、西伯利亚中部高原、东西伯利亚最东北部山区。

苔原森林的主要物种是西伯利亚云杉和桦树（欧洲部分和西西伯利亚）、西伯利亚落叶松、格梅林和卡扬德拉（东西伯利亚和远东地区）。

苔原森林的特点是种子发育率低。森林再生不良的原因为幼苗在生存阶段死亡率高（气温低、强风、多年冻土、土壤贫瘠，以及动物和鸟类破坏种子）。苔原森林虽然是相对稳定、具有一定的自我调节能力，但一旦受到包括人为在内的影响，苔原森林恢复将极为缓慢或根本无法恢复。

同时，苔原森林作为分布在北端的植被，具有重要的环境演变和环境保护功能。它们改善了北极局部地区的小气候，减少了北极冷气团对南部地区的影响，阻止了苔原向南推进，在一定程度上减缓或消除了土壤侵蚀、干燥和热喀斯特过程。苔原森林也是北极地区原住民的自然栖息地、驯鹿的觅食基地和获取商业鸟类和毛皮动物的地区。

根据 1959 年 5 月法令，北极地区苔原森林规定为宽度为 30～150km 的林带（取决于当地条件）。它们被归类为第一组森林。自1983年起，林带被称为“苔原森林”。根据1997年《俄罗斯联邦森林法》，只允许苔原森林中间地带部分用于砍伐。

根据俄罗斯国家森林基金会的统计，截至2003年1月1日，俄罗斯苔原森林总面积为8735万hm^2（占第一组森林面积的34.3%），其中2716.85万hm^2是森林植被覆盖的土地（占第一组森林面积的18.6%）。苔原沼泽至少占苔原总面积的30%。

而俄罗斯拥有7.64亿hm^2的森林，其中22%位于俄罗斯的欧洲部分，78%位于西伯利亚和远东地区。这些森林占世界森林覆盖面积的22%，占世界陆地碳径流的15%，占世界北方碳径流的75%。俄罗斯森林根部的木材总量约为805亿m^3。

当然，苔原森林是低产的稀有森林。下层通常生长着灌木（包括蓝莓、越橘、云莓、水莓等）。而苔藓和地衣在地面覆盖物中占主导地位。树种主要以云杉、落叶松和雪松为代表。而大量的针叶林生长在苔原森林以南，几乎占俄罗斯国土面积的三分之一，为国家最重要的森林基地。针叶树的代表包括云杉、松树、冷杉、落叶松和西伯利亚雪松。有暗针叶林和明亮针叶林。暗针叶林由云杉、冷杉和西伯利亚雪松形成。明亮针叶林主要是落叶松和苏格兰松。

针叶林分为北部、中部和南部针叶林类型。与苔原森林相对毗邻的北部针叶林分布稀疏，生产力低，通常以单一品种组成为代表。地衣覆盖占主导地位。中部针叶林彼此紧密相邻，生产力高。它们以群集绿色林类型为主。南部针叶林的特点是具有更高的生产力和发达的草地覆盖。针叶林的重要区域是沼泽地带，特别是欧洲部分的北部、西西伯利亚和远东地区。

针叶–落叶混交林形成了针叶林和阔叶林之间的过渡带。它们生长在俄罗斯的欧洲部分和远东南部，其特点是生产力极高。在俄罗斯的欧洲部分，以云杉、松树、橡树、椴树和榆树为主。在远东南部，以韩国雪松、云杉、白冷杉为主。苔原森林和植被相结合地域是自然景观中的一个地理区域与过渡带。

目前，全球变暖和人为因素被看作是对生物圈影响最大的因素。气候变暖导致北极和亚北极的针叶林和苔原生态系统发生严重变化，主要表现在生产力的变化、物种组成的变化、森林和苔原之间的边界转移。

与此同时，气候是影响自然植被覆盖的最重要因素。由于带状苔原森林的长度很大，即使在俄罗斯的欧洲部分（科拉半岛、阿尔汉格尔斯克州、科米共和国），森林植被条件也相当异质。不仅地势和地形发生变化，气候、土壤和水文条件也变化。从西到东，显著特点是大陆性气候在不断增加。在陆地面积向东增加的同时，多年冻土的范围也随之增加。

冻土带覆盖俄罗斯欧洲和亚洲地区的北部海岸。最北边界达北冰洋，最南延伸到欧洲部分。整个冻土带面积约为3.21亿hm^2。其特点是在科拉半岛最为温和，往东移动时，气候变得呈大陆性，尤以冬天表现得更加明显。在勒拿河的三角洲，年降水量不到100mm，而1月和2月的平均气温达到–40°C，7月的平均气温为5°C。苔原的年平均降水量不超过300mm（其降水量主要在7月和8月），年平均气温低于0°C。苔原的积雪通常达到20～30cm，很少超过1m，且受到强风频繁影响，其不断移动并徘徊在灌木丛附近。苔原的恶劣自然条件有助于多年冻土的形成，只有在夏季，当土壤的表层在短时间内解冻时，才有可能种植植物。生长季节持续2～4个月。

北极植被必须应对恶劣的环境条件，包括低温和日照不足、土壤贫瘠且受强风剥蚀并不断冻结，以及强烈的干燥风和暴风雪。这就使得北极地区的苔原植被幸存的物种不多。目前在北极地区，共发现有 1650 多种植物，其中包括低矮的灌木、苔藓和地衣等。

植物的特点是可以在最极端的条件下生存，甚至包括在北极的冻土带中存活，这也是北极地区生态的一个重要特点。北极植被的特点是为了生存，通常把根部深深地推到冰冻的表土下面，寻找地下水。当春季和夏季积雪融化，或冻土融化形成沼泽时，树木就会抓紧时机生长。这也说明了北极的一些地方是季节性的冻土。

北极罂粟是世界上最北端的植物之一。它们覆盖着黑色的绒毛，异常耐寒，并且具有令人惊讶的细腻的黄色或白色花瓣。这些花朵不断转向太阳，吸引其热量。还有繁缕、莎草、毛茛、虎耳草等能吸热的花草。

北极的灌木也是主要林木类型代表，低柳、矮桦、地衣、苔藓也能见到。

矮桦是苔原最常见的植物之一。它几乎可以在整个苔原地区找到。它在苔原的南部特别丰富。在那里它经常形成灌木丛。在夏天，鹿以其叶子为食。当地居民收集其用作燃料。

天竺葵是一种多年生草本植物，高 30～60cm。植物的根茎垂直，向上逐渐增厚。茎直，顶部分枝，密布腺毛。叶片圆形或肾形，茎部心形边缘波状浅裂，具圆形齿。天竺葵可用作民间治疗剂。

北极蓝草是最常见的苔原草之一，生长在整个北极北部，甚至在一些岛屿上也很普遍。

俄罗斯科学院地理所也对北极地区的林木进行了远程分析和地面验证，研究了俄罗斯联邦北极区森林的现代动态，并总结出将林木向冻土带推进的三种方案：一是恢复先前被破坏的林木；二是在冻土带中更新种子；三是在短期变暖的情况下建立林墙。得出的结论是，在维持北极中期周期性气候（约 60 年）的同时，现代变暖无法“移动”森林的地带边界。只有在气候趋势持续至少 100 年的情况下，森林边界才可能发生变化。

总之，俄罗斯目前几乎没有开发北极森林，不仅仅是因为开发难度大，投入高，还在于其产量低，成材树木少，不具开发规模，也会破坏本来就相对脆弱的北极生态环境。此外，对北极林木的科学研究也很少，即使是个别的北极林木项目研究也仅是浅表性的，数据统计和资料也不多见。这可能与森林采伐集中在俄罗斯西伯利亚东南和远东林木盛产区有关。

3.4　渔业资源

俄罗斯北极地区自然资源丰富，在经济发展和确保国家安全方面具有重要的战略意义。其中，鱼类资源作为重要资源在俄罗斯北极地区经济发展中不可或缺。俄罗斯北极地区海洋生物主要包括各种鱼类、水生无脊椎动物、水生哺乳动物、藻类和其他水生物。而人们从水生生物资源中获取的多数是鱼类。但由于自然条件恶劣、常住民习惯和军事设施等，包括渔业在内的经济依然被视为极端空间经济，其特点是远离主要经济活动中心，存在孤立和规模小的问题。恶劣的气候和冰雪是北极渔业的特点。然而，随着气候变化导致北极地区海冰面积减少，渔业地理范围可能扩大。但是，商业捕鱼机会的增加会对生态系统产生影响，从而对当地沿海社区文化传统产生负面影响。

俄罗斯北极地区鱼类资源管理按《俄罗斯联邦宪法》（鱼类资源联合管理）、《俄罗斯联邦野生动物法》、《渔业捕捞及水生物资源保护法》（鱼类资源研究程序、使用和保护规则、损害赔偿、保护等）由各地区有关行政部门进行管理。主要是俄罗斯联邦渔业管理局和下辖的巴伦支海、西北、叶尼塞、下鄂毕、东北和勒拿等地方局，加上各地方渔业部门共同管辖。

俄罗斯2018年共捕获鱼类504万t，2019年捕获492万t，其中北极地区（北方地区）占比10%。而北极各地区中，摩尔曼斯克州40 717t、楚科奇自治区38 672t、亚马尔–涅涅茨自治区6960t、科米共和国1030t、克拉斯诺亚尔斯克边疆区567t、阿尔汉格尔斯克州和涅涅茨自治区10 202t、萨哈（雅库特）共和国2336t等[①]。

俄罗斯北极地区渔业受气候恶劣影响，特点是温度波动剧烈，夏季短，冬季多雪结冰。这些极端的自然条件使渔业经济活动在一定程度上受限。因此，除个别地区，俄罗斯北极的所有地区没有大规模商业性渔业养殖活动。

俄罗斯北极大部分水面终年被冰层或浮冰覆盖。这使得捕鱼变得复杂困难。渔业技术和捕鱼手段日趋复杂，加上海洋生态保护，保护海洋生物必须符合当代渔业的需求。

然而，人们注意到，气候变暖导致北冰洋海冰面积减少。这有助于扩大渔业地理面积和开发利用北极鱼类资源。

然而，科学家们注意到北极生态系统对人为影响的抵抗力很低。因此，北极物种的毁灭或种群数量的减少意味着整个地球食物链和整个生态系统将受到重大影响。一旦毁坏，自然恢复将需要很长时间。此外，作为鱼类资源栖息地的俄罗斯北极地区的水资源正在受到矿藏勘探和开发建设的影响。例如，为石油、天然气等能源矿产修建公路、港口和管道等。在萨贝塔港的建设过程中，鱼类资源受到了损害，相当于8000多吨鱼类，对此的补偿将需要人工养殖900万条鲟鱼和其他多种鱼。

就鱼类数量而言，巴伦支海、挪威海和格陵兰海的邻近水域是商业生物资源最丰富的地区，主要包括鳕鱼、黑线鳕、米赛达等。此外，俄罗斯北极地区以鳕鱼、鲱鱼、海鲈和鲭鱼为主。但北冰洋更远更深地区的水产及其资源潜力还有待研究和确定，因此那里的鱼类资源几乎没有被捕捞利用。由于俄罗斯北极地区的拉普捷夫海、喀拉海、东西伯利亚海和楚科奇海的环境条件的特殊性，大量鱼类集中种群并不多见，因此目前这些海域没有大规模商业捕捞。当前仅是在流入这些海域的河流的河口区有零星捕捞，年捕捞量为1万～1.5万t，主要用于当地人。

俄罗斯北极地区最大海洋生物资源位于巴伦支海和白海。巴伦支海北部盆地及周边地区的海洋部分相对清洁和受海洋流动影响最小，因此其生态系统适于各种鱼类（150多种）和无脊椎动物。例如，巴伦支海的鳕鱼、黑线鳕、米赛斯、鲈鱼、鲶鱼和黑比目鱼数量最多。白令海的水产潜力主要由鳕鱼种类和底层生物资源形成。如果气候继续变暖，喀拉海由于极地鳕鱼、毛鳞鱼和鳕鱼的迁徙，其生物生产力可能会显著提高。

在白海和巴伦支海，鲱鱼的存量估计为12 000t（年捕获量为684t）；在伯朝拉海，鲱鱼的存量为10 000t（捕获量为1500t）；在白海，纳瓦加鱼的存量为2000t（捕获量为

---

① 俄联邦渔业局，https://fish.gov.ru/tag/sevpinro/[2023-06-30].

842.5t)，比目鱼和褶皱鱼的存量为 7 万～10 万 t（捕获量为 1.9 万 t)。巴伦支海主要商业品种 —— 鳕鱼的种群达 134.2 万 t，毛鳞鱼 24.3 万 t，极地鳕鱼 3.75 万 t，鲶鱼 20.0 万 t。按海层来分，海底鱼类的捕捞量为 26 万 t，中上层鱼类为 24.3 万 t。

白海竖琴海豹的数量达到 200 万头，环斑海豹为 35 万～45 万头，其中年捕捞量约为 600 头。白海和巴伦支海中数量最多的鲸目动物是白鲸，约为 2 万头，近些年已没有捕捞。

就鱼类资源的年总捕获量而言，俄罗斯北极地区捕捞的鳕鱼、黑线鳕等鱼类，约占俄罗斯总捕获量的 14%。

但在巴伦支海地区，过度捕捞导致海鱼数量减少，海鱼总捕获量从 20 世纪 70 年代的 300 万～450 万 t 下降到 20 世纪 90 年代的 80 万 t。巴伦支海经济区主要捕捞下列品种。

东北北极鳕鱼。据估计，2000 年巴伦支海鳕鱼的商业种群仍然低于长期平均水平（117.5 万 t)。根据俄罗斯联邦政府 2000 年 1 月 28 日第 149 号命令，俄罗斯确定捕捞规模为 18.14 万 t，实际上这种鱼仅可被允许捕捞 9.5 万 t。

黑线鳕鱼。黑线鳕鱼的商业库存估计为 21.6 万 t，俄罗斯被分配 25.4 万 t，预计为 5.0 万 t。俄罗斯实际渔获量为 8502t。

海比目鱼。俄罗斯海比目鱼储量 3 万 t，实际渔获量为 2595t。

黑色大比目鱼。黑色大比目鱼商业种群的规模为 12 万 t，俄罗斯仅捕捞 0.6 万 t。

鲈鱼和金鲈鱼。该鱼种商业库存一直稳定在 22.8 万 t。俄罗斯实际渔获量为 51t。

鲶鱼。斑点鲶鱼的种群数量减少，蓝鲶鱼的生物量比较稳定。与此同时，鲶鱼的生产率下降。俄罗斯配额为 12.8 万 t。

毛鳞鱼。俄罗斯毛鳞鱼的储量为 17.4 万 t，俄罗斯获准捕捞量为 38.0 万 t，实际渔获量为 18461t。

极地鳕鱼。2000 年巴伦支海东部的极地鳕鱼总存量估计为 52.5 万 t，俄罗斯渔获量为 3.5 万 t。

北极虾。巴伦支海北极虾储量为 51.98 万 t。

冰岛扇贝。巴伦支海的冰岛扇贝储量约为 76 万 t，允许捕捞量为 12.15 万 t。

帝王蟹。2000 年巴伦支海的帝王蟹商业数量保持在 150 万只的水平（600～750t，每只重 2～2.5kg)，俄罗斯 2000 年实际捕蟹量为 150t。

海带。2000 年巴伦支海科拉半岛沿海地区的海带藻类存量估计为 11.78 万 t，俄罗斯获准捕量为 1.06 万 t，实际捕捞 1.06 万 t。

海洋哺乳动物。到 2000 年，白鲸种群估计为 25 000～30 000 头。俄罗斯获准捕量为 600～2000 头（或 180t）白鲸。

巴伦支海和喀拉海的环斑海豹数量为 20 万～25 万只。2000 年，俄罗斯官方没有配额。捕获主要是由当地生活的居民进行的，没有数据，但渔获量很小。

在巴伦支海和喀拉海，大约有 45 000 只海豹。2000 年，只有 300 只海豹被用于满足巴伦支海东南部和喀拉海沿海居民的需要。根据初步数据，渔获量达 300 头。

俄罗斯北极地区商业捕鱼的可行性时常会受到质疑。因为在高纬度地区，在被冰覆盖的海洋中捕鱼，技术上是困难的。另外，目前对俄罗斯北极地区海域的生物资源储量仍然没有准确的估计。

2015 年以来，包括俄罗斯在内的北极主要渔业大国的代表签署了有关合理渔业捕捞配比协议，以防止在北部海域乱捕滥捞，以便于各捕捞国家合理分配捕捞资源。

北方海洋生物资源开发的新机遇为渔业企业的发展创造了动力。

可以看出，目前俄罗斯北极地区捕捞数量占比只有俄罗斯捕捞总量的十分之一。然而，气候变化未来有可能为开发北极水生生物资源创造条件。

与俄罗斯相比，北极海域捕捞是挪威和加拿大的主要作业区域和渔业收入来源。

随着世界人口的增长，以及全球变暖和粮食价格的不断上涨，北极海域的渔业资源对人们的吸引力逐渐加大。各北极国家之间开始了一场相互进入北极的争夺，不仅是为了开发北极大陆架的碳氢化合物潜力，也是为了争取开发北极生物资源的权利。

北极海域对俄罗斯的渔业非常重要。但由于北极也是世界上最脆弱的地区之一。如果全球平均气温上升 2℃，对北极而言，将意味着增加 5℃，在某些地方甚至高达 10℃。冰的迅速融化一方面可能导致这样一个事实，即到 21 世纪末，北极熊将处于非常困难的境地，一些动物将死亡；另一方面，加大了部分区域的水域面积，那里存在着有价值的商业鱼类。

时至今日，由于严酷的冰层条件，北冰洋是研究最差的海洋区域之一。但在夏季，当它的表面基本上从冰中融化出来时，此时的物理、化学和生物条件研究变得更加容易。浮游植物和浮游动物的物种组成对于中上层物种的迁徙至关重要，因此对其变化的研究将有助于确定可能的食物迁徙。

俄罗斯在北极的捕捞政策：北极是俄罗斯地缘政治利益地区。该地区的自然资源和经济潜力在国民经济发展和位于该地区的俄罗斯北极区的可持续发展中起着重要作用。

俄罗斯联邦北极区由 1989 年 4 月 22 日苏联北极事务部长理事会下的国家委员会决定确定，包括位于俄罗斯北极部分的土地和岛屿，内海、领海，以及大陆架和俄罗斯联邦专属经济区。

俄罗斯联邦北极区海洋生物资源的法律制度在联邦法律中进行了规定：1998 年确定专属经济区，包括内海、领海和毗连区与大陆架专属经济区。

所有这些文件都得到了俄罗斯总统的批准。

俄罗斯 2020 年的海事学说包含“北极区域方向（方位）”部分。该领域国家海事政策的基础是为俄罗斯舰队和船队在巴伦支海、白海和北极海的活动（包括捕鱼）创造条件。该学说旨在解决与研究和利用北极相关的长期任务，重点是发展经济出口部门，建立渔业、研究和其他专业船队。其中也规定了在北极条件下开发水生生物资源，含冰雪覆盖的地区。

《俄罗斯联邦北极区发展和确保 2020 年前国家安全战略》旨在实现俄罗斯联邦在北极，包括渔业领域的主权和国家利益。特别是将采取措施，保护和开发渔业资源，执行技术改造和调试水生生物资源深加工能力，开发海洋生物技术，提高水生生物资源利用率，提高主要商业物种的捕捞效率和增加一些新物种的捕捞。其中规定了制止非法开采和贩运水生生物资源的措施。

俄罗斯和几个北极国家达成协定的主要内容是：初步维持现状和停止在北极五个沿海国家的国家管辖范围以外的北冰洋捕鱼、建立研究和监测方案等。

世界自然基金会（WWF）目前正在实施“俄罗斯北极的新未来”综合项目，该项目包括五个方面。

一是信息与出版，与媒体和公众合作。其目标是表明北极需要帮助，适应新的条件，减少整个地球的温室气体排放。如果不在21世纪中叶大幅减少排放，北极将面临非常艰难的时期。

二是尽量减少北极航运的负面影响。预计由于冰层融化，俄罗斯北极海域的航运强度将增加。有必要采取法律措施来防止这些过程的负面影响。主要活动将是促进制定和通过一项关于防止俄罗斯联邦海洋石油污染的联邦法律，以及要求国际海事组织为北极航行采取特别措施。此外，俄罗斯立法的要求必须符合上述规范。

三是消除当前和未来石油和天然气生产造成的威胁，如果无限度“使用”北极，将会威胁到北极。

四是在北极海域捕鱼。鉴于北极地区属于特别脆弱的生态系统，应该分别对待，采取不同措施。俄罗斯北极地区中，巴伦支海和白令海是俄罗斯国内和全球渔业的关键区域。这里生活着最后一批仍然保存完好的大群巴伦支海鳕鱼。除了鳕鱼，其他类型的鱼也为买家所熟知：黑线鳕鱼、赛斯鱼、纳瓦加鱼、蓝鳕鱼和极地鳕鱼等。主要活动是采用负责任渔业原则，旨在长期保护健康和高产的海洋生态系统。

五是照顾特别受保护的自然区域：建立和支持建立特别保护的自然区域系统，保护稀有和濒危物种，加强环境教育和公众意识。

总之，俄罗斯北极地区占地广泛，其鱼类储量比较大，但由于传统和技术原因，加上对北极地区鱼类资源潜力认知有限，俄罗斯北极地区目前不是俄罗斯国内捕鱼量最大的地区，目前只占国内捕鱼量的十分之一左右，以巴伦支海和白海为主捕捞区，其捕鱼量远低于周边传统国家。俄罗斯国内捕鱼活动绝大多数在太平洋远东地区，但随着国内经济和北极开发，以及北极地区气候变化等，将逐步开发和挖掘俄罗斯北极地区渔业资源，对北极渔业等生物资源的研究也将扩大和加深，但在一定程度上受国际环境、渔业捕捞、加工水平和渔业人员素质约束，短期内将很难在捕捞数量上提高（Балыкин，2011）。

3.5 旅游资源

俄罗斯北极地区旅游业的主打方向是教育旅游、大自然体验式旅游。这一地区的休憩资源由自然保护区和单独的自然遗迹组成。

俄罗斯北极地区拥有大量种类繁多的自然遗迹。首先是地貌遗迹类，包括不同成因（构造、冰川、喀斯特等）的地形形态和复合体，可以让游客获得独特的美学体验并增长见识。其次是地质遗迹类，包括地层学（关键地质剖面）和古生物学景观（比奥廖廖赫猛犸象遗冢）。此外，这一地区还拥有水文地质学遗迹——洛里诺热泉（楚科奇自治区）和绝无仅有的来自宇宙的馈赠——喀拉、乌斯季喀拉和波皮盖陨石坑。目前，自然遗迹景观的服务领域和信息支持还不够发达。例如，仅两个大的行政首府（阿尔汉格尔斯克市、摩尔曼斯克市）有可以获取地区基础设施详细信息的正规查询中心。此外，还应当通过边疆志博物馆普及自然遗迹。

北极地区的另一个重要的休憩资源是吸引高山滑雪运动爱好者前来的终年不化的高

山雪坡。坎达拉克沙的希比内山脉早已开放高山滑雪中心（基洛夫斯克市），目前乌拉尔北部、远东（包括在北极扇形区）正在发展高山滑雪运动。此外，俄罗斯北极地区还是极限运动旅游地区（包括进入北极点的旅游线路）。俄罗斯北极的旅游开发仍然处在初级阶段，但也维持一定规模的观光人数（图 3-5）。尽管俄罗斯北极地区对世界各地的游客具有较高的吸引力，但游客量仍无法与挪威、丹麦和芬兰等北极国家相比，旅游基础设施欠发达、对外国游客的行政管理严格以及价格过高等，都使俄罗斯的北极旅游行业缺乏竞争力。目前，俄罗斯重新针对北极旅游审查了地区旅游资源，研究了极地旅游业发展中涉及的运输、物流、环境、社会、旅游产品以及定价等具体问题和前景。

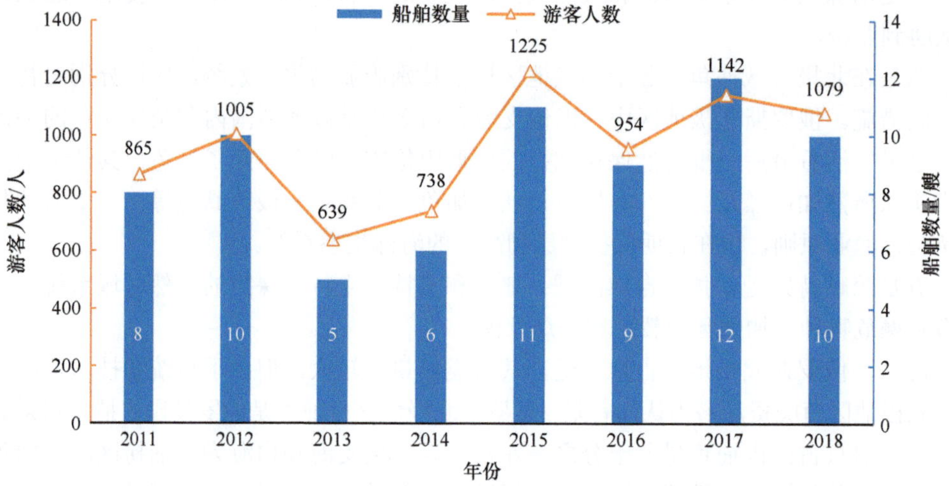

图 3-5　2012～2018 年俄罗斯北极国家公园游客数量和船舶数量的变化

资料来源：俄罗斯北极国家公园统计数据，http://rus-arc.ru/ru/Tourism/Statistics[2023-06-30]

3.6　本章小结

本章深入探讨了俄罗斯北极地区的自然资源，包括能源资源和矿产资源、水资源、生物资源和旅游资源。这些资源不仅种类繁多，而且具有极高的经济价值和开发潜力，对俄罗斯乃至全球的经济发展都具有重要的战略意义。

首先，俄罗斯北极地区的能源资源和矿产资源极为丰富，尤其是油气资源，其可采储量超过 1000 亿 tce。然而，这一地区的开发面临着严峻的挑战，包括恶劣的气候条件、生态保护的复杂性以及技术上的难题。尽管如此，北极地区的固体矿物资源，如金、锡、铂、铬铁矿等，仍然具有巨大的开发价值。

其次，水资源是俄罗斯北极地区的一大宝藏。这里的河流、湖泊和沼泽不仅为当地生态系统提供了丰富的水源，而且使得水能资源的开发具有巨大的潜力。但是，水资源的保护和合理利用也是必须关注的重要问题，特别是在水资源受到工业污染的地区。

再次，在生物资源方面，俄罗斯北极地区的渔业资源尤为重要。尽管目前北极地区的捕捞量仅占俄罗斯总捕捞量的一小部分，但随着气候变化和冰川退化，这一地区的渔业资源开发潜力将逐渐显现。同时，也需要时刻关注对生态系统的保护，避免过度捕捞和其他人类活动对北极生态环境造成的破坏。

最后，旅游资源是俄罗斯北极地区的新兴产业资源。这里的自然景观和独特的文化体验吸引了越来越多的游客。然而，旅游基础设施的不足和严格的行政管理限制了旅游业的进一步发展。未来，俄罗斯需要在保护自然环境的同时，合理开发旅游资源，提升旅游服务质量，以吸引更多的国内外游客。

综上所述，俄罗斯北极地区的自然资源对于俄罗斯的经济发展具有不可替代的作用。在开发这些资源的同时，俄罗斯联邦政府必须充分考虑到环境保护和可持续发展的需要，以确保北极地区的自然资源能够得到合理利用，为子孙后代留下宝贵的自然遗产。

第4章　俄罗斯北极地区的人类活动

俄罗斯北极地区环境严酷，人口相对稀少，苏联解体以来，人口总体呈下降趋势，但在局部地区，工农业活动呈加大趋势，尤其是能源和矿业开发活动增多，随着北方海航道的季节性开通，俄罗斯北极地区人类活动将有所加剧。

4.1　人口分布

目前，俄罗斯北极地区居住着约250万人口。这里是最城市化的地区，城市人口几乎占90%，当然，考虑到自然环境的严酷性，非工业化活动很难在这里开展。绝大多数居民集中在摩尔曼斯克州、阿尔汉格尔斯克州和亚马尔-涅涅茨自治区。最近20年，北极地区的人口数出现减少。

在农村地区居住着25万多人口，主要分布在巴伦支海和白海的沿岸地带，这里的村庄集中在北冰洋流域的河流的下游和河口，总人口接近15万人（约占所有北极地区农村人口的60%）。另一个大的村庄区主要分布在鄂毕河、普尔河和塔兹河的河谷中，这里集中了7万多农村人口，占俄罗斯北极地区农村人口总数的28%。其他区域的农村人口仅占12%。

人口减少的基本趋势也存在于农村地区，其中，楚科奇自治区、萨哈（雅库特）共和国北部和阿尔汉格尔斯克州农村人口的减少幅度较大，而在摩尔曼斯克州的佩琴加区和亚马尔-涅涅茨自治区，农村人口反而略有增加。由此，在俄罗斯北极地区的农村人口总数中，亚马尔-涅涅茨自治区的比例持续增加。

在城市人口的变化中，人口趋势也呈现出类似的区域差异。在萨哈（雅库特）共和国的乌斯季亚纳区（亚纳河河口）和阿尔汉格尔斯克州的奥涅加区，城市人口的减少幅度尤其大。而同时，亚马尔-涅涅茨自治区的塔兹区的城市人口反而略有增长。总体上，北极地区的城市人口的下降规模和减少幅度显著大于农村人口。

根据人口的总体特征、分布结构和数量变化，划分出三个区：西扇形区（摩尔曼斯克州、卡累利阿和阿尔汉格尔斯克州的北极地区）；西西伯利亚扇形区（亚马尔-涅涅茨自治区）；东西伯利亚-远东扇形区（克拉斯诺亚尔斯克边疆区的泰梅尔区、萨哈（雅库特）共和国和楚科奇自治区的北部地区）。

俄罗斯北极地区的西扇形区的人口最多，占总人口的2/3，占农村人口的约55%。也就是说，西扇形区人口最多且最城市化，俄罗斯北极地区最大的几座城市正是坐落在西扇形区，考虑到俄罗斯对这片区域的开发已经有数百年的历史，这也不足为奇。在这里可以发现一些历史现象，如修道院的殖民化留下的一些独特的建筑古迹，其中一些已经被列为历史和文化遗产。

但是西扇形区的人口分布和分布特点的差异也相当大。一方面，这里有阿尔汉格尔斯克和摩尔曼斯克构成的城市群落；另一方面，东部和科拉半岛东海岸几乎完全是荒漠。同时，在河谷型的河口地段零星分布着一些村庄。此外，这里还有一批围绕采矿和森林工业建立的企业城。

位于最西部的摩尔曼斯克州人口 78.04 万人，其中，90% 以上是城市人口，主要集中分布在摩尔曼斯克市区。摩尔曼斯克市形成了全球最大的两个极圈城市群之一（带有卫星城市，城市群内生活着近 50 万人），这个城市群包含了俄罗斯北方舰队布设区内的众多城市和村镇及其基础设施。地形特点和岸线的轮廓在很大程度上决定了这个人口分布聚落系统的总体形状。城市和村镇分布在具有峡湾出口的山谷中。同时，主要的生产用基础设施集中在海岸一带，而住宅区一般散落在小山岗的坡上。

另一个形成于北德维纳河河口的特大城市群（人口约 60 万人）是阿尔汉格尔斯克城市群，它包括俄罗斯北极地区的历史中心 —— 阿尔汉格尔斯克市（人口约 35.58 万人，建成于 1584 年）、北德温斯克市（人口约 20 万人，俄罗斯的造船业重地）和新德温斯克市（人口约 4 万人，造纸工业重地）。因此，阿尔汉格尔斯克州的北部是俄罗斯北极地区最城市化的地区之一（93% 以上是城市人口）。

如果说处在阿尔汉格尔斯克城市群以外的北部地区是荒漠（共约 5 万人），那么，科拉半岛则是单一型的企业城市群的分布地，这里有矿山化学工业中心 —— 阿帕季特市（和基洛夫镇及周围其他村镇共同形成了 10 万人口的小型聚居区）、有色冶金中心 —— 蒙切戈尔斯克市（人口 6 万多人）和坎达拉克沙市（人口约 4 万人），坎达拉克沙市同时也是白海沿岸的一座重要港口。还有约 5 万人口集中在采矿地区 —— 紧邻挪威的佩琴加-尼克尔。人口 2 万～3 万人的其他城市还有采矿工业中心 —— 奥列涅戈尔斯克市、科夫多尔市和为科拉核电站而建的波利亚尔内耶佐里市。农村居住地主要分散在科拉半岛的白海沿岸。

在涅涅茨自治区界内，60% 以上的人口集中在纳里扬马尔市和伊斯卡捷列伊镇，纳里扬马尔市和伊斯卡捷列伊镇共同形成了一个统一的小型聚居地。其余的人口散布在巴伦支海沿岸的小村庄中。这里还出现了作为临时驻地的劳工营地（倒班村）这样的聚居形式，劳工营地在相邻的亚马尔-涅涅茨自治区分布得最广泛。

在西扇形区的最东边是科米共和国的沃尔库塔采矿业聚居区，这个聚居区没有北冰洋的出海口，人口约为 10 万（2020 年沃尔库塔市为 6.43 万人，只是 1989 年人口的一半）。除了聚居区的核心城市外，还有 15 个居住区，其中最大的是沃尔加绍尔（2020 年人口约 1.2 万人）和谢韦尔内（2020 年人口约 9000 人）。沃尔库塔聚居区的特殊性在于，在煤矿关闭后，遗留下了数量众多的废弃村镇。

亚马尔-涅涅茨自治区占据整个西西伯利亚扇形区，目前，它是北极地区最大的单一型企业城市集中分布区，以油气开采业的企业城为主。在这里的 12 座城市中生活着近 50 万人。最大的城市是邻近北极圈的新乌连戈伊市（人口近 12 万人）和邻近北极地带南界的最南端的诺雅布里斯克市（人口约 11 万人）。在距离新乌连戈伊市不远的纳德姆市和自治区首府萨列哈尔德市（加上拉贝特南吉和多个村镇共有近 10 万人）与普尔河上游消失的穆拉夫连科市生活着 3 万～5 万人，穆拉夫连科市是为纪念西西伯利亚“克朗代克淘金”的开创者之一而得名。亚马尔-涅涅茨自治区的农村人口集中在东部和萨列哈尔德市周边的普尔河和塔兹河河谷，主要人口是北方的原住民。劳工营地是自治区内的主要聚居形式，主要是来自俄罗斯其他地区和独联体各国的油气开采企业的工人在这里临时居住（一般为 2 周）。这些劳工营地采用活动板房搭建，是完全自治的居住区。形式上，俄罗斯北极地区最城市化的地区是人口最少的泰梅尔半岛（这里已经是东西伯利亚-远东扇形区），但是此类现象是由于这里形成了总人口近 22 万人的诺里尔斯克矿业枢纽。事实上，它是俄罗斯北极地区已开发部分的叶尼塞河沿岸的最东端。诺里尔斯克市内的人口超过 10 万人，还有约 5 万人在塔尔纳赫，近 2.2 万人在自治区首府和诺里尔斯克市的外港 —— 杜金卡市，另有 2 万多人在凯耶尔坎。在泰梅尔半岛的泰梅尔多尔干-涅涅茨区的其余区域（面积近 100 万 km^2）生活着不到 1.5 万人（人口密度 0.015 人/km^2）。在半岛的西北部，还有一座市级镇 —— 迪克森镇，它是北方海航道上的一座重要港口，在 20 世纪 80 年代曾有约 5000 人在此定居。今天，迪克森镇已经失去了港口的功能，但是仍有约 700 人居住在这里。泰梅尔区北部的原住民大多数集中在东部的哈坦加河流域，哈坦加农村地区的 9 个村庄中生活着约 3500 人。

萨哈（雅库特）共和国的北部是俄罗斯北极地区人口最少的（不到 3 万人）和最农村化（几乎 50%）的地区。人口主要集聚在雅库特东北部，亚纳河、因迪吉尔卡河、勒拿河下游流域的布伦区、乌斯季 – 亚纳区河阿莱霍夫区。最大的居民点是位于勒拿河河口的北方海航道的重要港口 —— 人口 5000 多的季克西镇。萨哈（雅库特）共和国北部的人口最集中地区是乌斯季扬斯克区。1989 年，曾有 4 万多人在此定居，其中 1.3 万人在杰普塔茨基镇。在过去的 20 年内，该地区的居民显著减少（减少了 80%）。现在在杰普塔茨基镇生活着约 3000 人。在科雷马河下游，与楚科奇自治区交界的下科雷马区，居民点最为集中，这里分布着 12 个居民点，其中最大的是位于沿岸地带的切尔斯基镇（约 3000 人），这里的人口数量也在锐减（Елизаров，2014）。

楚科奇自治区的特点是人口分布相对均匀，但是分布密度极低，人口集中在沿海和采金业重地集中的西北边缘。在地区的首府阿纳德尔市生活着全地区约 1/4 的人口，这是人口最少的首府（约 5.078 万人），地区的主要工业中心 —— 比利比诺市和佩韦克市还各有 4000～5000 人。尽管城市的规模如此小，但是城市人口依然占到总人口的 2/3，主要原因是不具备从事农业的条件（除了北极地区传统的养鹿业外）。楚科奇自治区在最近 20 年内的人口下降幅度极大，人口从 1989 年至 2010 年已经减少了 2/3 以上（从 16 万人减少至 5 万人），不仅是北极地区，整个俄罗斯联邦亦是如此。

4.2 民族分布

俄罗斯是一个拥有 100 多个民族的多民族国家。民族差异决定着人口发展、经济和人口分布形式等很多指标。越来越多的人认识到，每个民族、每个个体都是俄罗斯的重要组成部分，因此国家政策的目标是让所有民族共同体均衡发展。民族共同体是在一定地域内形成的具有统一的语言、共同的文化特点、心理素质、在自称中固定下来的民族自觉的综合体。保护民族自觉以及民族团结（文化和语言相近的民族共同体的联合）和民族同化（一个民族“溶化”在另一个民族中）对于民族共同体的发展非常重要。

根据人口普查结果确定民族构成。最新一次的人口普查显示出民族因素对北极地区的影响。因为每个民族共同体在每座城镇的人数的数据很难获得，因此需要使用各个联邦主体的汇总数据。

根据 2010 年各个地区的人口普查结果（表 4-1），除了萨哈（雅库特）共和国以外，都是以俄罗斯族人口占多数。科学家们推测，斯拉夫人在北冰洋沿岸的最早的村落出现于 7 世纪的捷列克河畔（科拉半岛东南部），到 12 世纪形成了永久的居住地。可以说，俄罗斯人[①] 的祖先是最先到达北冰洋沿岸的民族之一。

表 4-1 北极地区的俄罗斯族人口数量

地区名称	2010 年人口普查		2002 年人口普查	
	俄罗斯族人口数/人	占总人口数的比例/%	俄罗斯族人口数/人	占总人口数的比例/%
摩尔曼斯克州	642 310	89.0	760 862	86.3
卡累利阿共和国	507 654	82.2	548 941	77.2
阿尔汉格尔斯克州	1 148 821	95.6	1 258 938	94.4
涅涅茨自治区	26 648	66.1	25 942	63.1
亚马尔-涅涅茨自治区	312019	61.7	298 359	59.7
克拉斯诺亚尔斯克边疆区	2 490 730	91.3	2 638 281	89.4
萨哈（雅库特）共和国	353 649	37.8	390 761	41.3
楚科奇自治区	25 068	52.5	27 918	53.1
北极地区的俄罗斯族人口合计	5 506 899	78.3	5 950 002	80.2

资料来源：2010 年全俄人口普查汇总信息，俄罗斯联邦国家统计局，http://gks.ru[2023-06-30]

同时，由于大量移民涌入新开发的油气田工作，因此俄罗斯人的数量在这些创业活跃地区（涅涅茨自治区和亚马尔-涅涅茨自治区）增加，而在其他联邦主体减少。还有一个重要的立场，俄罗斯族人的比例在所有地区都上升了，只在萨哈（雅库特）共和国下降了 3.5 个百分点，在楚科奇自治区下降了 0.6 个百分点。阿尔汉格尔斯克州、克拉斯诺亚尔斯克边疆区和摩尔曼斯克州的俄罗斯族人的比例较高，萨哈（雅库特）共和国和楚科奇自治区内俄罗斯族人的比例较低。总体上，在两次人口普查之间的 8 年内，俄罗斯族人在各联邦主体的北极地区的比例几乎下降了 1.9 个百分点。

沿海原住民族对开发和发展北极地区做出了很大的贡献，这个民族被认为是俄罗斯族土著居民组成的民族群体，它吸收了诺夫哥罗德公国和当地的芬兰-乌戈尔族群的特征。沿岸原住民族善于乘坐帆船（俄罗斯北部的一种单桅单帆海船）航海，他们到达过北极陆地和岛屿（科尔古耶夫岛、新地岛），最先到达了斯匹次卑尔根群岛（沿海原住民族称之为“格鲁曼特”），向东曾到达了西西伯利亚并在此建立了曼加泽亚市。目前沿海原住民族总共有 3000 多人。

在北方还生活着在不同时期来到这里的印欧语系斯拉夫语族的其他民族（白俄罗斯族、乌克兰族），他们主要是在苏联时期来到这里开发边疆的自然资源。

人口第二多的民族是生活在北极沿岸地区的雅库特族，雅库特族来到北冰洋沿岸的时间几乎比俄罗斯族晚了一百年。

雅库特族属于阿尔泰语系的土耳其语族，根据最新的人口普查数据，俄罗斯境内的

① 俄罗斯人属于斯拉夫族。

雅库特族人口接近 50 万人，主要分布在中雅库特盆地及其毗邻地区。过去，雅库特人的传统行业是饲养牛和马，食物主要来自狩猎和捕鱼。后来，从 19 世纪下半叶开始，很多雅库特人开始从事农业耕作。

多尔干人的人口为 7885 人，他们向北深入得更远并定居在泰梅尔东部及其毗邻地区，主要从事传统的自然资源利用，如养鹿、狩猎和捕鱼。

阿尔泰语系中有多个语族，其中的通古斯–满语族的几个民族定居在北方。

通古斯人现在被称为埃文基族（又译为鄂温克族），这个民族是分布跨度最大的民族之一，从叶尼塞河分布到太平洋沿岸，在南方几乎到达了戈壁荒漠（全世界的总人数为 5 万多人，其中约 40% 生活在俄罗斯）。埃文基族是独特的狩猎民族，骑着鹿踏遍辽阔的草原猎场。在萨哈（雅库特）共和国的东北部及其与其他联邦主体的毗邻部分生活着埃文基族人，2020 年人口约 2 万人，他们主要从事养鹿业，在几百年时间里已经培育出了耐力很好的骑用鹿和驮载鹿品种。

还有一个由语言确立的民族共同体是乌拉尔–尤卡吉尔语系，它的三个语族在北方寻找到了定居地。最西边是芬兰–乌戈尔语族中的卡累利阿族（2020 年人口约为 56 万人）和萨阿米族（2020 年人口仅为 1700 多人）。卡累利阿族至今保留着传统的土地利用方式，他们利用森林中的小块地段种植黑麦、蔬菜、马铃薯，养牛、粗毛绵羊，还从事狩猎和捕鱼。在斯堪的纳维亚半岛的北部和摩尔曼斯克州，生活着萨阿米族（拉普兰族），他们是以驯鹿和捕鱼为生的民族。

乌拉尔–尤卡吉尔语系的萨莫德语族包含三个民族，其中之一的德意志族（644 640 人）从阿尔汉格尔斯克州分布到东雅库特，而另外两个民族非常有地域性，分别是谢尔库普族（3649 人，定居在普尔河和塔兹河流域）和恩加纳桑族（862 人，定居在泰梅尔的一些村庄中），这三个民族都以传统的驯养驯鹿、打猎和捕鱼为生。

还有不久前加入乌拉尔–尤卡吉尔语系（为此形成了一个新的语族）的两个小的民族——尤卡吉尔族和楚瓦族。尤卡吉尔族生活在科雷马河沿岸，楚瓦族生活在马加丹州的几个地区。人口普查结果（2010 年）显示，尤卡吉尔族人口为 1603 人，楚瓦族为 10 002 人。

楚科奇–堪察加语系的民族生活在俄罗斯的最东北部 [在俄罗斯北极地区界内是楚科奇族（15 908 人）、科里亚克族（7953 人）和克列克族（仅 4 人）]。

除了上述各个民族，几乎所有曾在苏联境内生活过的民族都开拓过大北方，在这里可以看到俄罗斯的几乎所有民族，另外还有阿塞拜疆族、亚美尼亚族、摩尔多瓦族和吉尔吉斯族等民族和人数相对较多的白俄罗斯族和乌克兰族。

4.3 工业发展

俄罗斯北极地区的工业为国家经济做出了重要贡献（Komkov et al.，2017）。全俄罗斯开采行业 1/5 的产品和加工领域 2% 的产品产自北极地区。但是北极地区工业的地域结构并不均衡。总产量的 1/3～1/2 来自亚马尔–涅涅茨自治区的油气扇形区，克拉斯诺亚尔斯克边疆区的北部（实际上是诺里尔斯克工业枢纽）和涅涅茨自治区的石油开采各贡献了 10%。雅库特的北极地带创造了雅库特工业产量的大约 2%。

俄罗斯北极地区的西扇形区属于老牌开发区，拥有在 20 世纪上半叶至中期就建立起来的工业。摩尔曼斯克州、早期北极开发区的行业结构最多元化。在它的工业产值中，采矿、冶金、发电业占的比例最大。摩尔曼斯克州的龙头企业是科拉矿业冶金公司（诺里尔斯克镍业的子企业），该公司开采和综合加工硫化铜镍矿石并在此基础上利用从诺里尔斯克获得的精矿生产有色金属（蒙切戈尔斯克市、尼克利市、扎波利亚尔内市）。

另一家有色冶金企业是坎达拉克沙铝厂（隶属俄罗斯铝业股份公司），它是俄罗斯最北边的一家铝生产厂（年产约 7.5 万 t），也是坎达拉克沙市的全市规模型企业。科拉核电站和摩尔曼斯克州水电站为坎达拉克沙铝厂提供生产用电。

大型的采矿企业有奥列涅戈尔斯克采选联合厂，该厂开采复合铁矿，生产铁精矿、超级精矿、锶铁氧体粉末和建筑材料。

科夫多尔采选联合厂开采和洗选复合铁矿石，还生产铁精矿、磷灰石和斜锆石精矿（用于生产耐火材料），该企业与开采世界最大的金云母矿床和蛭石矿床的科夫多尔云母采选公司共同构成了科夫多尔市的全市规模型企业。

阿帕季特市和基洛夫斯克市的全市规模型龙头企业之一是阿帕季特磷灰石股份公司，该公司开采罕见的希比内复合型磷灰石-霞石矿床，是世界最大的磷化合物原料的生产企业之一，从事磷灰石-霞石矿石的开采和选矿。该企业拥有四座矿井和一个选矿厂。公司在成立后的 75 年时间里，共开采和加工 15 亿余吨矿石，生产出 5 亿 t 磷灰石精矿和 0.5 亿余吨霞石精矿，另外还生产霓石、榍石、钛-磁铁矿等的精矿。摩尔曼斯克州的电能产业以多元化发展著称，这里有距离波利亚尔内耶佐里市 20km 的科拉核电站，还有图洛马河、沃洛尼亚河、坎达拉克沙河等河流的多个梯级水电站。

分散在摩尔曼斯克市区和科拉半岛北岸的大量峡湾沿岸的造船厂构成了机械制造产业。奥列涅戈尔斯克市有生产采矿工业用特种设备的工厂。

摩尔曼斯克州的新兴行业是油气开采业，这首先是与苏联地质学家在 1988 年发现的施托克曼凝析气田有关，该凝析气田位于巴伦支海俄罗斯扇形区大陆架的中央，摩尔曼斯克市东北大约 600km 处。凝析气田的天然气储量估算为 3.9 万亿 m^3，凝析油储量为 5600 万 t。

阿尔汉格尔斯克州的北极扇形区分布着三个俄罗斯国家级别的工业重地，分别是北德温斯克、阿尔汉格尔斯克和新德温斯克。

阿尔汉格尔斯克城市群拥有多家森工企业。阿尔汉格尔斯克造纸厂（在新德温斯克市）、索洛姆巴利斯克造纸厂以及索洛姆巴利斯克机械制造厂是森工设备的最大生产厂，由于阿尔汉格尔斯克市地处北德维纳河的河口，可以集中从整个河流流域漂流来的木材，因此这些企业汇聚于此。

北德温斯克市是最重要的核动力船建造中心，目前还生产用于在北极大陆架开采油气的设备。主要的全市规模型企业有北方机械制造厂股份公司（建造核动力潜艇和大陆架油气开发设备）、小星星股份公司（船舶修理、制造钻井设备、加工钻石）。北德温斯克市还有几家协作企业，都隶属于船舶制造联合公司，另外还有食品工业。

阿尔汉格尔斯克市的东北面正在开采一个金刚石矿床群（包括 6 个金伯利岩管），其中最大的是罗蒙诺索夫矿床，年开采量约为 50 万克拉。

阿尔汉格尔斯克州的东部地区隶属涅涅茨自治区，涅涅茨自治区是正在快速发展的一个油气开采地区，年开采石油约 1800 万 t。目前，在距离瓦兰杰伊港 60km 的伯朝拉海的大陆架上，开始利用海上钻井平台开采新的普利拉兹洛姆诺耶油田。

石油和天然气开采构成了俄罗斯北极地区的龙头工业区 —— 亚马尔-涅涅茨自治区的经济基础。在亚马尔半岛，天然气开采量占全国总产量的 90% 以上（占全世界开采量的 23.7%），石油和凝析油开采量占全国总产量的 14% 以上。总体上，俄罗斯 54% 以上的初级能源资源来自这个自治区。而且，该地区还有巨大的天然储量有待于工业开发。

主要的天然气开采企业是俄罗斯天然气工业股份公司，该公司的天然气开采量占全国总量的 90% 左右。有 30 多家企业开采石油和凝析油。2009 年，亚马尔-涅涅茨自治区开采了约 4300 亿 m^3 天然气、2500 万 t 石油和 900 万 t 凝析油。在亚马尔半岛和毗邻海域发现了 11 座气田和 15 座凝析油气田，评估的天然气储量为 16 万亿 m^3，凝析油储量为 2.3 亿 t，石油储量为 2.9 亿 t。其中最大的是博瓦年科夫气田（4.9 万亿 m^3），其次是哈拉萨韦气田、克鲁森施特恩气田和南坦别伊气田（各有约 3 万亿 m^3 天然气）。俄罗斯的天然气工业在很大程度上依赖于具有罕见储量的梅德韦日耶气田、乌连戈伊气田和扬堡气田，这三座气田目前正处于或者在未来几年将会进入产量下降阶段，因此需要逐步使纳德姆-普尔-塔兹河间地带、鄂毕湾、亚马尔半岛的新气田投入生产。一些评估表明，在亚马尔-涅涅茨自治区的地下赋存着约 60 亿 t 的石油。通过扩大地质勘探工作的规模，石油和天然气的远期资源量和预测资源量将确保开采量的长远增长并保持高水平的开采。

位于诺里尔斯克市的诺里尔斯克工业枢纽是镶嵌在克拉斯诺亚尔斯克极圈地区的一颗璀璨的明珠。诺里尔斯克镍公司是俄罗斯最大的贵金属和有色金属生产企业，也是世界最大的贵金属和有色金属生产企业之一，生产全世界 50% 的钯、约 20% 的镍和铂、10% 的钴和 3% 的铜，在这些金属的总产量中，诺里尔斯克市贡献了 90% 以上的镍和钴产量以及约 50% 的铜产量。诺里尔斯克工业枢纽贡献了近 2% 的全俄罗斯工业产品产量和四分之一的有色冶金产量。

诺里尔斯克市仅仅是占据西伯利亚地台西北部的下叶尼塞（诺里尔斯克）工业区的一部分。目前，这个工业区的原料资源依托十月矿床和塔尔纳赫矿床等大型复合矿床供应。工业枢纽的能源需求由汉泰卡水电站和迈索亚哈气田满足，由迈索亚哈气田经“迈索亚哈-诺里尔斯克”天然气管道向城市供应天然气。诺里尔斯克经铁路与杜金卡港相连，再经杜金卡港向外运输。

俄罗斯北极地区中部和东部的其余地区没有大型工业企业。萨哈（雅库特）共和国的北极地区的工业产值仅占萨哈（雅库特）共和国工业产值的 2%。过去的一些有色金属开采重镇，如杰普塔茨基镇等，曾经的产业已经不复存在，矿床也已经被封存。

楚科奇自治区的大部分工业点（比利比诺、佩韦克、乌戈利内耶科皮、普罗维杰尼耶）只有单一的产业，即只有一种工业企业，主要有有色冶金、采矿、采油和能源行业。尽管在楚科奇自治区境内集中了俄罗斯约 10% 的金矿储量和 80% 以上的锡-钨矿床，但是它的产出还不到俄罗斯北极地区工业总产量的 2%。现在正在开采的主要金矿床是瓦卢尼斯特金矿床和卡拉利维姆金矿床。

采金业是楚科奇自治区的重要经济领域，目前，正在开发库波尔矿床的加拿大金罗斯黄金公司是采金业的龙头。2008～2010 年，该公司共开采金矿 60t 和银矿 621.7t，因此，楚科奇自治区已经跻身俄罗斯黄金开采量的第二位（2010 年为 24.4t），仅次于克拉斯诺亚尔斯克边疆区。

另一家大型公司是 Polymetal 国际公司，该公司目前正在开采迈斯科耶矿床，迈斯科耶矿床是俄罗斯五大金矿床之一，预测该矿床每年将开采出大约 10t 的黄金。

楚科奇自治区的煤炭工业由多个煤矿组成，总开采量不到 50 万 t。自治区的电站包括世界最北端的比利比诺核电站、阿纳德尔热电站、恰翁热电站和埃格韦基诺特热电站，以及 43 座柴油发电站、48 座火力发电站和 1 座风力发电站。

4.4 农业资源利用

俄罗斯北极地区发展农业的自然条件明显比不上俄罗斯其他地区。在俄罗斯北极地区以东，发展农业的自然条件变得非常极端，农业萎缩到 1～2 个领域。

俄罗斯北极地区的农业主要是动物养殖，仅阿尔汉格尔斯克州的部分地区有露天种植（种植饲料作物和谷物）。几乎北极的所有地区都有种植普通大棚蔬菜的可能性。

在北极的各个地区中，阿尔汉格尔斯克州（占 4.0%）和萨哈（雅库特）共和国北部（占 4.0%）的农业产值在地区总产值中的比例最大，涅涅茨自治区和亚马尔-涅涅茨自治区（0.1%～0.3%）的比例最小。摩尔曼斯克州在发展为当地居民提供食品（蔬菜、全脂奶产品）的一些行业最为突出。

养鹿业在苏联时期得到了大规模的发展，养鹿业是世代生活在这片广袤地域的原住民族利用自然资源的基础。这些民族具有在不同地形下养鹿的丰富经验。1991 年，在毗邻北冰洋的各联邦主体境内共计有 220 万头家养驯鹿。鹿肉产量达到 3 万 t，加工的鹿皮约为 60 万张。但是之后爆发的经济危机导致驯鹿的头数锐减，很多原住民失去了工作。

20 世纪末开始，俄罗斯通过制定新的养鹿业的政策，使北极各地区的驯鹿总头数得到了部分恢复。例如，到 2009 年，鹿存栏数达到 150 万头，但养鹿业依然是产品生产最困难的行业之一。此外，养鹿业的特点之一是隔离性，牧场的面积巨大，鹿群转场距离长，这导致交通运输的费用巨大，并间接地影响企业的员工保持率（养鹿基地的生活质量差，使这一行业无法吸引年轻一代人）。

农工行业的地区差异与自然环境的特殊性和劳动人口是否充足有关。

摩尔曼斯克州与其他地区的不同点在于它的养殖业是以奶牛养殖为主。州内共有 12 家牛奶生产企业，由于配备了高产的奶牛品种，该地区连续多年居俄罗斯的奶牛年平均挤奶量排行榜的前列。

摩尔曼斯克州拥有 5 家养猪企业、1 家肉鸡场、7 家蛋鸡场，其中包括农户（农场）生产单位。近年来，养鹿行业呈现出鹿头数量逐渐增加的趋势。很多农业公司建立了自己的温室大棚。渔业在摩尔曼斯克州占据显著地位。

卡累利阿的滨海地区主要是林业区，因此，农业在这里的重要性相对较小。几乎整个农业生产都是围绕着村民的个体副业开展的，主要种植马铃薯和时令蔬菜（白菜、胡萝卜等）。一些家庭养奶牛和猪，也常养绵羊和山羊。当地人在众多的湖泊中捕鱼。

阿尔汉格尔斯克州由于地处南部滨海地区，其农业特点是主要在河谷和沿岸发展奶牛养殖以及利用小块耕地生产饲料。在阿尔汉格尔斯克市区集中了向城市居民供应粮食的更加集约化经营的企业。阿尔汉格尔斯克州是俄罗斯族人的传统的北方经济区。沿岸原住民族为俄式农业的形成做出了很大贡献。霍尔莫戈雷奶牛品种驰名俄罗斯，俄罗斯体型最大的鹅也是霍尔莫戈雷鹅。

涅涅茨自治区与更南端的联邦主体的不同之处在于，它的大部分地域都是冻原，这些冻原主要用作鹿场，这里集中了俄罗斯全部驯鹿的10%以上。距离纳里扬马尔不远处有几个不大的奶牛农场。涅涅茨自治区的种植业薄弱，主要种植马铃薯和蔓菁，正在发展大棚种植。由于石油和天然气开采力度加大，因此需要扩大不便于运输的产品的生产。

亚马尔-涅涅茨自治区在经济危机之后的时期保留下来的驯鹿数量最多。现在，农业企业和家族公社驯养着俄罗斯的40%以上驯鹿。该地区的经济水平高，可以划拨大笔资金用于扶持农工产业、发展集约型农业生产单位，这些行业为居民（包括劳工营地的工人）提供重要食品。分布在大小河流和近岸海域的捕鱼业对于该地区来说非常重要，捕捞的鱼种包括珍贵的鲟鱼和白鲑鱼，密网鱼占的比例最大。捕猎是很多原住民族的传统的自然资源利用方式，如捕猎松林中的鸟类和皮毛兽。

克拉斯诺亚尔斯克边疆区北部的地形复杂交错，气候条件极端。因此，几乎全部农业生产都集中在农业组织内（90%以上）并以养鹿为主，养鹿存栏数约占俄罗斯总数的5%。奶产品和其他畜牧业产品的产量不高，主要由农户（农场）生产。大型城市（诺里尔斯克市）对保障居民食品供应的投入不够充足。

萨哈（雅库特）共和国的北极地带是平坦的冻原，湖泊和河流众多。当地居民主要是从事养鹿业的多尔干族、埃文基族、雅库特族、埃文族和俄罗斯族。滨海地区的驯鹿头数占萨哈（雅库特）共和国总数的1/3多（占全俄罗斯的4.5%）。在城镇边缘的个别温暖地段可以种植早熟型蔬菜。个体生产单位除了养鹿，还少量养马。严峻的气候条件不允许养牛、猪和羊。当地人在河流中捕捞珍贵鱼种，冬季和秋季是捕猎鸟和北极狐的最佳季节。

驯养驯鹿是楚科奇自治区原住少数民族的传统生活方式的基础，因此，养鹿成为很多家庭正常生活的经济来源。近年来，鹿业产品加工受到相当大的重视。在农业组织和个体生产单位中，鹿存栏数占俄罗斯总数的4%。自治区政府把为居民提供自治区自产的食品作为重要工作目标，因此正在发展养禽业、少量的养猪业、奶牛养殖业、大棚种植业产品的生产。捕猎海兽对于楚科奇自治区的某些民族具有特别的意义。捕猎鲸鱼、海象和海豹是当地居民的传统生活方式，因此其享有特殊的捕杀限额。楚科奇自治区的猎人和渔民数量很大。总体上应当说，北极地区的农业种类较丰富，能够保障当地居民对基本食品的大部分需求，和养鹿业与捕猎业一起成为向北极地区境外和俄罗斯境外出口的重要项目。

俄罗斯北方民族至今依然保留着固定的自然资源利用方式，这种方式可以在保护生态平衡和恢复可再生自然资源的条件下满足居民的需求。在很多时候，在这样的自然资源开发中获得的产品可能不会走出地方，仅作为某个民族的自有品牌。在北极地区，自然资源利用的类型包括采摘、捕鱼、狩猎、捕猎海兽和鲸鱼。

采摘业是人类最古老的经济活动形式之一，在北方，采摘业的采摘对象通常是浆果、蘑菇和草药。过去，采摘业的一个重要项目是采集野鸟蛋和绒鸭等鸭类的羽毛。但是，北方的很多鸟类濒临灭绝，已经被列入濒危动物红皮书。在林业地区，采摘的主要对象是从针叶树树干的裂口分泌出来的松脂。

捕鱼是北极地区的原住民族非常重要的生活内容。几乎所有居住在河畔的民族都以捕捞从近岸海区沿河流上溯产卵的鱼为生，其中最有经济价值的是鲑鳟鱼、大马哈鱼、目荀白鲑、白北鲑、宽鼻白鲑和鲟鱼。现在，由于过度捕捞，这些鱼类的数量正在减少，其中的很多鱼种已经成为水产养殖的对象。与捕鱼业紧密相关是北极东部地区有代表性的海兽捕猎业，可以在特别限额内捕猎海象、海豹和鲸鱼。捕鲸业自成一体。

狩猎是几乎所有北方民族的一种生活文化。利用皮毛兽的毛皮可以缝制温暖的衣服。过去，毛皮曾经是一种特殊的货币，可以用来交换所有生活必需品。野生驯鹿能够提供质地优良的鹿皮和鹿肉。

4.5　交通运输

目前为止，与全俄罗斯的平均水平相比，俄罗斯北极地区交通运输的发展仍然相当薄弱。海上运输是地区内最发达和使用最广泛的运输方式。

北方海航道是俄罗斯北极地区最重要的海上主干航线。通常认为，从瓦伊加奇岛和新地岛南部群岛之间的喀拉海峡到分割亚欧大陆和北美洲的白令海峡（全长约5600km）是北方海航道的经典线路，在当代又加入了从摩尔曼斯克到喀拉海峡的一段。北方海航道是东北航道的一部分，东北航道经北冰洋连接起太平洋和大西洋的港口。以日本到欧洲的港口为例，北方海航道是运输货物距离最短的一条海上航道（李立凡，2015）。

北方海航道的开发有着悠久和光荣的历史，这段历史与О.Ю.Шмидт和М.Д.Папанин这两个名字密不可分。由于天气条件恶劣多变，开发北方海航道的难度极大。为确保船只能在北极海域安全行驶，从1960年起由核动力破冰舰队在复杂气候条件下为船只护航，最早启用的是“列宁号”核动力破冰船。目前为止，北方海航道还没有实现全年候运行和发挥全部功能，杜金卡港以东（叶尼塞河下游）的海域在冬季不通航。

俄罗斯目前正在继续开发和利用北方海航道，只是规模较以前缩小（货运量从每年600万～800万t减少至原货运量的1/6～1/5）。现在，主要是诺里尔斯克镍业公司（Nornickel）、俄罗斯天然气公司（Gazprom）、卢科石油公司（Lukoil）、俄罗斯石油公司（Rosneft）、俄罗斯大陆架油气公司（Rosshelf）等一些大型公司利用俄罗斯的北方海航道。北方海航道对于克拉斯诺亚尔斯克边疆区、萨哈（雅库特）共和国和楚科奇自治区的北极地带的意义重大。自1991年起，北方海航道向国际船只开放。随着全球气候变暖，外国公司越来越关注北方海航道。2009年，只有两艘商船经俄罗斯的北方海航道完成欧洲和亚洲的航行。2011年，已经有34艘船选择了这条航线（作为比较，每年有18 000艘船只经苏伊士运河航行）。

北方海航道不仅仅是地图上的点划线，它是由港口和科学导航设施组成的系统。2003～2009年，俄罗斯北极地区的港口总吞吐量从1500万t增加到3500万t，之后在2011年减少至2500万t。在港口的货运结构和相应的运输结构中，油气、矿物肥、精矿和金属占主体。

在北方海航道的从喀拉海峡和尤戈尔海峡到白令海峡的传统线路上，目前分布着9座海港：阿姆杰尔马港、迪克森港、杜金卡港、伊加尔卡港、哈坦加港、季克西港、佩韦克港、泽廖内角港、施密特角港。此外，楚科奇自治区的白令海峡以南是普罗维杰尼亚港、埃格韦基诺特港、阿纳德尔港、白令戈夫斯基港等冻港，还有100多个船只停靠站，船只在没有港口设施的海岸地区，通常通过这些停靠站点来装卸货物。这些站点分布在鄂毕河（鄂毕湾）、阿纳巴尔河、奥列尼奥克河、亚纳河、因迪吉尔卡河、科雷马河等漂流的靠近河口的锚地内。在大洋的西部还有多个海港，如摩尔曼斯克港、阿尔汉格尔斯克港、纳里扬马尔港、维季诺港、奥涅加港、坎达拉克沙港、瓦兰杰伊港。

摩尔曼斯克港（实际上是港口区）是俄罗斯北极沿岸最西边和最大的港口，是俄罗斯的特大港口之一，年吞吐量达3500万t。摩尔曼斯克港是北极地区唯一的不冻港，也是十月铁路的终点站。港口包括几十个大型码头和单港。除了码头和港口设备，还有几家船舶修理厂、渔港和几个冷库。港口内设有俄罗斯核动力舰队的基地，还有俄罗斯天然气工业股份公司的地质勘探和运营分公司与一些在北极地区工作的石油公司。此外，港口还有独特的锚地转运综合体（Aframax和Suezmax型、别洛卡缅斯克型以及其他形式的储油船），小型储油船从北极的油气开采区运来的石油通过这个综合体进行储存和发运。

白海海域内有4座海港，其中的阿尔汉格尔斯克港和维季诺港是大型港口。

坎达拉克沙港位于白海西北部的坎达拉克沙湾的岸上。尽管坎达拉克沙湾的海域在1～4月被冰覆盖，但是利用破冰船护航可以实现全年通航，有一条铁路直达港口。坎达拉克沙港主要服务于煤炭、废金属、碎石和矿物货物的运输，能够接纳吃水9m以下的船只。港口近年来的年吞吐量约为100万t。

维季诺港位于白海坎达拉克沙湾的西岸，和瓦兰杰伊港一样，也属于新的石油出口港，这些新港是俄罗斯为将油气原料绕过欧洲过境国运输至国外市场而在北极沿岸的西部建立的。尽管冰封期从12月持续至次年5月，但是维季诺港具备可以保障全年通航的破冰船队。港口经铁路和公路系统可以直达俄罗斯的其他地区。维季诺港专注于石油、石油产品、重油和凝析油的出口。由于具备海底航道，维季诺港能够接纳吃水13m以下的船只。最近7年里，经维季诺港口出口了大约400万t的油气物资。

奥涅加港位于注入白海奥涅加湾的奥涅加河的河口上游5km处，尽管海域从10月到次年4月被冰覆盖，但是借助破冰船护航，港口仍然可以实现全年通航。奥涅加港的优势是具有铁路线（北方铁路奥涅加站）。港口可以接纳吃水5m以下的船只，港口主要处理从周边的木材加工厂运来的木材货物和奥涅加锯材厂的锯材。最近7年里，港口的吞吐量持续下降，目前稳定在7万t水平上。

阿尔汉格尔斯克港位于阿尔汉格尔斯克市北德维纳河的河口两岸。尽管封冻期从10月持续到次年5月，但是借助破冰船护航，港口仍然可以实现全年通航。阿尔汉格尔斯克港的货运范围广泛，包括大吨位集装箱、金属、纸浆、锯材、石油和普通货物等。此外，港口还包括几家船舶修理厂、1家水藻厂和1个河海联运站，以及阿尔汉格尔斯克河港。港口的年吞吐量在400万～500万t浮动。

梅津港位于白海东部的梅津河河口，与阿尔汉格尔斯克市相距220km。梅津港是6～10月开港的季节性港口，能够接纳吃水4m以下的小型船只。港口在10年内的吞吐量不超过 4 万 t，并且近年来持续下降（2011 年为 1.5 万 t）。

除了摩尔曼斯克港，巴伦支海海域内还有两座港口，其中的瓦兰杰伊港属于专业化的大型油港。

纳里扬马尔港是俄罗斯最北边的港口之一，它位于距离伯朝拉河河口 112km 的北极圈内。纳里扬马尔港仅在 6～10 月可以通航。它与最近的伯朝拉火车站相距 340km。纳里扬马尔港只能接纳吃水 4m 以下的小型船只，港口专注于处理普通货物、散货和石油产品，主要为涅涅茨自治区的首府和毗邻地区供货，包括油气开采。

瓦兰杰伊港位于巴伦支海沿岸的巴伦支湾地区。借助破冰船护航，港口可以从 9 月开放到次年 5 月。港口与最近的火车站大约相距 350km。

“瓦兰杰伊号”海上固定式防冰卸货码头作为世界最北端（69°03′11″N）的全年候石油码头被列入吉尼斯世界纪录。该码头距离海岸 22km，沿岸海域的最小深度达到 17m，超级油轮可以驶入。码头主体结构高 50m 以上。有两条石油管线从岸边伸向码头，每年通过这两条管道可以向油轮输送近 1200 万 t 的石油。2011 年，经该码头发出的石油超过 400 万 t。

迪克森港位于叶尼塞湾东北边界的迪克森湾内。迪克森港直到 20 世纪 60 年代前一直是固体燃料船队的燃料加注基地。石煤是运输的主要货物。随着北极船队开始使用液体燃料，迪克森港的作用不复存在。近年来，该港口主要作为当地企业的商品和设备的卸货码头和从北极运出的少量货物的换装码头。港口主要服务于河运船只。少部分货物用海船运输。

杜金卡港位于叶尼塞河右岸、杜金卡河支流的河口处，距离喀拉海大约 300km。杜金卡港目前隶属于诺里尔斯克镍业公司，服务于联合企业的各工厂，并供给克拉斯诺亚尔斯克边疆区的整个泰梅尔区。经杜金卡港运入技术设备、散货、木材、普通货物、工业和食品货物、石油产品，运出电解铜、镍、钴、硫、煤、贵金属和铜镍矿石。港口全年通航，每年 6 月 11 日到 10 月 10～20 日是夏季通航时间，平均约为 131 天。杜金卡港目前是北方海航道上最大的一座北极海港。

20 世纪 30 年代，在哈坦加湾所在地区发现了油田和煤田，为开发矿产建设了给船只装煤的诺尔德维克港，但是第二次世界大战后，诺尔德维克港被认定为没有前景，所以在它的基础上建立了哈坦加港，哈坦加港位于哈坦加河的哈坦加湾入海口。哈坦加港为哈坦加和乌斯季库特的各居民点处理货物。哈坦加港在第二次世界大战后基本上没有得到发展。港口的吞吐量在 20 世纪 70 年代开始增加，当时港口内已经没有常设的泊船设施。

今天，哈坦加港是供给哈坦加河流域内（包括科图伊河、赫塔河和哈坦加湾）企业和居民点的基地港口。港口为地质队、农业企业、捕鱼队、水文队和居民点接收和换装货物。

1934 年，俄罗斯开始在勒拿河河口以东 45km、拉普捷夫海南岸的季克西湾建设季克西港。季克西湾的水文条件有利于海船驶入。在勒拿河下游是桑加尔煤田，因此有条件在这里建设又一个燃料加注港。早在 1941 年，季克西港就成为北极地区继伊加尔卡港和杜金卡港之后的吞吐量第三大港口。20 世纪 50 年代，季克西港成为北方海航道中央部分的大型换装基地。货物从俄罗斯的西部港口和从南方经勒拿河运到这里，又从这里发往哈坦加和佩韦克的各个站点。

1942 年，恰翁湾的纳布柳杰尼角开始建设佩韦克港作为燃料加注基地。在第二次世界大战后，佩韦克港迅速发展。1951 年，佩韦克港的吞吐量是北极港口中最大的。佩韦克港位于东西伯利亚海恰翁湾的东岸，北面有多个岛屿遮挡。佩韦克港是楚科奇自治区北部的最大交通枢纽的一部分。佩韦克港通过全年运行的公路网与阿帕佩利欣市的机场（11km）和恰翁区的居民点相连接。在冬季，从佩韦克经恰翁湾有一条通往比利比诺区居民点的冬季道路。

经内河水道实现主要的产品（商品）向北运入北极地区，开采出的自然资源的主要部分再经内河水道运出到国内和国外市场。

河流支流构成的河汊系统确保将货物运到最偏远的地点。通过河流运输，使大宗货物的运输达到相对低廉，并使对环境的影响达到最小。

在开发西西伯利亚油气田、发展诺里尔斯克镍业公司和萨哈（雅库特）共和国与楚科奇自治区的采矿工业中，以及在产品向北极带的运输中，河流运输起到了重要作用。

目前，利用以下河流作为内河水道：马尔科维镇上游的阿纳德尔河、科雷马河及其支流奥莫隆河、因迪吉尔卡河、亚纳河和勒拿河在俄罗斯北极地区境内的全段，萨斯克拉赫镇上游的阿纳巴尔河、哈坦加河全长、皮亚西纳河的距离河口 700km 河段、叶尼塞河全长，克拉斯诺谢利库普镇上游的塔兹河，以及塔尔科萨列镇上游的普尔河、鄂毕河、伯朝拉河、北德维纳河和奥涅加河在北极地区境内的全长。

铁路运输服务于摩尔曼斯克州和阿尔汉格尔斯克州。涅涅茨自治区没有铁路。在亚马尔-涅涅茨自治区，铁路通向鄂毕火车站。2010 年，“鄂毕-博瓦年科沃”铁路结束建设。20 世纪 80 年代，建成了“苏尔古特-新乌连戈伊”干线铁路，该铁路连接乌连戈伊区与乌拉尔地区、西伯利亚中心与南部；“科罗特恰耶沃-亚格利纳亚-纳德姆”铁路和“亚格利纳亚-扬堡”铁路分别为已经开发的乌连戈伊天然气田群和扬堡凝析气田提供运输服务。

泰梅尔自治区、萨哈（雅库特）共和国的北极地区和楚科奇自治区没有铁路（除了“杜金卡-诺里尔斯克”地方铁路）。这些地区的货物首先需经西伯利亚大铁路运至海港和河港进行换装，之后经海路和河路运到目的地。

北极地区的公路交通发展薄弱。通往北极地带的干线公路只能到达摩尔曼斯克港和阿尔汉格尔斯克港。有一条地方公路连接摩尔曼斯克港与佩琴加港。一条公路从阿尔汉格尔斯克港通往梅津港，之后到达伯朝拉河流域的涅里察河港。为了开发涅涅茨自治区和亚马尔-涅涅茨自治区的油气田，建设了地方公路的个别路段。

在泰梅尔自治区，只有从杜金卡港通往哈坦加港和其他居民点的几条冬季公路。

萨哈（雅库特）共和国的北极地区也由冬季公路服务。冬季公路的主干线是“乌达奇内-米尔内-维柳伊斯克-雅库茨克-汉德加-乌斯季涅拉-马加丹”公路，这条公路全长 205km。地方公路连接杰普塔茨基采选联合厂与亚纳河畔的乌斯季奎加港。冬季公路从乌达奇内、汉德加和乌斯季涅拉等站点出发并伸向阿纳巴尔河、奥列尼奥克河、亚纳河、因迪吉尔卡河、科雷马河的港口以及杰普塔茨基采选联合厂。有多条冬季公路沿着北极沿岸地带穿梭于萨斯克拉赫港（阿纳巴尔河）和休丘尔港之间。楚科奇自治区的“泽廖内角-比利比诺-佩韦克”公路全长 310km。泽廖内角港（科雷马河）、比利比诺核电站、佩韦克港、施密特角港和埃格韦基诺特港之间的多条冬季公路为自治区的企业和居民点提供运输服务。

航空运输是叶尼塞河以东的多个地区唯一的全年候交通方式。在北极地区，很多的甚至是小的居住区都有具备土跑道的小型机场，但不是所有机场都在使用。从 20 世纪 90 年代起，北极地区的常设机场数量减少了一半。目前，在地方航线上有 9 座国家级机场（摩尔曼斯克、阿尔汉格尔斯克、纳里扬马尔、沃尔库塔、萨列哈尔德、诺里尔斯克、哈坦加、季克西、佩韦克）。瑟克特夫卡尔、秋明、雅库茨克、马加丹、堪察加彼得罗巴甫洛夫斯克、阿纳德尔等机场提供飞往北极地区的二级主干航线，但是其中的大多数机场目前都处于正常经营中。

4.6 本章小结

本章深入探讨了俄罗斯北极地区的人类活动情况。总的来说，俄罗斯北极地区是一个环境严酷、人口稀少但工业活动日益增强的地区。自苏联解体以来，尽管总人口呈现下降趋势，但局部地区的工农业活动，尤其是能源和矿业开发，却呈现出增长的态势。北方海航道的季节性开通也预示着未来人类活动将进一步加剧。

在人口分布方面，北极地区约有 250 万居民，其中 90% 居住在城市，主要集中在摩尔曼斯克州、阿尔汉格尔斯克州和亚马尔–涅涅茨自治区。在过去 20 年中，这些地区的人口数量有所减少，特别是在农村地区，但亚马尔–涅涅茨自治区的农村人口却有所增加。城市人口的下降幅度更为显著，尤其在萨哈（雅库特）共和国的乌斯季亚纳区和阿尔汉格尔斯克州的奥涅加区。

在民族分布方面，俄罗斯作为一个多民族国家，北极地区的民族构成也相当多元。俄罗斯族占据多数，但其他如雅库特族、埃文基族（鄂温克族）等原住民族也在这里生活了数百年，他们对当地的发展也做出了重要贡献。

工业发展对俄罗斯北极地区的经济有着举足轻重的作用。尽管工业地域结构不均衡，但亚马尔–涅涅茨自治区的油气开采、克拉斯诺亚尔斯克边疆区的诺里尔斯克工业枢纽等，都是俄罗斯北极地区的重要工业基地。

农业资源的利用在俄罗斯北极地区相对有限，并且主要集中于动物养殖和部分露天种植。其中，养鹿业是原住民族的传统产业，尽管面临诸多挑战，但仍然是许多家庭的经济来源。

在交通运输方面，海上运输是俄罗斯北极地区最发达的运输方式，尤其是北方海航道，它对于连接俄罗斯北极地区与外界具有重要意义。尽管气候条件恶劣，但随着全球气候变暖，北方海航道的利用潜力正在逐渐增加。

总的来说，俄罗斯北极地区的人类活动与自然环境紧密相连，工业和农业的发展、民族的多样性以及交通运输的挑战，共同塑造了这一地区的社会经济面貌。随着全球气候和经济形势的变化，俄罗斯北极地区未来的发展前景值得进一步关注。

第 5 章　俄罗斯北极地区保护与开发战略

俄罗斯北极地区是俄罗斯战略地区，该地区蕴藏着各类丰富的矿产资源以及未来可能对俄罗斯联邦具有重要战略意义的其他资源，其中一些已经被发现并开始大规模开发。俄罗斯北极地区还是全球生物资源潜在利用、洲际航运、生态旅游和极限旅游、开展独创性科学研究的理想地区。但俄罗斯北极地区自然生态脆弱，存在开发的生态环境风险，制定合理的开发战略，对维护俄罗斯北极地区生态系统稳定性具有重要意义。

5.1　俄罗斯北极地区的脆弱性

5.1.1　气候变化敏感性

5.1.1.1　危险水文现象

在俄罗斯北极地区境内，可能发生汛水、洪水、冰坝和冰塞洪水、增水型洪水等危险水文现象。

1）汛水。汛水是指在每年的同一季节重复发生的河流水情阶段，河水水量在这一阶段有较长时间的显著增加，使水位上涨；汛水通常伴随着水从枯水河床溢出淹没河漫滩。产生汛水的原因是平原的春季融雪或者山区的春夏季融雪与降雨。汛期水位的最大涨幅取决于春季融雪前的积雪中的水储量、融雪期和汛期的大气降水量，春季融雪前的秋冬季土壤含水量，土壤上的冰层，融雪强度，河流流域内大型支流汛水波峰的组合，流域的湖泊率、沼泽率和森林率，以及流域的地形。由春季融雪引发的汛水对于平原地区的很多河流非常典型，这些河流分为两类：以春季径流为主的河流和以夏季径流为主的河流。

2）洪水。洪水是指由强降雨、暴雨和偶尔由解冻时积雪快速融化引发的河流水位在较短时间内的强烈上涨。与汛水不同，洪水可能在一年中反复数次。由短暂但是非常猛烈的暴雨引发的所谓“突发性洪水”会造成特殊的威胁，它也可能发生在冬季的解冻天气。影响洪水期的水位最大涨幅的因素包括降水量、降水强度、持续时间、覆盖面积，前期降水，土壤含水量和透水性，流域地形，河流坡度，以及有无冻土及其深度。

3）冰坝和冰塞洪水。冰坝和冰塞洪水是由于河道的个别地段在冰封期（冰塞）和流冰期（冰坝）冰物质在河流狭窄段或蜿蜒段聚积而对水流产生很大阻力所引发的洪水。冬末或春末发生冰坝洪水时河水水位有相对短暂的上涨。冬初时的冰塞洪水的水位涨幅大（不小于冰坝洪水），并且与冰坝相比历时更长。冰坝和冰塞洪水的水位最大涨幅取决于河水的表面流速、河道内有无狭窄段、蜿蜒段、浅滩、急拐弯、岛屿和其他河道障碍物、冰封期（冰塞）或者流冰期（冰坝）的气温、地形。

4）增水型洪水。在一年中的任何时候，当在河流的入海口以及沿海地带、大型湖泊和水库的迎风地段发生风暴增水时，都可能出现增水型洪水。风的速度、方向和历时，正值涨潮或落潮，河流的水面比降和深度，与沿海地带的距离，水体的平均深度和外形，以及地形等都是影响增水型洪水规模的因素。

摩尔曼斯克州、涅涅茨自治区西部、亚马尔-涅涅茨自治区、克拉斯诺亚尔斯克边疆区、萨哈（雅库特）共和国东部和楚科奇自治区等俄罗斯北极地区的大部分区域，都可能出现因融雪造成的汛水和洪水。

在俄罗斯北极地区，基本上不会出现因雨水引发的洪水。

在勒拿河、亚纳河、因迪吉尔卡河流域的大部，都出现过混合成因的洪水。

冰坝洪水是俄罗斯北极地区极普遍的现象。增水型洪水分布在阿尔汉格尔斯克州、涅涅茨自治区以及大型河流的入海口地段。

摩尔曼斯克州的水体主要由融水补给（60%以下的径流量）。一年中有两个月（5月和6月）是丰水期，之后河流显著变浅。河流的水位在很大程度上取决于夏季降雨。在洪水期间，河流会输送大量泥沙和落叶。

北德维纳河。具有以雪水补给为主的混合补给，流冰迅猛并频繁出现冰坝。

伯朝拉河。具有以雪水补给为主的混合补给。汛水开始于4月末至5月初，中、下游的汛期高峰在5月中至6月最初几天。

鄂毕河。具有以雪水补给为主的混合补给。春汛和夏汛期间产生主要的年径流量。下游的汛期为4月末到5月初。水位上升在冰封时就开始；开江时出现的冰坝会使水位在短时间内猛烈上涨。

叶尼塞河。属于以雪水补给为主的混合补给型河流。河内冰的形成强烈和秋季流冰是叶尼塞河的特点。在个别河道地段会出现大片冰锥。叶尼塞河的大部分河段具有历时较长的春季汛水和夏季洪水，冬季径流量急剧减少（但是由于发育冰塞，水位下降缓慢）。下游的汛水发生在5月中到6月初。春季流冰时会形成冰坝。

勒拿河。主要由融水补给，上游由冰川补给。勒拿河以冰情和冰塞强烈而有别于俄罗斯的其他河流。由于冬季极其寒冷、漫长和少雪，勒拿河中会形成坚硬的厚冰。夏季流冰非常迅猛，常伴随产生冰塞和淹没大片区域。勒拿河下游的河水泛滥发生在6月中，此时水位会达到18m高。

因迪吉尔卡河。具有混合补给，雨水和融水构成大部分补给。在一年中的温暖季节有固定汛期，汛期持续70～100天。

科雷马河。具有混合补给：雪水（47%）、雨水（42%）和地下水（11%）。汛期从5月中持续至9月。水位波动幅度可达14m。夏季，科雷马河的水位下降，仅在下雨期间会出现水位上涨和形成短暂的洪水。

危险水文现象是水文成因的事件或者在各种自然或者水动力学因素及其组合的作用下出现的水文过程的结果，危险水文现象由于自身强度、历时或者出现时间会给人类安全造成威胁，并可能带来巨大的经济损失。

在俄罗斯北极地区境内的所有危险水文现象中，洪涝灾害最为严重。

洪涝灾害是河流、湖泊、水库、海洋的水位上涨至超出正常水位而泛滥使周围地区大面积淹没从而造成物质损失、威胁居民健康或者造成伤亡的灾害现象。

洪涝灾害的原因很多，可以分为四大类：①春季融雪、强降水和暴雨、堰塞湖决口和堤坝坍塌使水支出量超过河道的通过能力；②冰坝或冰塞对河水水流产生巨大阻力；

③河水支出量大同时对水流有显著阻力（泥石流和雪水流）；④水库、大湖和河流入海口的风暴增水。

俄罗斯的洪水多发地区的总面积为 40 万 km^2。15 万 km^2 的地区经历过带有灾难性后果的洪涝灾害，其中包含 300 多座城市、数万个村镇、700 多万公顷的农用地。

根据开始淹没时的水位最大涨幅，叶尼塞河流域地区被评定为极危险地区，而西西伯利亚和东西伯利亚河流流域被评定为很危险地区。

各流域的汛水和洪水淹没面积的分配情况如表 5-1 所示。

表 5-1　各流域的罕见汛水和洪水淹没面积的分配　　（单位：万 hm^2）

河流流域	P=1%～5%		P=10%～20%	
	合计	其中，农业用地	合计	其中，农业用地
俄罗斯北极地区欧洲区的北部和西北部	118.1	75.3	48.8	18.6
西西伯利亚	145.7	123.2	27.9	23.4
东西伯利亚	38.7	27.3	12.5	9.67

资料来源：Абрамченко и др.，2017

注：P 为发生概率

为了确保春季汛水顺利通过，俄罗斯联邦水资源署采取的预防措施包括：清理河道、大修和日修水利设施；修筑防护工事、进行洪水前水体调查；在被淹河段进行破冰和爆破、降低冰的强度。例如，西西伯利亚联邦区在 2014 年的春汛期间，除冰 166km、面积 0.1km^2，完成了 383 次爆破作业。

洪涝灾害造成损失的规模取决于很多原因：高水位的高度和历时、受淹面积和季节（春、夏、秋、冬），以及河漫滩地段的建筑物密度。

强降水和暴雨雪是危险的水文现象之一。在俄罗斯境内按 5 分制评价强降雨危险程度，俄罗斯北极地区全境的评分为 1 分，即局部水平的极端情况。

5.1.1.2　升温对冰川和积雪影响

根据世界数据中心（WDC）全俄水文气象情报科学研究所（1936～2013 年）存档的 280 座气象站的数据，对稳定性积雪的融雪期的变化进行分析。按照气象站周围区域覆盖程度的目测数据确定日期，在 1960 年前积雪覆盖度的目测估算精度达 50%，因此采用这一数值作为阈值，这确保了系列的均匀性。与现代气候变暖前的 1951～1970 年的较稳定期的平均值相比，在仪器观测期内的最温暖二十年间（1989～2008 年）融雪期的偏离变动最大。

融雪期缩短涉及俄罗斯欧洲区域的西南半部、北乌拉尔和南乌拉尔、东西伯利亚和远东大部。在雅库特西南部和西部的向北延伸至亚纳河与因迪吉尔卡河河间地中部的相当宽的地带观测到融雪期出现 5～10 天的显著偏离（具有统计学意义的 5%）。发生的这些变化与亚欧大陆北部的总体变暖有关，发生这些变化的地区与 1989～2008 年春季初的地面气温与 1951～1970 年平均值相比的异常地区重合。

还观测到一些相反的趋势。融雪期延后向俄罗斯欧洲区域西北部和东北部、西西伯利亚、东西伯利亚中部扩散。在科拉半岛北部、伯朝拉河下游、新地岛最西端以及西西伯利亚和马加丹州南部，融雪期可能延后 10 天以上。这种趋势体现了因 20 世纪 90 年代中期到 21 世纪初北极冷空气活跃入侵亚欧大陆北部而产生的所谓“变暖停顿”现象。

区域性的变化可能具有更复杂的性质。在俄罗斯欧洲区域的西北部（凯姆气象站、阿尔汉格尔斯克气象站），从 20 世纪 70 年代初到 90 年代中期，融雪期稳定地向后延，之后骤然转变为相反的趋势。相反，俄罗斯欧洲区域东北部（乌斯季齐利马、特罗伊茨克、伯朝尔斯克）的融雪期缩短，而在最近 10～15 年则向后延，平均后延 10 天。在俄罗斯欧洲区域的中心（莫斯科、叶拉季马），从 20 世纪 50 年代起观测到积雪向提早融化变化的稳定趋势，但是在 60 多年期间的变化总体上不到 10 天。在最近几十年，几乎各处的融雪期的变化都伴随着年际变幅增大。在伏尔加河中下游流域（乌法、萨马拉），从 20 世纪 60 年代起到 21 世纪观测到积雪向更晚融化变化的稳定趋势，这一趋势到 21 世纪时已经使融化期偏移到 4 月中期（平均在 4 月初期），从 21 世纪开始趋势发生变化，这里的融雪期开始稳定缩短。在中央黑土地带，从 20 世纪 60 年代中期起，融雪期增长了一旬，同时年际变幅增大了一倍多（达 15 天），最近几十年内的年际变幅依然很大。

积雪融雪期提早的趋势导致夏季时的积雪分布范围缩小。在融雪期开始时，4 月上旬前，在俄罗斯欧洲区域、西西伯利亚，积雪范围在 63 年间缩小了约 6%。如果说在俄罗斯欧洲区域这些变化没有超出年际变动范围，那么对于趋势值略低（在 63 年间缩小了 4%）的西西伯利亚以及对于总体上的俄罗斯领土，从对多年变幅的影响来看能够更加明显地感觉到这些变化。东西伯利亚和远东地区的特点是积雪分布范围的年际变幅极小。在 21 世纪前十年没有发现积雪分布范围缩小的趋势，但是最近十年出现一定的缩小趋势。

5.1.2　极地多灾易灾

俄罗斯北极地区具有极地气候特点，全年处在低温、狂风、雪暴的影响之下，春季发生春汛，夏季则可能发生森林和冻原火灾。气候条件和交通困难使地区在发生自然和人为突发状况时特别脆弱，给突发情况的救援工作和采取善后措施造成困难。

5.1.2.1　地震灾害

在北极地区西部的科拉半岛范围内、从哈坦加河口到白令海峡的东部地带，包括罗蒙诺索夫海脊区的大洋水域，划分出地震危险地带。科拉半岛的地震活动性不高，可能发生的地震不超过 6 级。在俄罗斯北极地区东部的雅库特，地震级数可能跃升至 9 级。在以往发生的地震中，最强烈的一次是 1927 年发生在勒拿河下游的地震。

楚科奇海东南部水域和楚科奇半岛的地震活动性偏高，地震级数可能达到 8 级，在阿纳德尔地区可能达到 7 级。1928 年，楚科奇半岛东部沿岸地区发生了一系列 6 级以上的强烈地震。这一地带没有可能造成严重物质损失和生态损失的潜在危险地物。楚科奇海沿岸带发生过相当强烈的地震（4 级以上）。在太平洋沿岸带，已知曾发生两次强烈海啸：浪高达 2.5m 的 1960 年海啸和浪高达 10～15m 的 1969 年海啸。触发海啸的源头可能位于白令海的地震活跃带及其界外。海啸对沿岸设施的作用强度在很大程度上由大陆架地带的底部地形和海岸线的形状决定。冰原的存在可能影响冬季海啸的表现形式。由于缺乏足够数量的地震观测站，因此对北极地区东扇形区的地震情况的研究薄弱。

5.1.2.2 气候灾害

气候变暖和由气候变暖引发的北极和南极陆地冰川融化以及因此导致的海洋水位升高可能会长时间持续，即使大气层中的温室气体水平已经稳定。全球性的温度上升致使洋流、大气环流和大气降水重新分配。洪水、干旱、飓风和其他危险的气象现象可能变得频繁。对于俄罗斯北极地区来说，气候变暖可能导致频繁的解冻和形成结冰的雪壳，这会造成北极地区的驯鹿和其他动物大规模死亡。多年冻土状况的变化可能损坏生产厂房和住宅、交通基础设施或者限制和停止经冬季车道的运输，而冬季车道对于北部村镇的物资供应具有决定性意义。

1）温室气体排放。在气温上升时，天然气水合物分解并向大气排出甲烷，从而引发严重问题。在俄罗斯北极地区，根据预测，在深 250～800m 的多年冻土中、海底下方 400m 内深处、大陆架和大陆坡的 600m 以内深水地段，含有大量的天然气水合物。天然气水合物在未来可能成为替代能源，而目前尚不具备开采技术和基础设施。天然气水合物给天然气的开采和运输过程造成不利影响，会堵塞钻井和天然气管道，因此需要专门方法应对这一现象。冻原和大洋的天然气水合物矿藏的分解、向大气层排出大量甲烷，会使温室效应加剧、多年冻土加速融化、海水温度上升，并因此出现气候变化的连锁响应。开采油气田的一个风险因素是矿层的层压下降和矿层变形使油气田上方的海底表面发生沉降。

2）洪水。在俄罗斯北极地区，几乎所有河流都会发生明显的春夏汛。洪水的暴发时间和规模由多种因素决定，集水区的积雪储量、雪融化的强度和时间是其中的主要因素。北冰洋流域的河流的特点是径流具有不定期性。叶尼塞河和科雷马河上游的个别水利设施基本上不影响下游的洪水水位。春汛和洪水会周期性地淹没农业用地、道路、居民点、生产设施等。在天气骤然变暖时，由于北部河段的开江时间更晚，在河流的浅滩、急转弯河段、大型支流的入河口处可能形成冰塞。冰塞时，水位会在 1～2 天内上涨 3～5m 成为危险水位。在平原地形下，洪水可能泛滥达数十千米。春汛会中断冬季道路上的陆地运输，直到河流通航。为疏解春汛造成的后果，必须每年落实一系列抗洪措施，包括清除冰塞，以及恢复基础设施和建立用于给遭受洪灾的居民点和工业设施提供补给的储备、动用航空运输应对突发状况。

3）自然火灾。在北极地区的亚马尔-涅涅茨自治区、图鲁汉区、楚科奇半岛的辽阔冻原和森林冻原地区，夏季会有发生火灾的危险。每年，冻原上的驯鹿放牧地发生火灾会给养鹿业造成沉重损失，在楚科奇半岛，约有 10% 的驯鹿放牧地被不同时期的火烧迹地占据。采油气场、在建的管道线路、鹿群、居民点、养鹿人宿营地可能出现在冻原火灾地带。俄罗斯北极地区的南部边界有大面积的火灾易发区域。在气候变化和地区深入开发的情况下，森林和冻原火灾问题变得越来越严重。

4）疫病。在俄罗斯北极地区的某些地区，如果气温长时间高于正常温度值，那么养鹿产业会有暴发疫情的危险，疫病的病原体对于人类是危险的。在鹿群集中的地域，即北极地区的南部边界和最温暖的西扇形区，暴发疫病的风险最大。过去不受监管的掩埋动物、缺乏预防性接种、养鹿人不能及时获取疫情信息、冻原上的游牧人宿营地卫生条件差等，导致驯鹿和人员病亡。通过彻底销毁（火葬）病死牲畜、改善卫生状况、建立和支持兽医信息系统和避免活病原体进入环境，可以降低暴发疫情的风险。

5）暴风雪、雪暴。海洋沿岸带的风最活跃。在白令戈夫斯基镇地区，年平均有158天刮大风（15m/s以上）。冬季大风伴随着风速可达40m/s的持续（达7～10天）风吹雪。发生风吹雪时，能见度会降至0～5m。北极地区的这种气象现象统称为“雪暴”。雪暴过后会出现积雪堆，在不同的微地形中，积雪堆的厚度可能达到3～5m，甚至5m以上。为了预防地面交通运行（铁路、公路）受阻，应当进行综合性的拦雪作业，在获得即将出现不利气象条件的气象预报后，应当增加部署道路和救援服务。北极地区存在局部性的飓风现象，将其统称为“南风”。季克西湾的风速可能超过50m/s。受索戈河山谷的影响，大陆风的风力增强。冬季，由于冷空气沿着哈拉乌拉赫山的山坡向季克西湾的吹送量增加，季克西的“南风”风速大大超过夏季风速。在佩韦克，从恰翁湾地区的山区高地以15m/s以上风速刮来的“南风”会骤至，并伴随着雪旋风和大气压骤降。平均风速达40m/s，阵风风速可能达到60～80m/s。“南风”几乎会把所有积雪吹走，使海岸变秃，并可能破坏建筑物和危害停泊在锚地的船舶。迪克森和科雷马河河口也存在类似现象。

6）海岸的浪蚀和风成过程。浪蚀作用发生在北冰洋的所有海域。基岩海岸抗蚀能力较强，在由第四系松散冻岩土组成的海岸段，磨蚀作用则要强烈得多。沿岸带的居民点布设密度低和根据祖辈的经验选择居住地，为聚落分布创造了天然的淘汰机制，在此过程中几乎所有选址不正确的居住地都会消失或者转移到更适合的地点，形成了几乎不会受到海岸灾害影响的聚落结构。但是，也有可能出现人为活动引发的危险情况。在摩尔曼斯克州的白海的捷列克海岸，由于沙地上生长的近岸林地遭到乱砍滥伐，风力侵蚀作用增强，在瓦尔祖加河河口两岸形成面积约15 km^2的沙滩，切断了库塔缅村与道路网的联系。之后采取的植被恢复措施没有取得成效。位于卡宁半岛西岸的绍伊纳镇也被沙丘埋住。为了采集生物资源进行的系统的海底拖网捕鱼作业使近岸带的水生植物遭到破坏。西风将退潮时干涸的岸沙吹成长约50km、宽达1km的沙地。沙底层的浪蚀作用和风将沙向陆地吹送，使绍伊纳镇完全退化沙化，一些构筑设施被多次搬移。

7）外成的危险自然过程。塌陷、岩崩、岩堆、石流、滑坡等危险过程遍布北极地区的山地区。值得庆幸的是，这里人口密度极低，这些过程并没有造成严重危害，而科拉半岛、泰梅尔半岛和楚科奇半岛的山地频发的雪崩危害则是例外。在希比内山脉部署观测网和制定雪崩预测方法发展成为通过对雪崩危险山坡实施迫击炮射击和在雪崩生成地带埋设炸药实施爆破，以及设置防雪栅、防雪墙和防雪坝等对雪崩形成过程施加积极影响的系统。在改变山坡地形的矿山作业带，雪崩形成区的密度降低。根据时间和雪崩形成区的不同，雪崩的体积可能从50m^3到100万m^3不等。在工业开发带，目前以人工引发雪崩为主。楚科奇半岛，楚科奇山原和科里亚克山原是雪崩多发地区。米伊比尔京斯基山脉的雪崩危险程度高，雪崩危险期持续达230天，雪崩高峰期在4～6月。总体上，发生雪崩的概率低，仅在楚科奇半岛东部和米伊比尔京斯基山脉地区，每年发生1次以上的雪崩。由于雪崩危险地区不通道路和输电线路，加上人烟稀少和雪崩的规模不大，因此雪崩灾害对楚科奇自治区的居民生命和生产活动的影响不大。在俄罗斯北极地区，泰梅尔地区是被研究最少的雪崩危险地区，在这里的贝兰加山脉和普托拉纳高原，在多雪的冬季出现风吹雪时可能形成雪崩，堆积起来的雪檐崩落成为沟道雪崩。雪崩活跃的高峰期在 5～6 月。在贝兰加山脉，在冬季出现降雪和风吹雪时，雪崩危险期为 1～4 天，在春季雪融化时为 8 天以上。在大多数雪崩源头，一年内的雪崩次数不到 1 次。雪崩危险期的持续时间不超过 150 天。由于泰梅尔地区尚未被开发，因此这里的雪崩危害可以忽略不计。

对于俄罗斯北极地区的自然界突发状况及其后果，应当采取旨在完善监测和预报系统的综合性组织措施和技术措施予以消除，并开展工作发现自然环境中的危险过程和现象。应当及时向相关机关通报可能发生的突发状况并预报突发状况可能产生的后果。应当在最佳时间内以最小的损失消除突发情况的前因和后果（Stepanov et al.，2023）。

5.1.2.3 冰川演化

山地冰川的主要支出项是在太阳辐射和空气热量影响下的融化，而在格陵兰岛的冰盖中，冰山脱落为主要的支出项。

冰川对于气候的变化非常敏感，在一年中的温暖期，当来自大气固态降水的补给量增加时，或者因气温下降使冰川的融化减少时，冰川会扩展，冰川的厚度、水平尺度、冰的运动速度增加，冰舌的末端向前推进。在补给条件变差或者融化加剧时，冰川后退并变得更薄、冰的运动速度减慢、冰舌的表碛增多。

在北极地区的俄罗斯扇形区，同时存在山地冰川和大陆冰川。大陆冰川分布在岛和群岛上，而山地冰川分布在大陆高海拔区。主要的冰体分布在新地岛、北地群岛和法兰士・约瑟夫地群岛（表 5-2）。俄罗斯北极地区的群岛的冰川总面积超过 5.5 万 km^2，其中含有近 1.5 万 km^3 的冰。新地岛是冰川作用最大的中心，其次是北地群岛和法兰士・约瑟夫地群岛。法兰士・约瑟夫地群岛是其中最“白”的群岛，它的 85% 以上面积被冰川占据。

俄罗斯的北极岛屿的现代冰川在这些地区的自然界发挥主导作用，是气候变化的重要的天然指示物。现有所有资料都表明，极地的岛屿冰川和冰穹在最近几十年间经历了负增长趋势，即其规模总体上减少、运动速度减慢，在融化期和融化时间改变背景下，冰川质量的差额为负。与此同时，观测到差额组分的年际变化升高，冰川和冰穹形态变化出现严重的空间不均衡性。俄罗斯北极地区群岛的冰川融化对海平面变化的贡献量估计为每年使海平面上升 0.025mm。综合分析表明，最近几十年，影响冰川变化的一个因素是冰川与毗邻水域的互动。冰山脱落造成的冰支出的变化取决于冰川峰面附近的海水深度、冰川出露处的海底和海岸地形、海水温度和盐度的分布、局部海流、潮汐情况和海冰的形成特点。

一百多年来，北极地区俄罗斯扇形区的陆域冰川的面积正在缩小。在多个地区的冰川呈总体后退趋势的背景下，研究人员发现了冰川的一些持续 1 年至数年不等的小的前进期。最近 50 年，各冰川系统的冰川面积缩小 17%～40%，最近 10 年内缩小 2.7%～5%。

冰川的面积是在夏季气温升高的背景下出现缩小。在气温升高的堪察加、极圈乌拉尔、西伯利亚的山脉等分布冰川的地区，冰川的面积显著缩小。

表 5-2　20 世纪 40～90 年代冰川系统

冰川系统	纬度	经度	所有冰川			面积大于 0.1km² 的冰川				所有冰川
			数量/个	面积/km²	平均规模/km²	数量/个	面积/km²	平均规模/km²	占总面积的比例/%	冰川质量/亿 t
法兰士·约瑟夫地群岛和弗兰格尔岛	79.54°N～81.51°N	36.77°E～65.25°E	996	13 749.7	13.80	996	13 749.7	13.80	100	21 000
乌沙科夫岛	80.90°N～80.93°N	79.82°E～79.83°E	2	325.4	162.7	2	325.4	162.7	100	480
北地群岛	78.42°N～81.25°N	90.95°E～105.32°E	287	18 326.1	63.85	287	18 326.1	63.85	100	47 000
德朗群岛	76.63°N～77.12°N	148.57°E～158.03°E	15	80.6	5.37	15	80.6	5.37	100	110
新地岛	72.8°N～76.88°N	53.15°E～67.62°E	685	23 645.4	34.52	685	23 645.4	34.52	100	81 000
希比内山脉	67.8°N～68.0°N	33.4°E～33.9°E	4	0.1	0.03	0	0	0	0	0.0
乌拉尔山脉	64.8°N～68.2°N	59.7°E～67.0°E	143	28.66	0.20	91	25.98	0.29	91	7
普托拉纳高原	69.0°N～70.0°N	90.0°E～92.3°E	22	2.54	0.12	12	2.01	0.17	79	1
贝兰加山脉	75.7°N～76.0°N	107.4°E～108.0°E	96	30.5	0.32	66	29.3	0.44	96	9
奥鲁尔甘山脉	67.4°N～69.0°N	127.8°E～128.9°E	74	18.38	0.25	62	17.68	0.29	96	7
弗兰格尔岛	70.98°N～71.3°N	178.65°E～179.68°E	101	3.46	0.03	4	0.54	0.14	16	1
切尔斯基山脉	64.9°N～67.7°N	138.6°E～149.2°E	372	155.4	0.42	226	146.5	0.65	94	100
孙塔尔哈亚塔山脉	61.8°N～62.9°N	140.6°E～143.2°E	208	201.6	0.97	204	201.3	0.99	100	120
科里亚克山原	60.17°N～62.3°N	166.7°E～173.35°E	1 335	259.5	0.19	715	233.1	0.33	91	74
堪察加	51.3°N～62.1°N	156.7°E～173.4°E	405	874.0	2.16	405	874.0	2.16	100	490
科里亚克山原东北部	62.50°N～63.00°N	176.00°E～176.60°E	116	43.96	0.38	104	43.08	0.41	98	9
科雷马山原	60.38°N～61.99°N	152.00°E～165.10°E	19	3.61	0.19	18	3.53	0.20	98	1
楚科奇山原	64.6°N～67.8°N	171.42°E～175.473°E	47	13.53	0.29	36	12.93	0.36	96	6
合计			4 927	57 762.44		3 928	57 717.15			

资料来源：《苏联冰川目录》

积雪层的最大厚度可以作为表征积累率的另一个指标。在俄罗斯的大部分地域，现代气候变暖的同时冰雪积累率也在增加，产生这样的效应首先与绝大多数区域的冬季气温上升并没有引发显著的解冻并且气温是在零下范围内上升有关。此外，冬季气温上升伴随着北亚欧大陆大部分区域的气旋式环流增强，促使大雪次数增加和积雪深度增大，这一点尽管没有体现在这些地区冰川面积总体缩小的趋势上，但是清晰地体现在一个冬季的最大积雪深度上。

此外，在东西伯利亚的山脉的冰川地区，最大雪含量明显减少，这显然助长了最近10年出现的冰川消减强度加大。

冰川缩小的总趋势由温度和降水量等气候因素的变化决定，而受到山脉的绝对高程、地形的切割程度、山脉相对于潮湿气流的走向等山岳因素的影响，冰川缩小的速度在不同地区也有快有慢。

俄罗斯北极地区的冰川在20世纪下半叶至少缩小了725km^2，其中，法兰士·约瑟夫地群岛的冰川缩小了375km^2，新地岛的冰川缩小了284km^2，北地群岛的冰川缩小了65km^2，相当于冰川总面积消减了1.3%。对法兰士·约瑟夫地群岛的冰川进行物质收支计算，结果表明，冰川在半个世纪内的单位损失约为10m水当量。

冰川峰面后退、冰川表面降低、冰的运动速度下降、冰川的负物质收支以及补给边界的位置高于冰川平稳状态的水平面都证明，北极地区的冰川正在退化。群岛的近海水域内的冰山数量和规模减小也是冰川退化过程的间接迹象。

1953～2001年，法兰士·约瑟夫地群岛的冰岸的长度从2655km萎缩到2510km；60%以上的冰川峰面后退，平均后退0.8km；冰川面积总体缩小了375km^2，而冰的体积在50年间减少了70km^3，相当于减少了3.3%。法兰士·约瑟夫地群岛的冰川表面以下降为主，其中，在地势低的某些地方下降幅度超过30m。2002～2007年，法兰士·约瑟夫地群岛的冰川表面平均下降了0.5～0.6m。

在新地岛，从20世纪50年代开始，溢出冰川的几乎所有峰面都在持续后退，只有布罗乌诺夫冰川向前移动了。由于冰川总体萎缩，峡湾和冰下沟谷的外部没有冰覆盖，在维拉冰川、马克冰川和维奥利肯冰川等的附近出现新的海湾。曾经的冰原岛峰变成了岛和岬角，出现了新的无冰岸段。在20世纪下半叶，新地岛的溢出冰川平均后退了1.5km。

1992～2010年，新地岛有90%的冰川出现后退，但是不同地区的后退过程有所差异。向巴伦支海下倾的冰川的后退速度快于在喀拉海一侧截止的冰川。同时，截止于海中的冰川的后退速度远远快于完全在陆地上的冰川。

通过航天手段对高度进行复测，可以确定俄罗斯北极地区冰川表面的高度在2003～2009年的变化速度。新地岛、北极群岛和法兰士·约瑟夫地群岛三座群岛的冰川表面总体上都出现下降，但是变化程度和方式不一。在新地岛，主要是冰川的边缘变薄，而中心部分的冰厚度增大。在北地群岛，在科学院冰穹上的溢出冰川盆地表面强烈下降，冰川径流波动强烈。在法兰士·约瑟夫地群岛，格雷厄姆·贝尔岛的与海互动不多的冰穹的表面升高值得注意。

最近十年间，各群岛的冰川物质呈现较小的负平衡（表5-3）。

表 5-3　三大群岛 2004～2008 年和 2004～2012 年冰川物质收支计算　（单位：Gt/a）

冰川系统	质量损失	
	2004～2008 年	2004～2012 年
新地岛	−11.2±5.5	−5.2±3.9
北地群岛	−0.7±3.2	−0.9±2.2
法兰士・约瑟夫地群岛	−3.5±3.2	−0.8±1.3
合计	−22.3±15.5	−10.5±10.3

资料来源：Абрамченко и др.，2017

根据现有数据，与 21 世纪的最初几年相比，北极地区的冰川质量在最近几年的减少速度放缓。

在冰川总体萎缩的背景下，冰川的变化方向常有不同。例如，在北地群岛的十月革命岛，瓦维洛夫冰穹的冰垂的缓慢移动已经进展很多年。在 50 年间（1963～2013 年），这片冰垂远远伸入海中，其面积增长了 21.5km^2，其中，主要的移动发生在最近几年。一般认为，这一“缓慢”移动机制的原因在于，冰川的边缘一开始被冻住和阻塞，而距离边缘稍远一些的冰川床内具有温暖的环境，这里可能聚积水。随着时间推移，聚冰区的上部堆积起未流出的更多的冰，使冰川“成长”到可以移动。最后，冰川冲破冻结在冰川边缘的“堤坝”向前移动。目前已知的是，这类移动可能延续很多年。这类移动的速度不大并且偶尔持续数十年。

北地群岛的冰川还有一些方向相反的变化，马图谢维奇冰川是俄罗斯北极地区最后一个巨大的大陆架冰川，它的面积在 1998 年为 212km^2，但是，2012 年冰川开始消融，它的面积因此缩小至 100km^2。

5.1.2.4　冻土演化

俄罗斯的北部和东北部地区属于冻土区，这些地区的地壳的近地表部分完全或部分由含有冰包裹体的零下温度的岩土组成。再往南，在冻土圈以外，仅存在季节性冻融土壤。

大多数冻土区的自然条件严酷，开发程度低。这些地区的经济主要包括对生态环境影响很小的传统经济或者矿床开发、采矿和初级加工业。其中，由于油气田和油气远景区大多分布在多年冻土带内，因此冻土因素对于油气工业极为重要。

采矿业及其附属产业会排放大量的废弃物，包括矸石、洗选和加工产生的尾矿、废液等。以 CO_2 为主的气体在废弃物中占有颇大的比例。在多年冻土带对各类废弃物进行回收时应当考虑冻土因素。

在大多数情况下，冻土因素会给经济活动和废弃物的回收造成困难（融化的土失去稳定性、灾难性的外生地质作用、地貌退化）。另外，冻土作为能够形成可靠地基的有利因素，可以降低污染物迁移的活跃度，形成保护地下水和使大气降水匮乏地区（如雅库特）的地表水和潜水保持足够丰度的隔水层。

与冻土有关的综合外生地质作用的复杂组合（冰冻过程或者冻土过程）对于天然地貌和经济设施往往具有破坏性。人为活动常常会加剧天然过程继而引发自然灾害，尤其在所谓的“复合冰体”的含冰多的岩土出现退化或者层状冰融化时。

现代气候变暖使多年冻土发生变化（Anisimov and Reneva，2006），首先是导致冻土温度升高。俄罗斯冻土区的多年冻土的年平均温度变化趋势普遍呈正向变化，但是，与气温的变化趋势相比通常更低。在俄罗斯欧洲区域北部、中西伯利亚北部，观测到气温微弱上升地区与多年冻土温度微弱上升地区重合，而在亚马尔半岛南部、克拉斯诺亚尔斯克边疆区南部、勒拿河和阿尔丹河的河间地带，气温的强烈上升与多年冻土温度的强烈上升一致。同时，观测到大片地区（西西伯利亚南部和阿穆尔河沿岸地区）在气温强烈上升的背景下土壤温度并没有同步上升，这指的是发育接近0℃的多年冻岩土的岛状冻岩土区，这里吸收的热量大部分消耗用于岩土中的相态转化和使岩土逐渐融化。在中雅库特、南雅库特以及东西伯利亚，由于最近几十年间的积雪厚度减少和在岩土年平均温度的形成中冬季变冷起到主要作用，因此多年冻土温度上升的速度也明显滞后于气温上升的速度。

在冻土带，既发生多年冻岩土的季节性融化，也发生不连续和岛状冻土区非冻结地段的季节性冻结。岩土的季节性融化和冻结过程由地表的热交换环境决定，热交换环境受坡度和地表朝向、岩土上层的成分和岩性、温度与湿度状况、植被、土被、积雪、冰川、地表水、冬季和夏季降水量、沼泽化程度的控制。当岩土成分和岩性均匀时，在岩土的年平均温度为0℃时出现季节性融化和冻结的最大深度。融化和冻结深度随着多年冻土的温度下降和融化岩土的温度上升而减少，在全球范围内向冻土带南界以南和以北减少。随着土壤表面的温度梯度增大，季节性融化和冻结的深度增加。

土壤的季节性融化和冻结是随着时间流动的过程。在年循环中，季节性融化的开始时间通常与土壤表面的月平均温度在春季越过0℃的时间重合并在夏季结束时达到最大融化值。

冻土带总体上的各种季节性融化和冻结类型的主要分布规律由冻结的稳定性决定，即由岩土的年平均温度和气候类型，也就是地表温度的年较差决定。在每个类型中，由于局部环境的变化性，总是会有非地带性的冻结或者融化地段，这样的地段是更北或者更南的地区特有的。与垂直地带性有关的融化和冻结的变化幅度大是山地区的特点。

预测冻土带在气候变暖背景下的发育进程，结果显示，在所采用的变暖气候情景下，从地表开始融化的冻土区将逐渐增大，而在冻土带其余部分的多年冻岩土的温度将上升。到21世纪中期前，除了尤戈尔半岛和科米共和国北部地区以外，具有年平均零上温度的融化岩土将在俄罗斯欧洲区域北部的大部分区域发育。在西西伯利亚，地表多年冻土岛的分布边界几乎到达北极圈。克拉斯诺亚尔斯克边疆区、阿穆尔河沿岸地区和堪察加的多年冻土岛将完全融化。到21世纪结束前，近50%的现代冻土带都将被地表完全融化的多年冻土占据。仅中西伯利亚和泰梅尔半岛保留温度低于–5℃的低温多年冻土。尽管如此，这一时间段将不够用于使整个冻土层完全融化，冻土层将下降一定的深度，此外，俄罗斯的欧洲部分、西西伯利亚南部依然会保留残余冻土。

5.1.2.5 雪崩

在萨阿米族和涅涅茨族的讲述敌人入侵并被山坡崩落的雪全部掩埋的传说中，记载着关于北极地区雪崩的故事。1896年在新地岛的帝国科学院考察队和1897年在法兰士·约瑟夫地群岛考察的英国学者 Frederick Jackson 最先记载了雪崩灾害。

在俄罗斯北极地区，雪崩的相对高差较小、风吹雪猛烈而频繁和气温低是雪崩形成环境的普遍特征。雪崩常常发生在风吹雪堆积较高的背风坡。但是，这里的风吹雪往往会阻碍雪崩的形成。风吹雪在很大程度上消除了低气温促进积雪层松动和形成雪崩危险层的影响，风吹雪使积雪包上硬壳变得坚硬。在解冻期和融雪期，在强烈的日照下，山坡上的雪会产生湿雪崩和雪水流。雪崩模式的特点是雪崩危险期的持续时间长，在北极地区的岛屿的个别地区，全年都可能发生雪崩。

希比内山区经常发生当地居民和游客遭遇雪崩遇难的事件，蒙切奥泽罗和洛沃泽罗冻原、摩尔曼斯克市、极地乌拉尔、普托拉纳高原的西北分支、埃格韦基诺特镇也会发生雪崩。雪崩给希比内山区、普托拉纳高原和楚科奇半岛的采矿企业造成负面影响。摩尔曼斯克州、亚马尔-涅涅茨自治区和楚科奇自治区的养鹿业也深受雪崩之害。在基洛夫斯克市、埃格韦基诺特镇、普罗维杰尼亚镇、楚科奇的白令戈夫斯基镇，雪崩会破坏住宅和工业设施。雪崩对埃格韦基诺特-尤利廷公路、普罗维杰尼亚-乌列利基公路、普罗维杰尼亚-新恰普利诺公路和沿途的输电线路构成威胁。基洛夫斯克市的一些住宅处在雪崩的影响地带，诺里尔斯克市的周边会发生雪崩。

5.2　开发存在的风险

5.2.1　生态安全风险

生态安全是国家安全的组成部分，是人类生产与生活的质量和安全性、生物圈稳定存在的自然条件、社会环境、技术环境等的总和，保障生态安全是当前俄罗斯北极地区开发中的最重要任务。保障生态安全和合理利用自然资源的战略目标是在经济活力不断加大和全球气候变化不断加剧的背景下保护自然环境、消除经济活动的负面生态后果。

对生态环境安全性产生负面影响的包括：对矿物原料、水和生物资源的粗放利用，在北部边界建设强大的国防后备力量，过去积累的环境退化问题，以及已经形成的土壤、水和大气被高度污染的污染影响地区。

俄罗斯北极地区保留着数量颇多的危险生产部门，这些危险生产部门的生产活动会破坏生态平衡，包括破坏大气状况和饮用水水质的卫生和传染病管理规范，使生态领域的安全状况变得复杂。对工业和生活垃圾的处理不受法律法规管控和监督。由于海军核动力破冰船队的行动、核武器试验和向海中倾倒放射性核废物，因此存在着强放射性污染源。包括放射性污染物在内的污染物跨境输送影响着北极地区的海域。

为减缓生态安全和合理利用自然资源所面临的威胁，必须客观地评价威胁的规模并将威胁遏制在一定区域。在深入研究和开发北极地区期间，必须消除累积性生态损害。对于给环保型生产单位的合理布局和推广新型能源创造条件来说，发现地域的特殊性和空间关联性非常重要。通过制定和落实建立战略性矿物原料储备的国家规划，保障俄罗斯对本国经济发展所需要的自然资源的需求。

受气候条件和生物圈环境所限，北极地区的受损环境的修复速度极低，这就要求珍惜对待自然、使对环境的影响范围最小化、为地域利用制度制定细则、推广先进的受损和退化景观修复技术和经济机制。

目前，在北极地区的资源开发中，燃料动力产业（能源产业）发挥主导作用，该产业的主要问题包括：在引进先进的环保型采油技术、建立无废弃物的生产体系方面滞后，缺乏安全的海上和陆上运输系统，以及环境保护执法效率不足。为解决这些问题，要求研发和推行安全的烃类开采和运输技术，建立在任何天气条件下执行海上和陆上应急恢复和救护作业任务的基础设施，加强对环境保护要求的执行情况进行监督检查，使俄罗斯的环境保护法与国际的环境保护法相匹配，发展环境保护方面的行政审批制度，以及对生态风险高的项目实行强制保险。在煤炭能源领域，必须推广环保型的采煤和燃煤技术，逐步使煤炭行业的环境保护规范与国际标准接轨，调整采煤地区的修复技术和制定修复计划。

社会的主要任务是使因出现自然和技术性质的紧急情况而给环境和居民健康造成的生态风险降至最低，该任务的关键在于及时预测和发现潜在的生态威胁，包括评价造成具有负面生态后果的紧急情况出现的自然因素和技术因素，以及落实降低风险和使紧急情况后果最小化的措施。

北极地区自然系统运行和构建的特殊性包括：严寒的气候决定了大气层、大洋和多年冻岩土的温度状况；存在极夜现象，在漫长的极夜期间缺乏能够调节生物生存条件的日照。北极地区的地貌景观特殊性决定了在极地开发过程中必须加以解决的困难大、问题多。通过综合地掌握关于北极地区的气候学、工程地质学、海洋学、气象学、水文学、低温学和冰川学知识，可以制定出俄罗斯北部陆域和北冰洋海域的最佳开发方案。俄罗斯北极地区开发的各个方面与自然环境的相互关系是不可割裂的和全方位的。

北极陆域的寒冻条件由多年冻岩土的性质、状况、厚度、有无冰及冰的稳定性，以及热喀斯特的出现概率和其他多项参数决定，这些参数在各类型的施工中都必须加以考虑。在任何建筑物、构筑物和基础设施的使用过程中，必须定期对冻岩土的状态进行监测，以使造成设施损毁的自然风险降至最低和采取减缓自然过程的预防措施。

近年来，在俄罗斯北极地区大陆部分的南部，由于气候变暖和出现过度干涸的泥炭田，发生天然火灾的危险增加。居民点和公路的分布极为稀疏、报警设施布置不足、飞行分队的数量少和“航空森林防护”基地缺乏相应的设备，这些都严重地增加了北极地区发生天然火灾和无法及时扑灭的风险。

夏季时冻原的土壤温度上升，这增加了大型驯鹿群突然暴发疫情的风险，其中包括像西伯利亚炭疽这样的极度危险的疫情。通过给所有驯鹿及时接种疫苗，可以相当有效地控制这样的自然危险。

在提高生态安全性和降低自然风险与技术风险中，监测系统发挥着重要的作用。生态监测系统由一系列系统构成，这些系统形成了发达的多级网络，如俄罗斯联邦水文气象和环境监测局的水文气象站、气象台、高空气象站、不同用途的国际综合监测站、专项科学考察站以及完成地区级别或者设施级别的局部任务的地区网络和系统。布置在北冰洋沿岸带和岛屿以及漂流冰块上的极地站有着特殊的意义。

保障北极地区生态安全的国家层面的优先工作方向包括：限制可能会给北极圈以北地区的脆弱环境造成危害的活动；降低北极地区现有企业的排放量，尤其是冶金矿山企业、热电企业、采油企业、化工企业和采矿企业；消除累积性生态损害；提高发电领域、核动力船队和军队的放射性安全水平；推广可再生能源的生产；建立适应北极地区条件的生产和生活废弃物处理系统；发展和维持所有类型的监测系统的正常运行；评价对于居民健康构成生态危害的因素的风险；评价各类经济活动和其他活动对环境的影响以及对这些活动实施环境审批。

与北半球的其他地区不同，俄罗斯北极地区的环境依然是受到较少污染和扰动的。

主要的生态问题与环境污染在工业、交通运输、能源和社会公共设施集中地方的累积有关，在北极气候和环境的自我净化和自我修复能力不高的情况下，在北极地区的有限区域内进行矿产资源的开发、加工和运输造成污染累积。

北极地区的环境污染和生产与生活废弃物累积的源头主要局限在居住区、工业、国防、能源和运输区。污染物的大量累积和对北极自然地貌景观的破坏发生于 20 世纪中期的粗放式工业化和自然资源开发期间并持续至 21 世纪。在很长时间内，地区的开发以不计生态和社会后果地攫取经济利益为导向。

对北极地区自然资源不受控制和“免费”地开发利用持续至 20 世纪 90 年代，导致形成自然环境被人为严重破坏的环境污染区。这些过程造成严重的生态环境损害并对居民健康构成威胁。在俄罗斯，环境修复和消除累积性生态损害的问题依然突出和紧迫。

在北极地区，油气开采、地质勘查和管道运输的粗放式发展使累积性生态损害的问题更加严重。在俄罗斯北极地区的所有联邦主体内，生产量的增加和地区总产值的上升导致环境的人为负荷加剧。必须制定紧急措施，以消除累积性生态损害和解决因扩大在北极地区的活动而不断加大的生态威胁。

空气污染几乎覆盖了整个北极地区。近地大气层的污染水平与下部对流层内的温度层结的特点有关，其中，地表层气溶胶粒子浓度与近地表空气层的辐射冷却所引起的逆温强度之间的关联最典型。冬季，受城市地区的污染物排放量增加、北极地区上空大气环流在冬季的特殊性和下垫面性质的影响，人为杂质的浓度增加。由于污染物通过大气进入北极地区，环境状况严重恶化。需要进行定期观测和采取系统性的措施，控制北极所有工业地区的污染物的大气排放量。通过估算大气污染物向下垫面的降尘量，表明在北冰洋海水被重金属污染和重金属在海洋动物体内和水产品中的聚积中，大气降尘污染现象的影响更大（与河水径流相比）。与河水径流的对比表明，如果说 Fe、Mn、Ni、Co 和 Cr 主要是随着河水径流流入海洋，那么 Pb、Hg、Cd、Zn 和 Cu 等金属的大气通量则是随河水径流注入海洋的数量的 1～2.5 倍。

地表水的污染源有其自己的特殊性。在俄罗斯北极地区的集水流域，河网稠密。亚欧大陆的河流每年有约 3000km^3 淡水流入大海，挟带超过 1000 万 t 的泥沙。由于从广阔的集水区域收集水和沉积物质，河流成为向大洋输送污染物的大型“媒介”。矿物资源开采、钻油气井、冶金联合厂的生产、农业生产、城市和村镇排放市政水（往往未经净化）等都会污染河水径流。春季，当冰雪融化时，大量污染物进入河水中。冬季，积累的污染物随融水离去，不会停留在冻土中，也几乎不向土壤和地下水中渗透。俄罗斯欧洲部分的北部和西伯利亚北部的河流成为将污染物输送至河口地区的关键“媒介”。生源要素、易氧化有机物、酚类和石油烃类的最大径流量形成于河流的下游地带。

易氧化有机物、石油烃类、氨氮、铜和铁的化合物等关键污染物经这些河流的物理输送量大于这些物质的化学和生物降解能力，这些化合物的显著数量进入河流的河口段，河流往往扮演着多种可溶解化学物质的“收集器”角色。

北极地区自然条件下的自净化能力低，常年接受工业企业和大城市的排放的超负荷污染物，小水体逐渐被污染。

通过海岸和海洋运输船的直接排放，北冰洋及其大陆架海域接收到来自大气、其他大洋和河流的污染物。污染物的分布性质既由海洋环流决定，也受到海洋垂直层结的影响。洋流挟带污染物进行跨境输送。来自大西洋的海水主要经弗拉姆海峡、巴伦支海进入，而来自太平洋的海水则经白令海峡进入。污染物的大洋输送是一个漫长的过程，需要数年甚至数十年时间。

在放射性污染物的跨境输送中，北大西洋暖流的作用很大。北大西洋暖流将塞拉菲尔德（英国）、La-Agua（法国）和 Downray（英国）排放的污染物输送到北极地区。西伯利亚的河流也会挟带放射性物质。北冰洋海水的跨极地流动和东格陵兰洋流会将部分污染物从北极地区带入到大西洋，但是，对于很多污染物来说，北极地区是最终归宿。在俄罗斯北极地区的大陆架区域，海水系统的水化学状况由北冰洋的寒冷海水和大西洋或者太平洋的海水以及海水在挟带污染物入海的西伯利亚河流径流影响下被显著淡化所决定。

磨蚀是沉积物质进入北极海洋环境的最重要的外部渠道。在俄罗斯的北极海域，通过磨蚀进入海水中的悬浮物多于河流挟带的悬浮物，这与海域的冰量减少、多年冻土退化、海岸地带的暴风雨活动加剧有关。

在拉普捷夫海，下沉的冰沉积物向海中输入的物质量与河流挟带入海的悬浮物在体积上相当（是河水径流的 2/3）。在河水和海水混合带，即河口湾和三角洲，河水挟带入海的溶解和悬浮物质的数量和质量发生变化。90%～95% 的固体物质沉到河口湾和大陆架的底部，通过凝聚、吸附和离子交换，有 20%～40% 溶解物质沉降。这些大陆–海洋过渡区成为天然物质以及很多污染物的聚集之地。

天然气水合物分解释放出的甲烷以及石油烃类从母岩向海水的渗漏，可以看作是补充的内生污染源，这使得大量的内生物质从海底进入海水中。

在水域的人为污染源中，最主要的源头是石油和成品油的海上运输船。在所有进入海洋环境的石油中，近 50% 来自船舶运行时排出的废弃物。不断加大的油田开发显著地增加了进入海水的石油烃类数量。另一个重要源头是洋流。据估计，墨西哥湾暖流系统每年可以输送 100 万～150 万 t 的成品油。海流将 PCBs、重金属、人造放射性核素带入北极地区。

在近期和远期未来，俄罗斯北极地区海洋环境的主要污染风险可能来自：海上油气田的勘探和开发；油船沿科拉半岛沿岸带和经北方海航道运输烃类；不合理（不可持续）的捕鱼，尤其是过度捕捞俄罗斯北极地区西部海域的普通鱼种和无脊椎动物；已经适应北极海域的外来入侵物种（如巴伦支海的堪察加拟石蟹）继续扩张和可能有新物种入侵（尤其是油船的压舱水挟带的外来物种）。

在河水与海水的活跃接触带，由于水文生物过程、岩石动态力学过程和沉积过程的独特性和变化性，水体的物理与化学特征发生显著转换。

在喀拉海，与大洋的强烈水交换、冰的形成与融化、大河径流等影响着水文化学环境、氧气和生物成因物质的含量和分布。

大陆径流与大洋的自由联系体现在拉普捷夫海、东西伯利亚海和楚科奇海的水文化学条件上。居民点地区的海湾的海水被评价为中度污染等级。

俄罗斯北极海域的现代污染主要集中在被视为受污染影响区（带）的内海水域，即毗邻人为活动直接影响区的相对局部化的水域。

已经查明，在海洋环境中分布最多的污染物类型包括：重金属（汞、铅、镉）；持久性有机污染物，如 DDT、PCB、PAHs、艾氏剂、狄氏剂、毒杀芬等；石油和成品油，如原油、重油、汽油等；人造放射性核素（锶-90、铯-137、钚-239）。

这些物质形成了北极地区海洋环境的本底污染浓度。关于在俄罗斯北极海域主要领水带的海洋环境、冰层和积雪层、渔业生物群和底部沉积中分布最多的污染物的典型含量汇总数据已经公布。

在北极海洋环境中的污染物分布局限在大气层与水团和海冰的分界面上以及底部沉积物的上层（刘新华，2009）。这些环境中的所有人为杂质的浓度均超过海洋环境中的对应水平。污染杂质在北极海冰中的浓度数倍于在海水中的浓度，这使得冰融化期的生态状况变差。

由于生物沉积强度相对高和近海底层的温度为负，有机化合物的降解速度变慢，污染物在北极海域底部沉积物中的累积过程不断加剧。

生物群中的污染组分含量水平数倍于其在海水中的浓度。重金属（尤其是汞）和有机氯化合物的生物富集伴随着重金属浓度随海中食物链长度的增加而增长的效应。在处于海洋食物链终端的海洋生物（哺乳动物、鸟类）的储存器官和组织中（肝脏、脂肪组织等），这些有毒物质的浓度最高。

由于质量和能量交换的强度等级低、自我净化过程缓慢、食物链短，有毒物质能快速转移到最终消费者，北极地区的天然生态系统在污染面前是极其脆弱的。在北极地区的经济活动和其他活动扩大的背景下，使北极地区的生态系统免于被污染和消除其他负面影响成为必须优先解决的问题。

5.2.1.1　动物数量动态变化

北极地区的陆地哺乳动物区系从 1～2 种（斯匹次卑尔根岛、北地群岛）到 22～25 种（勒拿河河口、大地冻原）不等。适应了在高纬度极端环境下生存的北极物种构成了一个特殊的类群，即冻原动物区系复合体，它的物种包括北极狐、旅鼠（挪威旅鼠、有蹄旅鼠、西伯利亚旅鼠、褐旅鼠、格陵兰旅鼠）、米氏田鼠、驯鹿。北极荒漠仅居住着北极物种。在更往南的动物区系组成中，出现了其他动物区系的物种。隐域生境和泛域生境的冻原鼩鼱、红背䶄、根田鼠、水田鼠、麝鼠、雪兔等北方物种和滨水物种向典型南部冻原渗透。狼、狐狸、伶鼬、白鼬等一些多域物种也闯入北极。北极地区的山地生境栖息着黑头旱獭、东北鼠兔、长尾黄鼠。

北极狐是北极和亚北极地区动物区系的环极地分布的代表性动物。在斯堪的纳维亚半岛和科拉半岛、亚欧大陆和北美大陆的冻原、格陵兰岛、斯匹次卑尔根岛、新地岛、北冰洋的多座岛屿、加拿大北极群岛上可以看到北极狐。在“无旅鼠”年份的冬季移群期，北极狐会向南一直深入到芬兰南部，几乎到达莫斯科所处的纬度、贝加尔湖沿岸地区南部甚至阿穆尔河下游。

北极狐是唯一的毛色具有极明显的季节二态性的犬科动物。夏季，北极狐的背上会披上杂褐色的短毛，腹面则是浅棕红和灰色。冬季，绝大多数北极狐会披上有着又长又软的针毛和浓密的绒毛的雪白色蓬松皮毛，只有蓝狐等少数北极狐在冬季的毛色是深色的，从沙土色和浅咖啡色到有浅蓝光泽的深灰色甚至是带有银色的深棕色。蓝色代表暗色、继承相态。在所有种群中都可以看到蓝狐，但是在大陆罕见，而在一些岛屿上则是蓝狐居多。

北极狐的典型栖息地是具有丘陵地势的开阔冻原。北极狐在沙丘和海岸阶地上挖洞，构建起有大量入口的复杂的地下迷宫，如同一座座小城堡。北极狐通常在多年冻土层以上的松软土中挖洞（洞穴常以石堆包围，以防止入口被大型猛兽掘开），北极狐会随着土壤的融化而加深洞穴。洞穴与水源的距离通常不超过500m。冻原上适于筑穴的地方不多，因此北极狐会连年使用同一个洞穴，有时长达20～50年，而有些洞穴会断断续续使用数百年甚至数千年，一些丘陵因此布满密密麻麻的洞穴。北极狐较少定居在石流坡中间或者沿岸带的漂流堆中。冬季，北极狐常常窝在其在雪中挖出的简陋巢穴中。

北极狐数量的变化常体现2年、3年和4年的周期性。在最好的年份，俄罗斯的北极狐总数达到50万只，在不好的年份不超过10万只。

北极狐是俄罗斯北极地区大多数地区的皮毛狩猎业的主要捕猎对象。在个别年份，这里会猎获达10万张北极狐皮。在工业开发冻原的条件下，对北极狐资源的合理利用应当既包括保护北极狐的主要筑穴地，也包括保护北极狐的单独洞穴。

旅鼠亚科的小型啮齿类动物——旅鼠在冻原上分布广泛。

所有旅鼠都是专性草食动物。夏季和冬季以植物为食，全年活跃。有蹄旅鼠会储备冬季食物，它们会把柳树枝和其他植物存放在地下洞穴的专用小洞室内。旅鼠是冻原的建群种，对冻原生物地理群落的生活有着重要的影响，决定着很多冻原物种的生存条件。在大规模繁殖年份，旅鼠会吃光栖息地的大片植物。旅鼠的挖洞活动会使土壤融化、土壤成分和结构发生改变、形成生物成因的小草地。

由于旅鼠数量多，大量食肉动物（北极狐、雪鸮、毛脚鵟）得以在冻原上生存。在大规模繁殖年份，旅鼠成为狼、海鸥、贼鸥的主要捕食对象，这些年份的鸟类筑巢率上升。在旅鼠数量萎缩的年份，与旅鼠有关的物种的数量也急剧减少。

5.2.1.2 植物变化

在北极带内，严寒的气候和短暂的植物生长期限制了森林病虫害的发展和蔓延。从俄罗斯联邦林业局的国家森林病虫害监测数据来看，2015年在北极地区没有发现各林分的卫生和森林病虫害状况有恶化的趋势，总凋落量和日常凋落量不大。2015年，俄罗斯联邦林业局的俄罗斯森林防护中心（联邦事业单位）对亚马尔-涅涅茨自治区、阿尔汉格尔斯克州和摩尔曼斯克州境内的北极地带进行了森林病虫害监测。

亚马尔-涅涅茨自治区的林分衰落和枯落的主要原因是以往发生的森林火灾，2015年发现约902hm^{2}因这一原因死亡的林分。没有发现病虫害的策源地。在阿尔汉格尔斯克州，林分衰弱的主要原因是天气和土壤条件，包括潜水水位的周期性降落和受地形和下垫土壤影响的过度湿润。2015年，没有发现死亡的林分，也没有发现病虫害策源地。在摩尔曼斯克州，林分衰退的主要原因是天气和土壤条件（土壤过度湿润和飓风）以及过去的森林火灾。忍冬尺蛾的策源地出现天然萎缩，发现了面积 251hm^2 的松木层孔菌的菌源策源地。

俄罗斯北极地区目前有 28 个联邦级的特殊自然保护区（包括国家自然保护区、国家公园、国家禁伐禁捕区和联邦级的自然遗址），总面积为 2250 万 hm^2，其中海域面积为 650 万 hm^2。

从 2011 年起，俄罗斯联邦自然资源和环境部着手开始对遭受经济活动后果影响最大的地区进行生态破坏损失评估和生态污染清除工作。在《俄罗斯联邦 2012-2020 年国家环境保护计划》框架下，开展法兰士·约瑟夫地群岛积累的生态损失（污染）的清除工作。主要工作集中在遭受污染的亚历山大地岛、胡克岛、海斯岛、霍夫曼岛和格雷厄姆·贝尔岛。2012～2015 年的工作使污染量减少了 3.5 万 t 以上，这期间还对新地岛的谢韦尔内岛（波斯佩洛夫湾和纳塔利娅湾）进行了清除工作；截至目前，污染量减少了 6000t 以上。俄罗斯联邦政府令批准了一系列重要举措，旨在消除以往经济活动等对环境造成的负面影响。在这些举措的框架下，实施船只沿科拉湾沿岸带非法聚集造成的生态污染的清除试点项目（摩尔曼斯克州）和涅涅茨圈自然保护区境内积累的生态污染的清除项目，还对毗邻的特殊自然保护区域内的伯朝拉河三角洲天然景观进行修复。2015 年，对涅涅茨自然保护区积累的生态污染进行了清除，积累的污染物数量减少了 3500t；对景观已经被人为改变的 84hm^2 土地进行了复垦。2015 年，还开始了对科拉湾沿岸带进行清扫整理的试点项目。工作成果包括制定对自然环境造成不良影响的海湾失事船只的清除计划，以及清理金属构件的堆放场地。2013 年 1 月 14 日俄罗斯自然资源和环境部网站全文公布了《2012～2020 年国家环境保护计划》，2014 年修订之后，相应措施包括新的清理俄罗斯北极地区受污染区域的项目。

5.2.2　环境污染风险

俄罗斯北极地区拥有丰富的自然资源，与此同时，客观的地理条件给自然资源利用造成了一系列困难。由于地理系统高度脆弱和地区特有景观的恢复能力低，俄罗斯北极地区的自然环境所面临的人为污染影响问题非常严峻。

至今，传统的自然资源利用方式在俄罗斯北极地区境内依然占据主导地位。传统自然资源利用的典型特征是高度符合可持续发展的现代标准，即在不破坏或者最低限度地破坏自然环境的条件下利用自然资源。在相当大的区划内分布着林业、农业和资源采掘业等自然资源利用类型。在此类自然经济系统中，能流和物流是平衡的，不会对“自然-人口-经济”的三位一体架构造成严重的破坏，而上述几种自然资源利用类型在俄罗斯北极地区广泛分布，这在总体上决定了大多数区域能够保持稳定的生态系统格局。

但是，从 20 世纪 20～30 年代开始，俄罗斯北极地区的一系列地区进入活跃的工业开发阶段，工业开发的一个典型特征是采掘行业和有色冶金行业所占比例大并呈点式局片分布。在过去的几十年间，俄罗斯北极地区的工业开发重地对邻近区域的自然环境产生严重影响，并往往成为在全球范围内跨境输送的污染物的主要来源。研究在北极地区高度脆弱的地理系统条件下进行大型局块式的工业自然资源利用的特点，要求拟定和运用特殊的术语，这些术语应当能以最佳的方式描述俄罗斯北极地区的自然与经济过程。

5.2.2.1 现有的污染区和污染热点

俄罗斯北极地区的陆地部分共划分出 12 个大的污染区，其中的每个都包含若干个污染热点，污染热点总共有 72 个。在俄罗斯北极地区的水域还补充划分出 23 个海洋污染热点，这些海洋污染热点同时也是独立的污染区。目前，俄罗斯北极地区的污染区面积占区域总面积的 3%。

1）西科拉污染区。西科拉污染区位于科拉半岛西北部。西科拉污染区的核心是尼克尔居民点和扎波利亚尔内居民点，科拉矿业和冶金有限公司的开采铜镍矿石、选矿、冶炼有色金属的生产场区位于这两个居民点范围内。主要的污染物有：二氧化氮、粉尘、重金属（Cu、Ni、Co）、碳氟化合物。此外，还有一系列大的军队编制单位布设在西科拉污染区范围内，其中包括卢奥斯塔里镇和佩琴加市级镇的机场。对西科拉污染区的生态环境状况的评级为危机级，发现这里的植被已经遭到严重破坏，居民的发病率偏高。

2）摩尔曼斯克污染区。不是所有研究者都划分出摩尔曼斯克污染区，它是受到摩尔曼斯克城市群直接影响的区域。交通运输、机械制造企业、热电和食品工业是该污染区主要的污染源。摩尔曼斯克市是主要的污染中心，是大型的交通运输和工业中心。科拉市和捷里别尔卡镇是地区的食品工业中心。主要的污染物有：有机物、重金属、成品油、氮、硫和碳的氧化物、甲醛。此外，摩尔曼斯克污染区还设有俄罗斯海军北方舰队的多个驻扎点，它们是放射性污染的潜在危险设施。对摩尔曼斯克污染区的生态环境状况的评级为紧张级。

3）中科拉污染区。位于摩尔曼斯克州中部。中科拉污染区的主要污染热点是蒙切戈尔斯克市和奥列涅戈尔斯克市。蒙切戈尔斯克市内有科拉矿业和冶金有限公司的熔炼和精炼铜、镍、钴和其他有色金属的生产场区。奥列涅戈尔斯克市、科夫多尔市、叶纳镇是采矿工业的重地。奥列涅戈尔斯克市和科夫多尔市开采铁矿和选洗铁精矿。叶纳镇开采多种云母矿。坎达拉克沙市炼铝，而波利亚尔内耶佐里市拥有一座核电站。主要的污染物有：二氧化硫和氮、重金属（Cu、Ni、Co、Pb、Cr）、粉尘、锶、磷、放射性核素。中科拉污染区的生态环境状况评级为危机级，蒙切戈尔斯克市郊区的植被已经完全退化，形成人为荒地，奥列涅戈尔斯克市和科夫多尔市周边的大面积土壤遭到物理破坏，而波利亚尔内耶佐里市的核电站是具有高放射性危险的设施。

4）希比内污染区。希比内污染区形成于希比内山脉的磷灰石和霞石矿开采和加工场区周围。基洛夫斯克市周围分布着开采磷灰石和霞石矿的矿场和生产精矿的选矿厂。地貌景观受到的物理破坏程度大：岩石的废矸率高，形成了大面积的露天矿、矸石场和尾矿库以及井巷，使山体遭到破坏。阿帕季特市有一家磷灰石和霞石选矿厂，此外，还有科拉国营地方发电站。主要的污染物有：粉尘、二氧化硫、碳的氧化物、锶、铝、苯并芘、氮的氧化物、重金属、甲醛、磷酸盐、氟化物。希比内污染区的生态环境状况评级为紧张级。

5）阿尔汉格尔斯克污染区。阿尔汉格尔斯克污染区布局相当紧凑，形成于阿尔汉格尔斯克城市群的周围。制浆造纸工业、机械制造业、交通运输和热电产业是自然环境的主要污染源。阿尔汉格尔斯克污染区内有两家制浆造纸联合厂，分别在新德文斯克市和索隆巴拉市。北德文斯克市是热力发电和造船重地。主要的污染物有：二氧化碳、氮和硫、重金属、甲硫醇、木质素磺酸盐、酚类、甲醛、甲醇。阿尔汉格尔斯克污染区的生态环境状况评级为临界级（Бузинов и др.，2012）。

6）季曼-伯朝拉污染区。季曼-伯朝拉污染区覆盖涅涅茨自治区的大片区域。活跃的油气开采是形成季曼-伯朝拉污染区的主要因素。20世纪70年代起至今，该地区正在开采或者已经封存了一系列凝析气田（库姆任）、油田（佩夏诺奥泽尔卡、普里拉兹洛姆内、瓦兰杰伊、托拉韦伊、哈里亚加）。1980年库姆任凝析气田发生事故，1987年关停。主要的污染物有：成品油、二氧化碳、氮和硫、重金属、多环芳烃。季曼-伯朝拉污染区的生态环境状况评级为临界级。

7）沃尔库塔污染区。沃尔库塔污染区位于科米共和国北部，它的污染主要与沃尔库塔市周边地区的烟煤开采有关，这里分布着9座矿井、4家选矿厂、2座热电厂和多家建材生产企业，主要是大气污染。沃尔库塔污染区的大气总排放量在俄罗斯北极地区最高。排放物的主要成分不是气溶胶，而是粉尘颗粒。主要的污染物有：粉尘、成品油、二氧化硫、氮和碳的氧化物、甲烷、重金属化合物、多环芳烃、炭黑。沃尔库塔污染区的生态环境状况评级为临界级。

8）下鄂毕污染区。下鄂毕污染区是俄罗斯北极地区的延伸最大的污染区，占据亚马尔-涅涅茨自治区的大部分。开采天然气和石油是下鄂毕污染区的主要工业活动类型。俄罗斯的大部分天然气正是采自该地区。由于下鄂毕污染区的延伸长度大，因此天然气污染水平的结构不均匀。矿床通常以局部的矿床群为限（梅德韦日耶-亚姆索韦伊-尤比列伊、扬堡、纳霍德卡-尤尔哈罗夫、扎波利亚尔内、乌连戈伊、博瓦年科沃-哈拉萨维）。除了油气田本身以外，管道系统和相关基础设施也对环境产生很大影响。主要的污染热点还有萨列哈尔德市、拉贝特南吉市、新乌连戈伊市、纳德姆市等坐落在北方大河流两岸的大型城市，这些城市是保障油气企业运转的大型交通枢纽城市。主要的污染物有：成品油、多芳烃类、放射性核素、可溶盐类。下鄂毕污染区的生态环境状况评级为临界级。

9）诺里尔斯克污染区。诺里尔斯克污染区位于克拉斯诺亚尔斯克边疆区的北部，靠近普托拉纳高原的西北支脉，属于生态灾难地带。这里集中了俄罗斯最大的诺里尔斯克镍业公司扎波利亚尔内分公司的有色金属、稀有和贵重金属开采、选矿、冶炼和加工产业集群。诺里尔斯克污染区拥有俄罗斯北极地区最高的自然环境组分污染水平。塔尔纳赫是采矿重地，拥有十月革命矿床和塔尔纳赫多金属矿床的5个特大矿井、1家选矿厂和1家热电厂。诺里尔斯克市是工业枢纽和对应的诺里尔斯克污染区的中心。诺里尔斯克市的镍厂于2016年停产。诺里尔斯克市内有梅德内冶金厂和特大型的娜杰日达冶金厂。凯耶尔坎市开采供诺里尔斯克镍业公司所需的烟煤和建筑业所需的非金属物料，这里有娜杰日达冶金厂的尾矿库。杜金卡港是叶尼塞河的全年候海港，杜金卡港为诺里尔斯克镍业公司的生产提供保障。主要的污染物有：硫和氮的氧化物、重金属、粉尘、砷、甲醛、炭黑。诺里尔斯克污染区的生态环境状况评价级为危机级。

10）亚纳-因迪吉尔卡污染区。亚纳-因迪吉尔卡污染区位于萨哈（雅库特）共和国的北部。亚纳-因迪吉尔卡污染区的形成与采矿有关：这里曾经开采砂金矿（库拉尔矿）和锡矿（坚克利矿和杰普塔茨基矿）。采用露天深挖的方法开采此类矿床导致河谷退化。

杰普塔茨基矿冶联合厂曾经是俄罗斯最大的锡矿开采企业。截至2016年，亚纳-因迪吉尔卡污染区已经停止锡矿和金矿的工业化开采，库拉尔和坚克利居民点被撤销。污染区内的污染热点是地区的交通运输重地：下扬斯克市级镇和乔库尔达赫市级镇。主要的污染物有：重金属、粉尘、放射性核素。亚纳-因迪吉尔卡污染区的生态环境状况评级为紧张级。

11）西楚科奇污染区。西楚科奇污染区包括楚科奇行政区西北部的一系列锡矿和金矿开采重地。瓦利库梅镇曾开采砂锡矿床，比利比诺市、巴拉尼哈镇、红军镇、共青镇等居民点曾开采砂金矿床。截至2016年，大多数矿床已经停止开采，瓦利库梅伊镇、巴拉尼哈镇、红军镇和共青镇被封闭。佩韦克是大型的交通运输重地，还有1家热电厂。比利比诺市拥有一座位于世界最北端的核电站。主要的污染物有：重金属、粉尘、放射性核素。西楚科奇污染区生态环境状况评级为紧张级。

12）东楚科奇污染区。东楚科奇污染区由两个产业集群组成：楚科奇海沿岸的矿村和港口组成的集群与阿纳德尔集群。阿纳德尔市是东楚科奇污染区的大型交通运输和工业重地，该市开采金矿和褐煤，还拥有海港和机场。如今已荒废的波利亚尔纳镇和尤利廷镇曾开采过金矿和锡矿。施密特角是楚科奇海岸上的港口。主要的污染物有：重金属、粉尘、多环芳烃、炭黑。东楚科奇污染区的生态环境状况评级为紧张级。

海洋污染热点通常是海船和河船通行的海湾以及大型港口区内的近海区域。交通运输是影响海洋污染热点的生态系统的主要因素。近年来，由于开采石油和天然气，大陆架上出现海洋污染热点。开采伯朝拉海大陆架的烃类资源是油气开采行业的近期发展目标（普里拉兹洛姆内油田是首个被开采的大陆架油田），这显著地增加了发生事故时的环境污染风险。可以划分出科拉湾、莫托夫斯基湾、伯朝拉湾、瓦兰杰伊区、普里拉兹洛姆区、德维纳湾、奥涅加湾、坎达拉克沙湾、梅津湾、阿姆杰尔马区、拜达拉塔湾、鄂毕湾、叶尼塞湾、皮亚西纳湾、塔兹湾、哈坦加湾、布奥尔哈亚湾、亚纳湾、科雷马区、恰翁湾、施密特区等海洋污染热点。

5.2.2.2　现有人为污染源

1）西科拉污染区（摩尔曼斯克州：尼克尔、扎波利亚尔内）。俄罗斯北极地区的西科拉污染区位于摩尔曼斯克州的西北部，是指受到科拉矿业和冶金有限公司位于尼克尔市级镇和扎波利亚尔内市的两个生产场区直接影响的区域。科拉矿业和冶金有限公司从事铜镍硫化矿石的开采和加工，其最终产物是精冰铜（生产铜和镍的中间产物），精冰铜被运往蒙切戈尔斯克市的北方镍业联合厂进行进一步加工。尼克尔市级镇的联合厂始建于20世纪30年代，建在富矿的铜镍矿床附近，当时这片区域处于芬兰管辖之下。第二次世界大战期间被摧毁的联合厂在1946年前得以重建。1955年，在尼克尔市级镇以东北23km处建成日丹诺夫铜镍矿冶联合厂，联合厂在扎波利亚尔内市也设立厂区，其50多年生产史给地区的生态系统造成严重影响。根据联合国环境规划署（UNEP）和全球环境基金（GEF）的报告，地区的生态环境状况评级为危机级。日丹诺夫铜镍矿冶联合厂的影响带内的地表机械破坏程度相对不大，但是大气污染显著。主要的污染物有：氮的氧化物、粉尘、重金属（Cu、Ni、Co）、碳氟化合物、二氧化硫。莫斯科国立大学地理系学者通过研究Resourse-F系列卫星传回的航拍光谱影像，计算出1988年受到联合厂中度污染的自然景观面积为 3880km^2。2011 年，受联合厂排放物污染的总面积达到 11 200km^2。

2）下鄂毕污染区（亚马尔-涅涅茨自治区）。下鄂毕污染区位于西西伯利亚低地的北部，隶属于亚马尔-涅涅茨自治区。目前正在开采的主要烃类矿床分布在普罗沃区、塔兹区、纳德姆区和亚马尔区。20 世纪 40 年代末，这片曾经只有原住民族居住的土地开始进行开发和综合的地球物理与地球化学调查。1964 年，在塔兹区发现了最早的几座气田。在接下来的十年里，又发现了一些特大型油田、气田和凝析气田，从而确立了地区经济发展的优先方向。1972 年，开始工业化开采梅德韦日耶凝析气田的天然气并由此形成了纳德姆市，这标志着下鄂毕污染区进入大规模油气开采阶段。油气田的活跃开发期持续了 40 多年，在此期间，勘探井和工业井、油气处理设施、管道系统等给自然环境造成了重要影响，在发生极端情况时（各种人为造成或者自然与人为共同造成的灾难和事故）严重威胁地区安全。地区的生态环境状况评级为临界级。油气企业对地表水、潜水以及表土和植被的影响最大。作为形成下鄂毕污染区自然经济结构的主要因素——烃类资源开采业，其决定了人为损毁区域的空间分布特点。在烃类资源开采、加工和运输企业的紧邻区域，地貌景观的人为改造程度最大。油气开采在辽阔的油气田区域内同时进行，开采井之间的距离往往超过 1km。大型油气田往往彼此相距较远。在下鄂毕污染区范围内，随着已开发油气田的可采资源不断减少，进入工业流转的土地面积有计划地增加。在下鄂毕污染区（亚马尔-涅涅茨自治区），划分出被“老”油气田（梅德韦日耶、乌连戈伊、古布金斯基等）开采损毁的区域和被“新”（主要是 2001 年以后）的烃类矿床（纳霍德卡、博瓦年科沃）开采损毁的区域。

3）诺里尔斯克污染区（克拉斯诺亚尔斯克边疆区：诺里尔斯克工业区）。诺里尔斯克污染区位于北极圈以内的叶尼塞河下游地区、克拉斯诺亚尔斯克边疆区北部，是受到诺里尔斯克镍业公司扎波利亚尔内分公司生产场区直接影响的污染区。在诺里尔斯克污染区，自然环境受到的人为污染程度是俄罗斯北极地区前所未有的。自 20 世纪 30 年代以来，具有高毒性的铜镍生产企业影响着周围区域。主要的污染物有：硫和氮的氧化物、重金属、砷、甲醛、粉尘、炭黑。1972 年，最危险污染地带的面积达到 500 km^2，而到 1979 年，在娜杰日达冶金厂落成后，最危险污染地带的面积骤然增加到 4000 km^2。

5.2.2.3　大气污染

在俄罗斯北极地区的 18 座市和镇的 21 座监测站进行大气污染监测工作。截至 2015 年，在进行污染观测的城市和居民点生活着 143 万人。佩韦克市和阿纳德尔市的两个监测站按照简化程序进行监测。在季克西市进行背景点空气污染物含量监测。总体上，在居民点对包括气体杂质和气溶胶杂质（含重金属）在内的 26 种污染物在大气中的含量进行监测。最近 5 年，在俄罗斯北极地区的城市中，大气污染水平呈现下降趋势。

尽管如此，诺里尔斯克市仍然每年都进入俄罗斯污染最严重城市排行榜前列，这主要是由于该市的二氧化硫排放量巨大，每年约为 190 万 t，这已被化学成分与降水酸度的观测数据所证实，诺里尔斯克市的大气降水是俄罗斯被硫化物污染最严重的大气降水（77mg/L）。

俄罗斯联邦水文气象和环境监测局在位于北极圈以北的 4 个臭氧测量站对北极地区

上空臭氧总含量进行观测，这 4 个站点分别位于摩尔曼斯克市、季克西市、奥列尼奥克市和科捷利内岛。如同俄罗斯联邦水文气象和环境监测局的其他臭氧测量站一样，北极地区的臭氧测量站也进入了世界气象组织（WMO）的全球大气臭氧观测网络，这些站点测量的臭氧总含量会传送到世界臭氧和紫外线辐射数据中心（WOUDC）。2015 年北极地区臭氧总含量的月平均值列于表 5-4 中。由于臭氧总含量是在太阳高度角大于 5° 时进行测量，因此所列数据为 2～9 月的观测数据。4 月的数值最大，9 月的数值最小，平均仅为 4 月数值的 62.5%，需要强调的是，北极地区东部站点观测到的臭氧含量通常显著高于北极地区西部站点。

表 5-4　2015 年北极地区上空臭氧总含量的月平均值（2～9 月）　（单位：DU）

测量站	2 月	3 月	4 月	5 月	6 月	7 月	8 月	9 月
摩尔曼斯克	377	380	427	388	370	342	391	284
季克西	423	413	478	416	370	326	298	292
奥列尼奥克	415	403	456	414	355	321	312	297
科捷利内岛	—	411	476	411	357	319	301	275

资料来源：Абрамченко и др.，2017

根据俄罗斯联邦水文气象和环境监测局的数据，年总降水量的特点是自西向东递减，这使得矿化度增大和降水 pH 波动。2009～2015 年，年内最大降水量在大西洋扇形区为 627mm，在西伯利亚扇形区和太平洋扇形区分别为 475mm 和 380mm。各扇形区的年内平均降水离子浓度自西向东分别在 4.2～18mg/L、5.5～121 mg/L 和 9.5～15 mg/L 区间波动。在北极圈以北地区，硫化物和碳水化合物（碳酸氢盐）在各处都显著居多，占总离子量的 50%（大西洋扇形区）到 65%（西伯利亚扇形区）。氯化物的含量偏高是由于濒临海洋。阳离子中的钾和钠占优势，但是，个别站点镁的含量明显更高。pH 从 5.1（大西洋扇形区）到 6.6（西伯利亚扇形区），大西洋扇形区的降水酸度绝对值最大，为 63.1μg/L（pH4.2）。在科拉半岛，降水酸度最大值在 10 年内减少了大约五分之四（pH 从 3.5 上升至 4.2）。2015 年北极地区各扇形区大气降水的平均离子浓度见表 5-5。

表 5-5　2015 年北极地区大气降水的平均离子浓度　（单位：mg/L）

扇形区	SO_4^{2-}	Cl^-	NO_3^-	HCO_3^-	NH_4^+	Na^+	K^+	Ca^+	Mg^+	$\Sigma_{离子}$	$pH_{平均}$
大西洋扇形区	2.8	1.8	0.9	2.1	0.2	0.9	0.6	1.2	0.3	10.8	5.8
西伯利亚扇形区	13.4	2.6	0.7	7.1	0.6	1.7	1.0	2.0	2.5	31.6	6.1
太平洋扇形区	3.6	0.7	0.8	2.7	0.4	0.5	0.4	0.9	0.3	10.3	5.8

资料来源：Абрамченко и др.，2017

北极圈以北地区的离子浓度随时间的变化表明，大西洋扇形区和太平洋扇形区的离子定性和定量成分的差异相对不大。同时，在大西洋扇形区内，硝酸盐在所有年份都稳定地多于氨氮。在西伯利亚扇形区，硫化物、碳酸氢盐和氯化物的含量偏高，降水污染随时间明显减少。

诺里尔斯克市受污染的空气团影响的范围正在向远距离扩大。平均来看，空气在夏季是从海洋向陆地输送，在冬季是从大陆向北极中心地区输送。在这一背景下，受污染的气团在春季的影响最大，即在空气环流重建时期。在寒冷期，硫化物下降与降水的相互关系在诺里尔斯克站和图鲁汉斯克站显著更弱，或者完全没有。2006～2015 年北极地区各扇形区的大气降水的离子成分主要指标汇总见表 5-6。

表 5-6　北极地区大气降水中各种化学成分的年平均浓度（2006～2015 年）（单位：mg/L）

组分	大西洋扇形区	西伯利亚扇形区	太平洋扇形区
SO_4^{2-}	2.7	12.1	1.5
Cl^-	3.4	10.8	0.8
HCO_3^-	2.4	8.4	3.3
Na^+	1.7	4.8	0.6
Ca^+	1.2	2.2	0.7
$\Sigma_{离子}$	11.4	38.3	6.9
$pH_{平均}$	5.5	6.3	6.1

资料来源：Абрамченко и др.，2017

观测结果证明，硫化物含量在各个扇形区都稳定地下降了 30%～40%。碳酸氢盐的含量在大西洋扇形区下降了约 17%，在太平洋扇形区下降了 20%，在西伯利亚扇形区下降近 15%。氮的硝酸盐化合物和氨基化合物含量在所有扇形区同步变化，在数量上与俄罗斯的平均值相差无几。因此，在北极地区的大西洋扇形区、西伯利亚扇形区和太平洋扇形区，空气污染度和含尘量平均来说更低，在西伯利亚扇形区，空气污染度和含尘量还体现出随着时间稳定减少的趋势。诺里尔斯克市的降水的离子成分的所有指标都有随时间呈显著减少的趋势。截至 2015 年，硫化物、碳酸氢盐和离子总量在 16 年内减少了大约 50%。

俄罗斯联邦水文气象和环境监测局向世界温室气体数据中心提供的测量结果表明，60°N 以北的二氧化碳和甲烷的背景浓度基本上不随着纬度变化。这里的温室气体浓度取决于是否存在大规模的源头。在俄罗斯北极地区，在三个站点进行温室气体含量观测，分别是捷里别尔卡站、诺维港站和季克西站，其中捷里别尔卡站的观测时间最长。在俄罗斯的各站点取得的 CO_2 和 CH_4 浓度值见表 5-7，表中列有巴罗站（美国）的对比数据。巴罗站仅有 2014 年的数据是对外公开的。季克西站周边区域的湿度大以及有可能从其他

表 5-7　俄罗斯的各站点与巴罗站（美国）的温室气体年平均浓度比较

站点名称	CO_2/ppm		CH_4/ppb		与巴罗站相比的平均超出量/%	
	2014 年	2015 年	2014 年	2015 年	CO_2	CH_4
捷里别尔卡站	400.4	401.8	1923.8	1923.8	0.1	0.5
季克西站	400.6	403.0	1931.4	1941.8	0.2	0.9
诺维港站	403.9	408.5	1971.1	2017.1	1.0	2.9
巴罗站	400.0	无数据	1914.9	无数据	—	—

注：$1ppm=1\times10^{-6}$，$1ppb=1\times10^{-9}$。

资料来源：Абрамченко и др.，2017

的天然源头释放出甲烷，导致季克西站的甲烷浓度与巴罗站相比平均高出 0.8%。诺维港站的 CH_4（高 2.9%）和 CO_2（高 1.0%）浓度值高于背景水平主要是受到西西伯利亚主要天然气田地区人为排放温室气体的影响。捷里别尔卡站的背景数据与巴罗站相接近。

俄罗斯联邦水文气象和环境监测局对俄罗斯联邦北极沿岸带（阿姆杰尔马镇和季克西市级镇）大气空气中的持久性有机污染物的监测数据表明，从 2010 年起，有毒物质的浓度没有出现明显的下降。例如，2015 年，在阿姆杰尔马站的大气层中的多氯联苯同类物的总含量水平为 30～180pg/m^3。在出现连续积雪层的冬季期观测到污染物浓度下降。查明大气中存在被列入《关于持久性有机污染物的斯德哥尔摩公约》（2001 年）名单中的所有种类的杀虫剂，其中包括在俄罗斯（苏联）境内没有生产和使用的杀虫剂。同时，尽管被禁止使用，但是观测到的 HCH（10～45pg/m^3）、DDT 杀虫剂及其代谢物（10～40pg/m^3）的浓度仍然是最高的。顺式氯丹和反式氯丹的浓度为 0.8～3pg/m^3，顺式九氯和反式九氯的浓度为 0.3～3.5 pg/m^3，氧化氯丹的浓度为 0.2～3pg/m^3。

俄罗斯北极地区居民点的大气污染的主要源头是天然气和石油以及其他矿产的开采企业、大型黑色和有色冶金企业、能源、化工、木材加工和造纸企业、铁路和海洋运输（Порфирьев，2017）。

城市大气层中的污染物水平。

在俄罗斯北极地区的 18 座城市和村镇的 21 个站点进行大气层空气污染监测，总体上，在各居民点对大气层空气中的包括重金属在内的气体和气溶胶杂质等 26 种污染物含量进行监测。佩韦克和阿纳德尔按照简化项目进行监测。

俄罗斯北极地区城市最近 5 年内的大气层空气污染水平呈现下降趋势。

在全球污染最严重城市排名中，诺里尔斯克市排第 7 位，其在俄罗斯排第 1 位。诺里尔斯克市大气层的污染物含量很少低于 4～5 倍的 TLV。

2016 年，生态学家发现，在 2016 年 8 月尼克尔（镍）厂停产后，诺里尔斯克市大气层的污染排放量显著减少，该厂每年向大气层排放数十万吨的二氧化硫。与 2015 年相比，诺里尔斯克市的二氧化硫排放量减少了 30%。2016 年 10 月末，俄罗斯环保社会组织"绿色巡逻队"对诺里尔斯克市内的大气空气进行了抽查，没有发现镍、铜氧化物、甲醛、二氧化硫、二氧化氮和悬浮物超标。

烃类化合物（C_xH_y）的主要来源包括：有机物的现代生物合成；石油（原油及其组分）以及运输时（包括正常运输操作、在船坞的操作、油船的事故）等进入海洋的石油；陆地排出生活污水、市政污水和工业废水时进入海洋的石油；从天然源头进入海洋的石油，如海洋渗漏和侵蚀；热解过程。

北极海域石油污染的主要渠道分为三大类：石油和石油产品通过工业废水、城市污水、船舶污水等以及岸上污染源（港口城市、码头、港湾、村镇等）的废弃物等直接进入海洋环境中；聚集在俄罗斯北极地区集水流域的污染物（包括石油和石油产品）随河水径流排入海中；因石油、石油产品、煤和其他类型燃料不充分燃烧进入气溶胶的热解烃类随大气输送和降落到海面。

进入海洋环境的不同石油源头在石油烃类化合物总进入量中所占的比例有显著差别（表 5-8）。例如，对于巴伦支海和白海的海湾来说，石油污染的主要来源是来自俄罗斯北极地区的工业发达的近岸区域的工业废水、城市污水以及其他污水。正因如此，石油烃类化合物被列为科拉湾、坎达拉克沙湾、奥涅加湾、德维纳湾、梅津湾和伯朝拉湾水域的主要污染物。在这些水域会定期观测到石油含量偏高，而科拉湾的生态安全形势被评价为危机级。

表 5-8　进入海洋环境的石油的源头和数量

来源	平均进入量/（万 t/a）	占全年量的比例/%
来自海底（深海喷口）的石油	60（20～200）*	46
海上石油开采：平台（钻孔、事故、泄漏、大气排放和沉降、排放地层水）	3.8（2.0～6.2）*	5
石油运输：油船事故、油船常规操作、管道事故、在海岸码头的操作、大气排放和沉降	15（12～26）*	12
使用石油：海岸源头（河水径流等）、船舶（非油船）事故、常规操作和船舶排泄物、向大气层排放、排放航空燃料	48（13～600）*	37

* 括号中为已知数据的阈值。

资料来源：Абрамченко и др.，2017

因俄罗斯北极地区境内采油场和管道发生的事故而产生的大量石油泄漏，对鄂毕河和叶尼塞河集水流域造成大规模的石油污染（土壤、潜水、水体和河川）。各种估算表明，在西西伯利亚开采的石油总量中，有 1%～3% 进入了环境中，即 2×10^6～2×10^8t 的溢油，这些溢油至今仍然是造成鄂毕河和叶尼塞河流域生态灾害的重要因素，是这两条河流的河口和三角湾地带以及喀拉海毗邻地区的石油污染的主要源头。

北极东部诸海（拉普捷夫海、东西伯利亚海和楚科奇海）以及白令海北部至今仍然处在人为直接可影响的范围之外。因石油、石油产品、煤和其他类燃料不充分燃烧而产生的气溶胶中的热解烃类的大气沉降是这些海域受到轻度烃类污染的主要原因，所以这里还应当加上西西伯利亚油气田的伴生气燃烧。

据粗略估算，俄罗斯北极海域大气层中的气溶胶的有机物中约 20% 为脂肪族烃，而每年有 7.7 万 t 的脂肪族烃到达这些海域表面。正是这一源头在很大程度上形成了北极开阔海域和海冰的热解多环芳香烃（PAH）背景水平。还应当考虑到，在北极地区上空气溶胶中的有机物和脂肪烃的主要部分为天然（生物）成因。对鄂毕湾、叶尼塞湾和喀拉海大陆架地区的多环芳香烃的含量和成分进行的综合地球化学调查表明，芳香族烃类也可能既有天然组分，也有人为组分。

作为北极地区石油污染的一个源头，航运可能仅对毗邻港口和高强度海上运输线路的水域（如科拉湾和坎达拉克沙湾）造成一定的危害，而对北极地区的主体部分的影响不明显。由于北方海航道线路上的船只排放（含石油的）舱底水，在一个通航期内从船舶排放到海水中的石油量估计为 50～200t，其他的估算值更低，为不到 1.5t/a。

在北极海域，最严重的生态威胁与潜在的石油泄漏有关，主要是在运输燃料时发生的泄漏。

5.2.2.4　土壤污染

重金属不会发生任何物理和化学降解或者生物降解，因此它在生物圈的化学污染物中占据特殊的位置。重金属的含量过多会对活的生物体产生致毒作用。同时，一部分重金属是微量元素，如果数量不足会破坏生物体的生物化学过程。未被污染的土壤中的重金属含量主要取决于其在成土母质中的含量和参与生物循环的程度。例如，由于冰川沉积和湖沼沉积在成土母质中占优势，因此北极地区的土壤总体上缺锌，以含锌量为10～30mg/kg（克拉值为50～90mg/kg）的土壤为主。锌含量为中等的土壤分布在科拉半岛和卡宁半岛、极地乌拉尔、阿纳巴尔高原、亚纳–因迪吉尔卡低地和科雷马低地等地。与生物生产力高的地带的土壤相比，这些地带的土壤锌在剖面上的分化更不明显，主要聚集在上部层中。

根据土壤中铜的含量，在北极地区划分出两个地带：①科拉半岛和极地乌拉尔之间的地带；②科拉半岛和从极地乌拉尔到楚科奇的地带。在第一个地带中，灰化–泥炭–灰化–潜育土、泥炭–沼泽土、灰壤占优势，灰棕壤在沿海带占优势，这些土壤都贫铜（＜12mg/kg），尤其是轻质颗粒成分的土壤以及上位沼泽和中位沼泽的土壤（<6mg/kg）。在第二个地带中，大多数土壤中的铜含量高于标准范围（20～30mg/kg）。在欧洲部分，科拉半岛的发育在含有岩浆基岩碎屑的冰碛上的土壤，以及乌拉尔以东的格达半岛、泰梅尔、亚纳–因迪吉尔卡低地和科雷马低地的南部和东部的土壤最富含铜。部分地区属于含金属矿的多金属异常区。在第二个地带，铜含量偏低（6～12mg/kg）的土壤占据很小的面积，主要由西西伯利亚平原中部的泰加林潜育土和泥炭沼泽土组成。这与湖相–冲积相沉积和冰水沉积缺少金属以及在酸性反应和水溶性有机物丰富的环境下铜的活动性强有关。在水流冲刷的环境下，铜的运移分量占优势，因此北极地区土壤中的铜含量少于成土母质中的铜含量。

俄罗斯北极地区存在大型金属矿床和金属矿加工企业，因此重金属成为科拉半岛和诺里尔斯克工业区的西北部的环境介质中的主要污染物之一。在佩琴加镍业公司（扎波利亚尔内市尼克尔市级镇）和北方镍业公司（蒙切戈尔斯克市）这两个有色冶金企业周边3km半径范围内，上层土壤中的镍含量为2000～6500mg/kg，铜含量为950～4000mg/kg，平均分别是近似允许浓度（APC）的60倍和30倍。诺里尔斯克市的土壤中的铜、镍和钴含量更高。土壤的金属污染带从这些源头向外延伸50～200km。重金属随着人类活动产生的几乎所有类型的废弃物进入到环境介质中。但是，主要的污染源来自工业、能源业和交通运输业。在北极地区的大部分大中型城市的土壤中，多种重金属的含量超过其背景含量。

海域污染在很大程度上与油气资源的勘探、运输和开采有关，其中，主要的危害来自致癌的多环芳香烃，即使多环芳香烃在水中和海底沉积物中的浓度低，这种致癌物也会积累在鱼类体内。在原油中，多环芳香烃的含量可能达到10%，而在含油页岩中和烟煤的合成产物中，它的含量可能达15%。多环芳香烃在石油产品泄漏时进入环境介质的数量最大，但是也有其他的天然或者人为的源头，如烃类从含石油和煤的下伏岩石向底部沉积层渗漏。在森林火灾的不充分燃烧过程中、在燃烧和加工有机原料（石油产品、垃圾、烟草等）时，也会形成多环芳香烃。

通过多环芳香烃的各组分之间的比例，可以识别其主要的来源。例如，巴伦支海的海底沉积物证明，燃料燃烧产生的多环芳香烃所占的比例最大。总体上，对于俄罗斯北极地区的大部分区域来说，多环芳香烃污染物主要来自油气资源开采和燃料燃烧。在巴伦支海底部沉积污染物中，热解化合物居多的原因可能是巴伦支海紧邻地区少量开采石油，主要是科尔古耶夫岛的陆上油田和季曼海岸的4座油田。目前，在俄罗斯北极地区的大陆架上，仅有“普里拉兹洛姆”（Prirazlomnaya）号海上抗冰固定式平台（在巴伦支海东南部或者伯朝拉海）在开采石油。

多环芳香烃的总物量（干沉积物20～400ng/g）在海底沉积物中呈斑块状镶嵌分布，但是在暖流峰面带内的中央海沟的沉积物中测定的多环芳香烃浓度最大。苯并芘的浓度介于痕量到14ng/g之间，最大值同样出现在峰面带的沉积物中。

在处于北大西洋洋流影响下的熊岛地区的深水部分，多环芳香烃的含量为900～2200ng/g。如此高的多环芳香烃浓度及其成分（以3种环烃同系物为主）表明它与斯匹次卑尔根的含碳沉积物有成因关联。

在新地岛西南端附近，多环芳香烃和脂肪烃的污染水平也很高，这不仅与采油公司在伯朝拉海的活动有关，还与利特克洋流从喀拉海带来的污染物有关。

在巴伦支海的西南部，多环芳香烃的浓度介于27～467ng/g，其成分以热解化合物为主。巴伦支海西南部的海底沉积物中的多环芳香烃含量明显更低。

在现阶段，巴伦支海开阔海域的海底沉积物的多环芳香烃污染主要是来自大气跨境输送、北太平洋洋流从欧洲西部海域的输送以及斯匹次卑尔根地区的污染扩散。

5.2.2.5 水污染

人为负荷对地表水状态的变化产生的影响主要体现在烃类原料开采地区、黑色和有色冶金企业生产、采矿业、造纸业、热电业、住宅和公用事业、交通运输业等行业中。

石油产品随河水径流的输送量根据测流断面的系统性观测结果进行计算，这些测流断面具有在俄罗斯联邦水文气象和环境监测局观测网范围内的水文化学和水文观测保障。表5-9列出了2015年进入北极流域诸河流的干流测流断面的石油产品数量。这些测流断面布设在海潮、增水现象影响范围以外的河段，多数与河口的距离较远，因此此类观测结果仅显示石油产品向北冰洋海域的大致排放量。在白海和巴伦支海流域的河流，按照河流内的石油产品径流量递减的顺序进行排序，依次为伯朝拉河、北德维纳河、梅津河、奥涅加河、帕特索–约基河、科拉河。

表5-9 2015年北冰洋流域诸河流的干流测流断面的石油产品数量

海域	河流名称	站点	与河口的距离/km	河水径流量/km^3	从集水区的进入量/t
白海和巴伦支海流域	帕特索–约基河	鲍里索格列布斯卡娅水电站	4.4	6.16	92
	科拉河	喀拉市	8.0	1.34	11
	奥涅加河*	波罗格镇	31	15.8	806
	北德维纳河	乌斯季皮涅加镇	137	84.2	1 520
	梅津河	马洛尼索戈尔斯卡亚村	186	14.6	1 300
	伯朝拉河	纳里扬马尔市	141	174	12 900

续表

海域	河流名称	站点	与河口的距离/km	河水径流量/km³	从集水区的进入量/t
喀拉海流域	鄂毕河	萨列哈尔德市	287	541	29 200
	纳德姆河	纳德姆市	110	22.0	1 960
	普尔河	桑堡市级镇	86	42.9	2 270
	塔兹河**	克拉斯诺谢利库普镇	398	50.5	2 830
	叶尼塞河	伊加尔卡市	696	618	421 000
拉普捷夫海流域	阿纳德尔河	萨斯克拉赫镇	209	17.7	248
	奥列尼奥克河	秋梅季极地站	235	34.5	1 620
	勒拿河**	哈巴洛娃极地站	112	568	34 100
	亚纳河*	尤比列伊纳亚极地站	159	35.3	2 370
东西伯利亚海流域	因迪吉尔卡河*	乔库尔达赫镇	183	54.8	877
	科雷马河*	科雷姆斯科耶镇	282	104	1 460

* 根据多年平均河水径流量计算；

** 塔兹河是根据锡多罗夫斯克贸易站的河水径流量计算，勒拿河是根据丘休尔镇的河水径流量计算。

资料来源：Абрамченко и др.，2017

由于广泛利用核动力破冰船和核电站（包括浮式核电站）开发北方海航道以及发展北极地区，因此迫切需要对北极地区的放射性环境进行系统评价。除了大气层核武器试验和切尔诺贝利核电站事故引起的全球性放射性沉降物，俄罗斯北极地区的放射性污染还有两个特殊来源。①大西洋海水沿着挪威西部沿岸带向北极地区输送，塞拉菲尔德（英国）和阿格（法国）的西欧核废料处理企业排放的放射性废弃物随着墨西哥湾暖流进入北极地区；②苏联为俄罗斯遗留下一系列未解决的问题，这些问题与如何处理在北极地区驻扎的军用和民用核动力舰队的放射性废弃物、如何在岸上和漂浮基地存放核动力舰队的废弃核燃料以及如何回收退役核潜艇等有关。苏联时期，放射性废弃物曾排放到当时远离经济活动区的喀拉海海区进行掩埋。

俄罗斯联邦水文气象和环境监测局与挪威合作，共同组建了由研究北极地区污染问题的专家组成的俄挪专家工作组，工作组多次开展海洋科学考察，乘坐俄罗斯联邦水文气象和环境监测局北方水文气象局的“伊万·彼得号”科学考察船对俄罗斯北极地区的放射性危害最严重区域进行监测。

俄罗斯联邦水文气象和环境监测局在俄罗斯北极地区的放射性监测网络包含 94 个辐射剂量观测点、43 个放射性沉降物观测点、9 个放射性气溶胶观测点、5 个分布在白海的 ^{90}Sr 体积（放射性）活度观测点、1 个分布在巴伦支海的观测点。在固定式站点观测大气的 ^{137}Cs 和 ^{90}Sr 污染情况、白海和巴伦支海近海水域的 ^{90}Sr 污染情况，还定期对北极海域进行实地考察。

目前，北极地区近地大气层的 ^{137}Cs 和 ^{90}Sr 体积（放射性）活度是《放射安全规范》（НРБ-99/2009）[*Нормы радиационной безопасности*（НРБ-99/2009）] 中规定的标准值的

1/80～1/70。在 2005～2010 年和 2012～2015 年，北极地区陆域空气中的 ^{137}Cs 年平均体积（放射性）活度在 $2.0×10^{-8}$～$2.0×10^{-7}Bq/m^3$ 范围内浮动，纳里扬马尔市除外，该市在个别年份（2007 年、2015 年）的平均值超过 $4.0×10^{-7}Bq/m^3$。2011 年，如同俄罗斯全境一样，受福岛第一核电站事故的影响，北极地区的 ^{137}Cs 体积（放射性）活度值增加。

北极诸海的放射性污染由不同的污染源决定。

1945～1980 年，美国、苏联等的大气层核爆炸产物产生的全球性放射性沉降物曾经是俄罗斯北极地区陆域的所有边缘海的主要污染源。

和海洋一样，注入北极海域的河流的所有集水区都曾受到全球性放射性沉降物的污染。在春汛期间，放射性沉降物从被污染区（集水区）随着融水和降水进入河水中，之后进入北极海域的河口前缘地段。

20 世纪中期，除了核武器试验，海洋的放射性污染源还包括浸淹的核电站、裂变物质加工企业、核武器、核潜艇和核动力破冰船产生的液态和固态放射性废弃物。在俄罗斯北极地区境内，由核动力型军舰和民用船舶产生的放射性废弃物被浸淹在巴伦支海和喀拉海中专门划定的不进行海产品捕捞的海区。依照规范性文件确定排放的废弃物的数量，由俄罗斯联邦水文气象和环境监测局的专家监控排放后的实际污染。

俄罗斯北极地区的放射性污染的源头既包括当地源头（核废物掩埋场、核动力船舶回收企业、来自烃类原料开采和运输地点的放射性核素、核爆炸时的意外排放等），也包括放射性核素从远方污染源的跨境输送。放射性化学企业的放射性核素随河水排出、其他国家的液态放射性废弃物随海流输送等属于远距离的水力输送。

巴伦支海和喀拉海曾开展过极详细的调查研究。巴伦支海的放射性核素含量偏高，主要体现在科拉湾以及沿岸带的西部。例如，在巴伦支海的开阔海湾 —— 达利涅泽列年基湾和捷里别尔斯基湾中，^{137}Cs 的放射性活度分别为 3.6 Bq/m^3 和 3.4Bq/m^3。在喀拉湾的海水中，^{137}Cs 的放射性活度不超过 3 Bq/m^3。在新地岛西部沿岸带，^{137}Cs 的放射性活度为 10～15Bq/m^3。巴伦支海的某些近岸海区存在局部的污染源。在喀拉海，发现存在 ^{137}Cs 的放射性活度偏高地带，其中包括在喀拉海“边缘过滤器”范围内的极高放射性污染地段，这些污染地段是鄂毕河和叶尼塞河的河水挟带出的放射性化合物以及主要因大气层核试验而形成的放射性物质局部沉降而形成的。在新地岛附近排放和浸淹液态和固态放射性废弃物造成的影响暂时是点状的。2016 年初，北极海域的放射性污染数据为经过衰变校正后的数据。

5.2.2.6 环境影响原因

人类活动引发的风险。北极地区的生态系统对人为影响非常敏感，在受到任何干扰后都恢复得极慢。北极地区的经济活动和交通负荷可能引发严重的生态风险。

俄罗斯北极地区自然环境的主要污染源包括：天然气和石油开采企业，其他有用矿物的开采和加工企业、大型黑色和有色冶金企业、能源企业、化工企业、木材加工和造纸企业以及铁路和海洋运输。

矿业综合型和专业采矿型负荷会造成异常严重的工业影响，这一负荷类型的特点是具有泛域性，且工业-住宅集群和矿山产业区的分布具有枢纽性质。

农业型和林业型负荷对自然组分及其破坏程度的影响更小。这两类人为影响的区域的分布具有纬度地带性，服从景观-气候特殊性。

北极地区陆域的气候和地理特殊性是具有策源地和罕见策源地的工业负荷和远方工业区的空气输送引发的污染在辽阔空间内能够保留的原因。这样的地带包括西伯利亚和远东的辽阔空间以及北冰洋的岛屿。在这些遥远地区发生的生态破坏主要具有狭窄的局域性质。

通常，矿业地区的生态形势要么是危急的，要么是极其紧张的，这是由于该行业的企业耗能量大和各种各样的交通与通信基础设施的需求，采矿和矿物加工设施以及相关的能源设施采取综合布设方式。这些综合型企业的工艺特点导致大面积区域的自然环境的几乎所有组分都发生变形并带有积聚效应。在固体矿物的开采和加工地区，主要的生态问题不仅与环境的综合污染有关，还与剥采作业量不断加大导致数百平方公里的土地资源减损这样的特殊情况有关。

安装和使用管道也对环境的状态产生极重要影响。数量众多的输气企业在珍贵的绿色生态地区开展生产活动。在铺设管道时，侵蚀过程和寒冻过程变得活跃，在跨越河流时，河道变形，土壤层和地表水径流遭到破坏，导致整个动植物界遭受无法弥补的损失。管道的运行使土壤、地表水和地下水、近地大气层受到污染，在多年冻土带，还导致管道（包括除地面管道以外的所有管道）沿线的土壤融化。相反，在输送零下温度的天然气时，土壤会发生冻结。管道沿线的土壤出现显著的铁质化作用（表 5-10）。

表 5-10　自然环境组分在石油和金属矿开采工业影响下的变化形式

影响类型编号	自然环境中的过程——土壤被机械力破坏和植物消亡的后果			被石油和地层水向表土泄漏激发的过程		石油和重金属的稳定馏分聚集在沼泽、河漫滩、三角洲和湖泊
	寒冻成因：热喀斯特、热侵蚀	平面侵蚀和沟壑侵蚀	风蚀：表土吹蚀、形成风成地形	土壤的物理和化学性质改变	土壤盐渍化：寒冻变质作用、盐水的蒸发浓缩、碱化和脱碱化作用	
1	普遍的热喀斯特		普遍的表土吹蚀	潜育化、易流失	寒冻变质作用、碱化和脱碱化作用	聚集在沼泽、河漫滩、三角洲
2	普遍的热喀斯特		普遍的表土吹蚀	潜育化、易流失	寒冻变质作用、碱化和脱碱化作用	聚集在沼泽、河漫滩、三角洲
4	普遍的热喀斯特和热侵蚀		普遍的表土吹蚀	潜育化、易流失	寒冻变质作用、碱化和脱碱化作用	聚集在沼泽、河漫滩、湖泊
5	普遍的热喀斯特，局部的热侵蚀	局部	普遍的表土吹蚀	潜育化、易流失	寒冻变质作用、碱化和脱碱化作用	聚集在沼泽、河漫滩、湖泊
6	普遍的热喀斯特		普遍形成风成地形	潜育化	寒冻变质作用、碱化和脱碱化作用	聚集在沼泽、河漫滩、湖泊
7		普遍		潜育化	寒冻变质作用、碱化和脱碱化作用	聚集在沼泽、河漫滩、湖泊
10	局部的热喀斯特和热侵蚀	局部		潜育化	碱化和脱碱化作用、少量的蒸发浓缩	聚集在沼泽、河漫滩、湖泊

资料来源：Абрамченко и др.，2017

人类的经济活动还激发了很多危险过程和现象。对于分布在俄罗斯北极地区内的构筑物（道路、石油和天然气管道、建筑物等）来说，其面临的最大危险是多年冻土融化。研究表明，在冻土融化时，冻土的物理和机械性质（容重、含水量、孔隙率、对桩基的附着力）会发生改变，最终会降低地基的承重能力，导致地基上的构筑物损毁。厚度可达数米的富冰土和埋藏冰层的融化同样会构成严重的威胁。土壤中的冰融化伴随着地表沉降和发育热喀斯特、热侵蚀等危险的冻土过程，地形因此发生显著变化，进而使该地点的管道和其他构筑物受损。

在北极地区的经济开发过程中，土壤的水力侵蚀过程和其他破坏过程变得活跃，而在自然景观处在天然状态的情况下，发生在冻土带的侵蚀和热侵蚀过程的强度非常小。冻原表面的机械破坏使土壤盖层的结构发生径向变化，形成所谓的人为土壤，人为土壤中的地层的天然交替被破坏，季节性融化层的厚度增大，这导致土壤冰融化和水力侵蚀过程强烈发育。失去了保护土壤不被侵蚀的植被和有机土层，冻原的面积增加。

俄罗斯北极地区的人为影响的危险后果之一是水域被污染（表 5-11）。河流径流是北极海域的主要污染源，不同工业领域的大量企业制造的污染物随着河水进入海洋。喀拉海、拉普捷夫海、东西伯利亚海和楚科奇海的海水的污染源还包括油气田的勘探和开发企业、海运和河运船队、燃滑油料储存基地和燃料的加油站等；金属矿采矿企业；北极沿岸带的城市和村镇；气流和北极冰输送的污染物；意外泄漏；沉没的木材。

表 5-11　俄罗斯北极地区居民的生态环境安全保障

生态热点区		造成负面生态影响的经济活动类型	以往经济活动给居民造成的负面生态影响	推荐的用于保障人类生态安全的重点措施	计划的和正在实施的居民生态安全保障项目
人口密度和技术负荷偏高地区的生态热点区	西科拉	采矿工业、有色冶金业、交通枢纽（海港、铁路）	露天矿、矸石场、尾矿库，被重金属污染的场区、大陆架的放射性物质污染	复垦已损毁的土地、场区的生态修复，加大企业的监测力度	消除以往因在科拉湾沿岸擅自堆弃船只造成的生态损害
	中科拉	采矿工业、有色冶金业、核能产业	露天矿、矸石场、尾矿库，沉积环境的地球化学污染	复垦已损毁的土地、场区的生态修复，加大对企业的监测力度	
	北德维纳	制浆和造纸工业、森林工业、机械制造业、交通枢纽，增加森林火灾危险性	工业废弃物仓库（包括放射性废弃物），石油污染	对场区实施生态修复	消除库兹涅佐夫小河和北德维纳河在克拉斯诺耶居民点地区河段的水资源保护带的石油污染
	涅涅茨	油气工业（开采和运输烃类原料）、交通枢纽（海港和河港）、航天火箭领域	开发凝析油气田和火箭航天发射造成的污染	在火箭一级残骸主落区部署生态监测，对矿床的已复垦场区实施生态控制	
	沃尔库塔	采矿工业（地下和露天采煤）	矸石场，被污染的场区	复垦已采空的矿区，对已复垦场区实施生态控制	

续表

生态热点区		造成负面生态影响的经济活动类型	以往经济活动给居民造成的负面生态影响	推荐的用于保障人类生态安全的重点措施	计划的和正在实施的居民生态安全保障项目
人口密度和技术负荷偏高地区的生态热点区	亚马尔	油气工业（轮流作业法开采天然气）、交通枢纽（萨别塔港）	地质勘探作业、开采天然气和铺设输气管道时损毁土地	对场区实施生态修复，部署对矿床和交通走廊的环境污染物实施生态控制	
	下鄂毕	交通枢纽（河港、铁路、火车站）、建筑企业基地	堆满废弃物的弃置居民点、木材换装基地	对场区实施生态修复	消除拉贝特南吉市的前木材换装基地和地质基地场区过去遗留的生态损害
	新乌连戈伊–纳德姆	开采和运输烃类原料	开采烃类矿床时使场地污染	复垦矿床的受污染场区，对复垦结果实施生态控制	清除纳德姆区的已被取缔的努姆基居民点
	诺里尔斯克	采矿工业（开采镍矿、煤炭）、有色冶金业，增加森林火灾危险性	矸石场、尾矿库，被重金属污染的场区	复垦已损毁的土地、对场区实施生态修复，扩大生态监测和控制网络	
	乌斯季–亚纳	采矿工业（开采金矿、锡矿）、交通枢纽（海港、机场）	矸石场、尾矿库，被生活和建筑垃圾、居民点的已拆毁建筑、废金属（包括包装桶）污染的场区	对场区实施生态修复，对已复垦场区实施生态控制	封存杰普塔茨基采选联合厂的尾矿库，清除库拉尔采金厂的尾矿库
	恰翁–比利比诺	采矿工业（开采金矿、锡矿）、核能、交通枢纽（港口、机场）	矸石场、尾矿库，被已拆毁建筑污染的场区	对场区实施生态修复	清点过去遗留的生态损害，清除污染源，修复佩韦克采选联合厂的场区，清理场区内的包装桶
	尤利廷	采矿工业（金矿、锡矿、钨矿）	矸石场、尾矿库，被生活和建筑垃圾、居民点的已拆毁建筑污染的场区，堆存包装桶		复垦前尤利廷锡钨采选联合厂的废弃物场区，清理场区的包装桶
	阿纳德尔	采矿工业（采煤）、交通枢纽（港口）	矸石场，堆存包装桶造成的污染	复垦受损毁的土地、对场区实施生态修复	清理场区的包装桶
人口密度和技术负荷偏高地区以外的生态热点区	奥涅加	交通枢纽（港口）	被污染的场区	对场区实施生态修复	
	梅津	交通枢纽（港口）			
	阿姆杰尔马		被燃滑油料、废金属污染		消除“阿姆杰尔马镇”农村居民点过去遗留的生态损害
	迪克森	海港			回收城市居民点的危险废弃物

续表

<table>
<tr><th colspan="2">生态热点区</th><th>造成负面生态影响的经济活动类型</th><th>以往经济活动给居民造成的负面生态影响</th><th>推荐的用于保障人类生态安全的重点措施</th><th>计划的和正在实施的居民生态安全保障项目</th></tr>
<tr><td rowspan="4">人口密度和技术负荷偏高地区以外的生态热点区</td><td>哈坦加</td><td>采矿工业（地下法采煤）</td><td>矸石场、被污染的场区</td><td>复垦受损毁的土地、对已复垦场区实施生态控制</td><td>回收村镇和毗邻区的危险废弃物</td></tr>
<tr><td>季克西</td><td>交通枢纽（海港、机场）</td><td rowspan="3">被成品油、生活垃圾和建筑垃圾、居民点已拆毁建筑污染的场区</td><td rowspan="3">对场区实施生态修复</td><td rowspan="3"></td></tr>
<tr><td>乔库尔达赫</td><td>交通枢纽（机场、港口）</td></tr>
<tr><td>切尔斯基</td><td>交通枢纽（泽廖内角、机场）</td></tr>
</table>

资料来源：Абрамченко и др.，2017

5.2.2.7 外源污染

北极地区是俄罗斯联邦境内对环境污染最敏感的地区。进入低纬度带的环境中的污染物，通过大气、河流和海洋的输送，聚集在几乎收留整个北半球的污染物的北极地区。

在北极地区界内划分出输送污染物的三条主要途径：空气流、地表径流和洋流。

长寿命放射性同位素对于俄罗斯北极地区环境的危害极大，其来源于核电站和生产与加工核燃料的工厂产生的放射性废弃物、核电站的放射性物质泄漏事故、核潜艇事故和失事后沉没在洋底的核弹与氢弹（范纯，2012）。英国和法国持续向海中排放放射性废弃物的核设施给俄罗斯北极地区的环境造成放射性污染。由于洋流的流速不大和放射性同位素的衰减期长，放射性污染在俄罗斯北极地区的停留时间极长。

历史上，内华达州、马绍尔群岛和阿留申群岛的试验场、塞米巴拉金斯克试验场（1989年前）的核武器试验对北极地区的放射性污染产生至关重要的影响。

加拿大（安大略省乔克河）和美国（1979年三英里岛）的核电站事故成为放射性污染的巨大源头。1948年和1957年的Mayak联合厂（位于奥焦尔斯克市）的事故造成鄂毕河流域的大面积地域和水体被污染。1948年至今，北半球共发生了20多起泄漏放射性物质的核事故。

由于在北冰洋和大西洋意外沉没的核潜艇的反应堆释放出裂变物质，因此北极地区存在着高度的放射性污染危险。目前，尚未发现在比斯开湾失事的K-8核潜艇、在熊岛附近失事的K-278核潜艇、在美国东海岸失事的“长尾鲨鱼号”核潜艇和在亚速尔群岛地区失事的无名核潜艇的反应堆和核弹头释放出放射性物质。美国空军的运载核弹药的飞机曾多次发生空难。在格陵兰西海岸附近的巴芬海底部的氢弹依然是沉没在海中的最危险的设施。

苏联时期，为地震探测和水利施工而实施的核爆炸（上次在科斯特罗马市、1次在克拉斯诺维舍尔斯克市郊区、2次在雅库特）伴随着裂变物质的意外泄漏，致使放射性物质进入勒拿河和伯朝拉河的地表径流。

俄罗斯北极地区的放射性污染还与热列兹诺戈尔斯克市、谢韦尔斯克市、斯涅任斯克市的核设施有关。据查，放射性核素几乎全部沉积在鄂毕河和叶尼塞河的河道和河口中。

俄罗斯北极地区的烃类跨境污染的主要源头为大西洋、科米共和国和汉特–曼斯自治区。固定钻井平台和超级油轮的灾难性事故使原油大量漂流入北极地区。最大的原油泄漏事故有：1967 年“T 托雷・峡谷号”油轮在苏格兰海岸附近失事（泄漏 12 万 t 原油）、1978 年美国的“阿摩科・卡迪兹号”超级油轮在诺曼底海岸附近失事（泄漏 22.3 万 t 原油），以及 1979 年“大西洋女皇号”和“爱琴海船长号”油轮在加勒比海相撞（泄漏 29 万 t 原油）。葡萄牙、西班牙、英国、法国（布列斯特）、美国（阿拉斯加）等的海岸附近也曾有油船沉没。

墨西哥湾暖流的发源地多次发生极严重的原油泄漏事故。1979 年，墨西哥的 IxtocI 石油平台发生了特大事故（向墨西哥湾泄漏 46 万 t 原油）。2010 年，处在同一地区的 Deepwater Horizon 石油平台发生爆炸（泄漏 100 万 t 原油）。从大西洋进入北冰洋的石油烃类的总量还是未知数。

在欧洲，由二氧化碳、硫、氮的氧化物、各类气溶胶等进入大气层造成的大气污染已经相当严重。欧洲每年排放近 60 亿 t 的二氧化碳，主要是由热电产业发达的国家排放的。核能计划的放缓使进入大气层的温室气体排放量增加。

德国、英国、波兰、捷克共和国、西班牙是 SO_2 的主要陆地排放源头，因此形成的酸性降雨和降雪通过跨境输送进入北极地区。

大西洋水域的污染来自于北海上的繁忙的通航、石油开采和河流输入。河流每年将数十万吨的氯化物、磷酸盐和硝酸盐从陆地输入大洋。由于大西洋北部的洋流结构和大气层中以气团西向输送为主，俄罗斯的生态地理位置可以说相对不利。

在俄罗斯北极地区的石油烃类污染中，俄罗斯境内的污染源占据显著的比例。地表径流是主要的污染途径，石油开采和运输设施是主要的污染源。

在季曼–伯朝拉含油气省和西西伯利亚含油气省，采油场和输油管道的事故造成的石油泄漏污染了土壤和水体并进入俄罗斯北极地区的海水中，对养鹿业、渔业、住宅和公共事业造成严重损失。科米共和国、汉特–曼斯自治区、阿尔汉格尔斯克州是主要的污染源头地区。

在东西伯利亚和远东，俄罗斯北极地区以外的地区基本上没有大的污染源。

5.2.2.8 环境污染的水平和趋势

为评价总的人为负荷量，采用包括固定污染源排放量、污水排放量、废弃物产生量的整合指标。

在俄罗斯北极地区境内的联邦主体中，摩尔曼斯克州和萨哈（雅库特）共和国承受的总人为负荷量最大，阿尔汉格尔斯克州、亚马尔–涅涅茨自治区、科米共和国和克拉斯诺亚尔斯克边疆区（泰梅尔多尔干–涅涅茨区）承受的人为负荷量为中等，涅涅茨自治区和楚科奇自治区承受的人为负荷量最小。

2011～2015 年固定污染源排放量、污水排放量和废弃物产生量的增加或者减少趋势分析如下。

2011～2015 年，在俄罗斯北极地区境内，由于固定污染源排放量减少，除摩尔曼斯克州和萨哈（雅库特）共和国以外的其他联邦主体的大气污染水平都呈现下降的趋势。

2011～2015 年，俄罗斯北极地区的所有联邦主体的污水排放量均减少。

2011～2015 年，大部分地区废弃物产生量的变化趋势与固定污染源排放量呈完全相反的态势：除摩尔曼斯克州和楚科奇自治区以外，所有联邦主体的废弃物产生量都增加了。

污染物的跨境输送受 1979 年制定的《远距离越境空气污染公约》的管制。在该公约框架下制定和实施了“欧洲监测和评价计划”（EMEP）。由两个欧洲中心 —— 设在莫斯科（俄罗斯）的“东方”气象合成中心和设在奥斯陆（挪威）的“西方”气象合成中心完成污染物沉降量的分析和模型计算。在参与跨境转移的物质中，硫化物的数量最多。在俄罗斯，对湖泊和水库的水产生重要影响并使水体富营养化的含氮化合物的沉降量正在逐年增加。含氮化合物跨境污染的源头分布在哈萨克斯坦、乌克兰、波兰、土耳其、白俄罗斯、德国、捷克共和国和英国境内。

在俄罗斯西部和南部边境的个别地区，硫化物跨境输送量的比例达 70% 以上。在萨哈（雅库特）共和国的北部，硫化物跨境沉降量的比例超过 90% 的区域所占面积极大，当地基本上没有排放硫氧化物的重要源头。总体上，在最近 25 年内，在俄罗斯北极地区境内，硫化物通量主要呈下降趋势，冬季下降至低于区域背景水平，在 2015 年低于每月 10kg/km^2。

固定污染源对大气污染产生的影响最大，固定污染源包括集中在工业重地的各行业工业企业。

克拉斯诺亚尔斯克边疆区和摩尔曼斯克州的污染物大气排放水平最高。2015 年俄罗斯北极地区城市空气污染指标的分析结果显示，诺里尔斯克市的污染水平为很高，阿尔汉格尔斯克市和尼克尔（镇）的污染水平为较高，其余城市的污染水平为低。诺里尔斯克市每年都为俄罗斯污染最严重的城市之一。诺里尔斯克市的空气污染水平如此之高，是由于二氧化硫的排放量巨大，每年约排放 190 万 t，这一事实已被降水的化学成分和酸度观测数据证实 —— 俄罗斯的硫化物污染最严重的大气降水就降落在诺里尔斯克市（77mg/L）。

由“西方”气象合成中心在 EMEP 计划框架内完成俄罗斯境内天然和人为的酸化和富营养化物质的沉降量的计算工作。尽管降水量不大，但是西伯利亚扇形区内随降水降落的离子数量可能达到可观的数值 —— 硫达到 2t /km^2 和离子达到 14t /km^2。在诺里尔斯克市，硫随着降水的降落量（2t/km^2）几乎是最大允许极限值的 5 倍。在北极地区，除了俄罗斯的欧洲区域，各处的硫沉降量都是总氮量的 2～6 倍。

根据俄罗斯联邦水文气象和环境监测局的数据，2015 年，和往年一样，年降水总量自西向东递减，这使得降水的矿化度增加和 pH 发生波动。在北极地区，随降水降落最多的是氯化物，其次是硫和总氮（表 5-12）。西伯利亚扇形区沉降物数量大，沉降物随时间减少的趋势不明显（与离子浓度相比）。各处的总沉降量都遵循优势离子的变化，降水总量对总沉降量的影响更小。

表 5-12　2015 年随着降水的离子沉降量　（单位：t/km^2）

扇形区	硫	氯	总氮
大西洋扇形区	0.52	1.04	0.22
西伯利亚扇形区	1.93	1.14	0.28
太平洋扇形区	0.42	0.25	0.17

资料来源：Абрамченко и др.，2017

根据大气总环流、气象条件和其他因素的不同，向大气层进行工业排放的后果也不同程度地体现在具体的景观中。例如，诺里尔斯克市的污染气团的影响会扩散到很远的地方。图鲁汉斯克市的背景监测站位于诺里尔斯克市以南约500km，诺里尔斯克市区的气团在冬季主要向西输送，在夏季主要向西北输送。平均而言，空气在夏季是从海洋向陆地输送，在冬季是从大陆向北极中心输送。在这一背景下，污染气团在春季造成的影响最严重，即在空气环流的重构期。在寒冷期，在诺里尔斯克站和图鲁汉斯克站，硫化物的沉降量与降水量之间的关联度要小很多，或者完全没有。

在高纬度指数异常值和判断北极海域和沿岸带上空优势气流的基础上，分析多年环流背景特征，结果表明，在冬春时节（10月至次年4月），巴伦支海和喀拉海海域上空主要为西北方向的气流（概率达80%），拉普捷夫海主要为西南和南向的气流（概率达65%）；东西伯利亚海和楚科奇海主要为西南、东南和南向气流（概率达77%）。在夏秋时节（5～9月），俄罗斯北极地区大部分海域上空主要为西、西北和东向气流。

5.2.3 技术风险

俄罗斯北极地区面临污染的主要技术灾难风险包括：采矿和加工、冶金、造纸与制浆、烃类原料开采和油气管道运输、水运等设施的技术影响；核能企业造成的放射性污染；热电企业的影响；普列谢茨克航天器发射场发射的运载火箭的部件的影响；城市和其他居民点的大气层、水体和饮用水水源的状态；未经净化的工业污水和生活污水的排放；包括天然饲草地在内的土地的退化；未回收的废弃物在多年冻土环境中的沉积。

在俄罗斯北极地区，存在潜在危险的设施、工业经济开发局地化、人口密度低、极端的自然气候条件是引发技术灾难风险的主要前提。俄罗斯北极地区的技术风险的类型由环境产生的技术影响的历史既有来源类型和技术影响的可能后果决定。

在新地岛核试验场进行的核武器试验对环境造成了极大的影响。共进行了130次核爆炸，其中仅有39次是地下核爆炸。核爆炸产生的约12%的放射性物质降落在试验区，10%落入新地岛纬度上的绕极环中，78%以细分散物质的形式补充到平流层放射性核素的全球总量中，从这个总量中产生进一步的放射性尘降。新地岛的开发带有放射性污染的风险。

西西伯利亚的核电企业影响着北极地区的放射性环境。鄂毕河和叶尼塞河等西伯利亚大型河流的河口段已经成为位于其上游的设施（热列兹诺戈尔斯克、斯涅任斯克、奥焦尔斯克、谢韦尔斯克）排放出（包括事故性排放）的放射性污染物的天然聚集地，需要对这些地方的放射性环境进行详细研究。在这些河流的河岸或者河道内进行作业前，应当进行综合的放射性调查。

在喀拉海和新地岛的海湾倾倒具有高放射性的设施等（潜艇、核反应堆、固态放射性废弃物）构成了很大的技术风险。

目前在俄罗斯北极地区运行着两座固定的核电站——科拉核电站和比利比诺核电站。比利比诺核电站的第一发电机组于2019年1月停机，其余的三个于2021年12月停机。在核电站关闭后，如何在没有道路的情况下经过山隘和渡河口以400km运距将高放射性集装箱和构件运出至佩韦克将成为主要的问题。运输具有高度放射性的设施存在潜在风险，尤其是在没有相应基础设施保障的交通困难地区。

除了上述固定核电站外，2018 年，俄罗斯推出全球首座水上漂浮核电站——罗蒙诺索夫院士号，船上拥有 2 座发电量 3500 万 W 的核子反应炉。佩韦克港为该电站的船籍港。

油气开采企业给俄罗斯北极地区自然环境造成了负荷，使北冰洋海域面临被石油烃类慢性污染的威胁，随着时间推移，这可能导致北极海冰失去稳定和造成全球性的后果。在石油开采地区，采油场和土壤中的管道系统在运行过程中积累了大量的石油烃类并且其含量仍在持续增加。

北方海航道的运输强度不断加大，给北冰洋海域造成的人为负荷也加大。俄罗斯北极地区的水域和沿岸带受到污染，对生物圈、航运业、捕鱼业、水产养殖业和人类健康产生负面影响。在油船运输线路上和成品油转运设施上，发生石油污染的风险最大。由于水深和缺乏港口设施，海岸或者近岸带布设了装油码头。“北极大门”码头位于亚马尔半岛附近，与卡缅角镇的海岸相距 3.5km，该码头用于装运亚马尔–涅涅茨自治区的最大油田之一 —— 诺维港油田的石油，年设计运输能力为 850 万 t 石油。运出的石油经北方海航道用油船加破冰船护航运输。在运输过程中，鄂毕湾水域和亚马尔半岛海岸有被石油污染的风险。

位于巴伦支海的普里拉兹洛姆石油平台是俄罗斯的第一个固定式海上抗冰石油平台，该平台的装运码头距离海岸 50km，年装运能力达 1000 万 t，具有极高的技术和生态安全性。平台所在位置的水深为 19m，可以安全地承载北极地区运行的各种类型的冰级油船。

瓦兰杰伊装油码头是固定式海上抗冰装运码头，年吞吐能力达 1200 万 t，该码头设置在巴伦支海的 17m 深度，距离海岸 22km，有两条水下管道与之连接。瓦兰杰伊装油码头负责换装在季曼–伯朝拉含油盆地（主要在科米共和国和涅涅茨自治区境内）开采出的石油。巨大的海上石油运输系统包括一条长 158km 的矿场间输油管道、一个容积 32.5 万 m^3 的海岸油罐区、一座泵站、一个油船队和一个吞吐量 25 万 t 的靠泊转运中心。

辅助的破冰船和破冰拖船用于确保固定式海上抗冰装运码头在进行系留作业和货物作业时的安全。为船只装备了灭火系统和先进的石油泄漏清理设备。为装油码头设计了在发生事故时防止石油泄漏的三级保护，并杜绝了向北极水域倾倒生产或生活垃圾。

位于科拉湾的别洛卡缅卡浮式装运码头是俄罗斯最大的靠泊码头，它能容纳达 36 万 t 的成品油，它实际上是一艘将石油向大吨位油船转运的油船。

在夏季通航期，科尔古耶夫岛上的油罐区将过去一年内收集的佩夏诺奥泽尔卡油田开采出的石油通过长约 3 海里的海上漂浮输油胶管输送到油船上。

俄罗斯北极地区的能源设施包括从摩尔曼斯克到阿纳德尔的利用煤、重油或天然气作为燃料发电的大型热电站。发电设施运行造成的主要危害是污染大气层和水体、在热电站工作地带形成酸性沉积物、在供电中断时（尤其在冬季时）导致工业设施和基础设施发生事故或故障。

摩尔曼斯克州和阿尔汉格尔斯克州的能源系统的形式最多样化。摩尔曼斯克州以小型水电站为主（包括 17 座水电站和基斯拉雅湾潮汐电站），仅在摩尔曼斯克市、蒙切戈尔斯克市和阿帕季特市有 3 座热电站。

阿尔汉格尔斯克州拥有 6 座热电站，仅阿尔汉格尔斯克市和北德文斯克市的 2 座热电站采用天然气发电，其余采用煤和木材发电，造成大气层中的污染物浓度偏高。涅涅茨自治区的唯一一座热电站采用当地的天然气发电。

沃尔库塔燃煤热电站对环境产生长期的影响。特殊的气候和反气旋控制下的天气为污染物达到危险浓度创造了条件。计划对沃尔库塔工业枢纽的发电产能进行升级改造，以提高效率和减少污染物的排放量。

亚马尔-涅涅茨自治区的乌连戈伊国营地方电站采用天然气为燃料发电，还有建在自治区不同地点的 9 座热电站。老旧的柴油电站面临淘汰。能源供应中断（尤其在冬季）会使供电面临风险。

克拉斯诺亚尔斯克边疆区的北极地区界内有 2 座水电站 —— 乌斯季汉泰水电站和库列伊卡水电站，还有 3 座热电站 —— 诺里尔斯克第一、第二和第三热电站为诺里尔斯克工业枢纽供电。在供热故障或者中断时（尤其在冬季），地区的能源、生态和社会系统有崩溃的风险。

俄罗斯北极地区的萨哈（雅库特）共和国境内没有大型的能源设施，当地的锅炉房、柴油发电站为居民点供热和供电。杰普塔茨基镇建有 1 座柴油发电站和 1 座燃煤发电站。发生事故和冬季燃料短缺的风险相当高，主要的负面后果具有社会性。未来，在佩韦克新建的浮动核热电站会降低供电中断的概率，但是这要求建立网络式基础设施，并且不能解决佩韦克以外的供热问题。

楚科奇自治区境内现有固定的比利比诺核电站和浮动的罗蒙诺索夫院士号核电站、设在埃格韦基诺特市和佩韦克市的燃煤热电站，部分电站计划被淘汰。阿纳德尔市有 2 座热电站，分别是燃煤电站和燃气电站，均采用当地的燃料发电。所有热电站基本上都已超过使用年限，主要设备存在故障风险，可能造成供电中断。如果堆灰坝溃坝，埃格韦基诺特市克列斯特湾的水域有可能被污染。

俄罗斯北极地区技术危害和风险的源头主要集中在摩尔曼斯克州、阿尔汉格尔斯克州、诺里尔斯克城市群和亚马尔-涅涅茨自治区。使俄罗斯北极地区形成污染区的主要工业行业是矿山和冶金业，这些行业的特点是生态系统中的有毒物质累积量偏高、居民的支气管肺炎、肿瘤和皮肤病的发病率偏高。北极地区矿物原料的开采和初加工会导致化学污染和土壤被机械力破坏，地下水、地表水和大气被污染，以及生物圈退化。由于减产的比例失调和自然过程的惯性，主要环境组分的受污染面积继续扩大。

普列谢茨克航天器发射场发射宇航火箭和弹道火箭对北极地区的环境产生负面影响。运载火箭的含液体燃料的某些部件会坠落到人烟稀少地区，而火箭燃料（偏二甲肼）的毒性大、易挥发、易溶于水、易运移和聚集在生物体内。根据世界卫生组织的资料，偏二甲肼及其衍生物具有致癌和诱变作用，是亲肝和亲神经性毒物。运载火箭部件虽然坠落在人烟稀少地区，但是存在偏二甲肼在土地和冻原植物中聚积、进入地表水或者进入驯鹿与经济鱼类的食物链的风险。

在摩尔曼斯克州的阿尔汉格尔斯克市、纳里扬马尔市、沃尔库塔市、诺里尔斯克市和阿纳德尔市以及其他的给排水系统不发达的大型居民点，地表水（包括产卵水域）被工业和生活污水污染的风险高。

在北极地区发展地质勘探和油气产业、本国经济领域进军北极地区、复兴国防潜力、尖锐的北方海洋生态问题和国际社会对这些问题的关注、消除累积性生态损害的任务、保护北极地区极脆弱的自然综合体的责任等，都要求开发北极地区的所有参与者必须制定标准化的环境保护策略。

为了降低北极地区开发过程中的生态风险，必须扩大监测试验场网络。对于俄罗斯北极地区自然资源的使用者，需缴纳资源使用税费，或以生态风险投保的方式缴纳保险金，这些资金将统一纳入俄罗斯联邦财政资金。

北极地区的技术危害和风险保持高位的最重要原因在于：俄罗斯北极地区的联邦主体的经济为单一资源型经济；缺乏生产和生活废弃物的处置制度；在极端自然环境下生产和生活的费用高；经济实体和社会环境集中在有限区域；法律实效缺失、对过去遗留的生态环境损害的责任缺乏法律规范；环境保护机关的环境监管力量薄弱。

5.2.4　航道风险

北方海航道（又称北方航道、北极航道、东北航道或北方海上通道）依次经巴伦支海、喀拉海、拉普捷夫海、东西伯利亚海和楚科奇海五大海域，直到白令海峡。途经摩尔曼斯克、阿尔汉格尔斯克、哈拉萨维、迪克森、杜金卡、伊加尔卡、哈坦加、季克西、佩韦克、普罗维杰尼亚等港口（Liu et al.，2020）。北方海航道不仅连接俄罗斯的西北部和东部地区，还连接西伯利亚通航河流的河口。它为北方的经济发展提供年度货物运输，对开发俄罗斯北极地区、振兴俄罗斯北部地区意义重大。俄罗斯政府希望将其打造成一条重要的国际交通干线。随着北方海航道的基础设施逐渐完善，航道通行制度放宽等因素使得航道运输货物量呈增长态势，尤其在 2015 年后航道的运输增长加速，2016 年北方海航道的货物运输量就超过了苏联时期的最高水平，2019 年货物运输总量与 2016 年相比增长了近 3 倍，达到了 3150 万 t（图 5-1）。北方海航道从法律意义上已被俄罗斯提高到新的战略高度，俄罗斯预计在 2035 年前实现海上货运量达到 1.3 亿 t 的目标（2020 年北方海航道货运量约为 0.3 亿 t）（朱燕和王树春，2021）。但是随着北方海航道的重要性越来越高，其伴随的风险和困难也不断被提及，引起俄罗斯政府的不断关注。

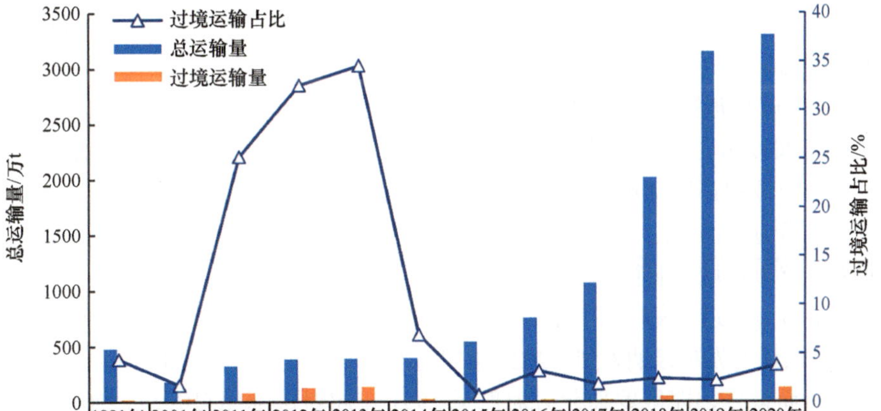

	1991年	2001年	2011年	2012年	2013年	2014年	2015年	2016年	2017年	2018年	2019年	2020年
总运输量/万t	480.4	180.0	325.8	387.6	391.3	398.2	543.1	758.0	1070.0	2018.0	3150.0	3300.0
过境运输量/万t	21.1	30.0	82.1	126.2	135.5	27.4	4.0	21.4	19.4	49.1	69.7	128.0
过境运输占比/%	4.4	1.7	25.2	32.6	34.6	6.9	0.7	3.2	1.8	2.4	2.2	3.8

图 5-1　俄罗斯北方海航道沿线货物运输增长动态

资料来源：根据联邦国家预算机构“北海航线管理”官网

1）北方海航道是从欧洲到亚洲最短的航线，因而引发了多个国家对它的关切和兴趣。当然，对其感兴趣的不仅仅是俄罗斯和中国，还有美国、中国、日本、英国和其他国家。北方海航道目前完全由俄罗斯控制，但美国一再表示，广义的北方海航道应该是“全人类”的，属于“国际社会”（郭培清和杨楠，2020；Sergunin and Gjrv，2020）。国际社会也广泛认识到北方海航道的军事战略意义（何奇松，2010）。美国和北约一直对北极给予了特别关注（张江河和张庆达，2021）。俄罗斯通过建立其在北极地区的军事力量来应对这些挑战。俄罗斯成立了“北方舰队”联合战略司令部，其从2021年1月1日起获得军区的地位。它负责阿尔汉格尔斯克州、摩尔曼斯克州、科米共和国和涅涅茨自治区等地区的安全和防御。

北方海航道军事上最危险的路段首先是其最西端的路段，这里属于摩尔曼斯克州。摩尔曼斯克州在西北部与挪威接壤。而挪威是北约联盟的成员。2020年秋天，挪威和美国恢复了2002年关闭的奥拉夫斯韦恩海军基地。从奥拉夫斯韦恩到俄罗斯边境只有350km。美国计划将美国海军海狼型核潜艇放置在这里。如果部署在挪威，美洲海狼型核潜艇将对北方海航道的安全构成严重威胁，特别是对摩尔曼斯克州和摩尔曼斯克沿岸地区威胁极大。

此外，北约经常在正式中立的瑞典和芬兰领土上使用军事基地，这意味着，在发生军事冲突时，可以从这些国家的领土上对俄罗斯北极地区进行打击，主要是摩尔曼斯克和阿尔汉格尔斯克地区以及沿其海岸延伸的北方海航道的部分。例如，北约在“三叉戟接点”军事演习期间，使用了芬兰罗瓦涅米的空军基地和瑞典卡拉克斯的空军基地。

而北方海航道的楚科奇海和白令海地区也时刻面临着来自阿拉斯加的威胁。从军事角度来看，北方海航道的另一个潜在危险部分位于其最东端的楚科奇地区。美国空军第11航空队总部设在阿拉斯加安克雷奇的埃尔门多夫空军基地，负责从空中控制白令海。

因此，俄罗斯认为，对北方海航道的主要威胁是美国和北约可能的侵略行动。因此，为确保这些地区和北方海航道的安全，俄罗斯将通过发展导弹和防空系统、反潜战、增加自己的潜艇和水面舰艇数量以及加强航空和海岸防御部队的潜力，以进一步增强在北极地区的防御力量。

2）北方海航道发展的前景与不确定性。尽管北方海航道于1991年起对国际开放，但直到2012年之后，货物周转量才相对活跃起来。这是因为俄罗斯对第155号联邦法律中“关于俄罗斯联邦内海水域、领海和毗连区”的条文进行了修正。修正案确定了对北方海航道边界的立法，并成立了联邦国家预算机构——北方海航道管理总局，旨在确保北方海航道水域的航行安全，包括对破冰和领冰的监测和信息支持。

北方海航道开发中新的重要点是2017年底亚马尔液化天然气项目设施的调试，随后将北方海航道开发项目纳入到“2024年期间主要基础设施现代化建设和扩建综合规划”中。

简而言之，即俄罗斯北方海航道1991年起对国际船只开放，2012～2017年立法规定北方海航道范畴，2018年制定2019～2024年北方海航道基础设施综合发展规划。

根据联邦国家预算机构北方海航道管理总局的数据，由于亚马尔液化天然气项目的启动，2018年的货物运输量与2013年相比增加了5倍，与2017年相比增加了2倍。北方海航道开发项目预计到2024年交通运输量将达到8000万t，包括北溪项目1号和2号。

在货物结构上，截至2018年底，液化天然气和天然气凝析油、石油和石油产品运输的总份额接近 90%，其余部分为机器和项目货物。过境货物占货运量的比例不超过 1%。

北方海航道在某些方向比通过苏伊士运河的路线短，这意味着尽管通过北方海航道的过境量很低，但运输可以更快和更便宜。马士基集装箱航运公司和中远海控虽然已经进行了几次测试，但尚未宣布定期航线何时启动。与此同时，部分运输公司公开表示，由于北方海航道对该地区可能产生不良的影响，目前暂不参与。北方海航道水域过于恶劣的条件和不可预测的天气并不能保证运输的准确率，短时间的夏季航行也无法建立全年运输的连贯性，因此很多公司对北方海航道尚在观察阶段。

北方海航道开发项目被列入到“2024 年期间主要基础设施现代化建设和扩建综合规划”中，计划融资超过 5800 亿卢布。规划中，确定了开发航线上的潜在货物，如液化天然气、石油和石油产品、金属和矿石以及集装箱等。新航线的发展潜力是货物运输市场的所有参与者的兴趣集合。但考虑到气候变化，运输公司正在实施船舶测试通行和护航，研判该地区基础设施发展与达标的可行性。实际上，北冰洋海域的航行条件面临着许多困境。而到目前为止，这条运输通道从经济角度讲只有碳氢化合物的出口最为有效。

困难和限制不仅出现在运输的货物上，也出现在船队的运输中。在船舶面临海面可能结冰的条件下，就需要复杂的破冰作业，包括从破冰船尾分裂冰，这样舰队和船员的风险系数将增加。由于冰、冷空气和低水温，北方海航道上的紧急救援行动将变得复杂。在途中发生不可预见的情况时，船员和货物面临的危险比通过苏伊士运河的线路更大。

在整个北方海航道上发展全年定期航行需要建立足够的基础保障设施，以确保有效利用船队，包括组织维修服务，基于监测冰况的船队管理系统，处理与使用核破冰船有关的环境风险的基础设施，以及在北极地区的工作。

3）北方海航道的环境安全。北方海航道作为连接太平洋和大西洋的运输动脉对国家经济产生积极影响，因为大量使用北方海航道为在整个北海通行沿线发展运输和其他基础设施创造了先决条件，为创建破冰船队、具有高度防冰保护的油轮和散货船队奠定了基础，增加了从航运公司收到的预算付款。

北方海航道是俄罗斯北极交通基础设施的基础，没有它，就不可能开发俄罗斯北极地区，无法开采集中在俄罗斯北极地区和北方地区的自然资源。

但是，积极使用北方海航道为整个国家带来了经济利益的同时还带来了与北极环境状况恶化相关的高风险，包括船只在北方海航道上的频繁移动（Andreeva，1998）。

俄罗斯北极生态的主要威胁是北冰洋和北部地区人类废物的污染、石油产品及其加工产品的污染、烟灰、固体和液体生活垃圾、化学品的污染以及核辐射的污染。

对北冰洋生态的主要威胁是通过北方海航道的船只的废燃料污染。比如，一艘油轮每天可以消耗 33t 燃料，因此，在通过北方海航道所需的 26 天内，将消耗 858t 燃料。而一艘大功率的柴油破冰船每天要消耗多达 3000t 燃料。2015 年有 715 艘船通过北方海航道，它们消耗了 61.3 万 t 燃料。

燃烧液态柴油燃料、硫黄和硫酐、氮氧化物，以及气态和固体产物不完全燃烧时形成钠盐，排放到大气中，对北极生态产生重大影响。燃料燃烧产生的排放物逐渐积聚在生物体中，导致生物资源退化，包括整个食物链。

此外，当燃料燃烧时，会形成烟灰，这些烟灰沉降在冰上，导致海冰更快地融化。反过来，大量淡水的涌入改变了海水的化学成分，从而影响了北极的生物资源。

北方海航道的船舶事故导致的石油产品泄漏也是一种威胁，因为即使是一艘船的事故也可能造成损害。

同时，由于北极生态恢复缓慢，与其他气候条件下的类似泄漏相比，这里的石油泄漏将产生更具灾难性的影响，将导致环境灾难和不可逆转的后果。

通过北方海航道的船舶在行进过程中产生的液体和固体生活垃圾的排放对环境产生了同样重大的影响。然而，俄罗斯没有关于向北方海航道水域排放哪些废物和多少废物的详细统计数据，因此无法客观评估废物倾倒对北方海航道环境状况的威胁。

同时，对北方海航道和北极环境状况的潜在威胁是放射性污染。目前，北方海航道上的核动力破冰船有“亚马尔号”“50 年胜利号”“泰米尔号”“瓦伊加奇号”。它们建立的时间均已有几十年，且维护和更新并不及时，因此，现有的核破冰船已经耗尽了其资源，但由于缺乏替代方案，它们仍继续用于船舶的航行，尽管迄今为止尚未记录到官方登记的辐射泄漏案例，但人们对核破冰船的安全性产生顾虑。

与此同时，通过北方海航道的船只对野生动物造成的负面影响不容忽视，其或多或少会影响海豹，特别是海豹的栖息地，导致部分死亡，进而间接影响北极熊。

除了上述直接的环境威胁外，还有间接影响北极环境安全的间接威胁，特别是，各种基础设施对环境产生的重大影响，包括对自然景观和海岸的影响，还有人类活动过程中产生的工业和家庭废物。

俄罗斯北极发展战略强调存在环境威胁，如环境的技术负荷和人为负荷增加。在俄罗斯联邦附近的某些北冰洋水域以及俄罗斯联邦北极区某些领土上达到极限值的可能性增加。特别是上述地区中存在特别不利的区域，区域中分布潜在的放射性污染源，致使区域遭受高水平的放射性污染累积伤害（Богоявленский и Лаверов，2012）。

因此，北极地区的环境威胁很广，防控当前威胁需要巨大投入。

总之，支持和发展北方海航道是俄罗斯的一项国家任务，这不仅仅是俄罗斯北极交通基础设施的基础，还是出口提取的矿物自然资源的“必经之路”。

因为北方海航道，在北极发现的自然资源，包括大陆架上的自然资源有可能更积极地开发和利用。俄罗斯的北极地区得到了供应保障。

此外，北方海航道是从太平洋到大西洋的最短运输走廊，经济潜力巨大，但尚未得到积极利用。

5.3 保护与开发战略

5.3.1 保护性开发战略

极端的环境决定了北极地区的生态系统对于各种形式的自然变化和人为影响都特别脆弱。具有适应各种严寒条件的综合能力的高寒带的很多典型植物和动物是稀有和仅存的，非常适合作为研究进化生态学的一般原理和自然系统极限稳定性的模型，因此，保护北极地区的生物多样性和天然生态系统的多样性尤为重要。近年来，人们对北极地区生物资源的商业利用不断加强，以超越允许开发限额的规模进行捕猎、采集和不受限制地运出动植物资源的现象加剧。不断加大的矿物开采和工业开发给地区原本脆弱的生态系统造成不可逆转的破坏。

《2020 年前俄罗斯联邦北极地区国家政策原则及远景规划》（2008 年 9 月 18 日俄联邦第 1969 号总统令批准）宣布了“保护北极地区独一无二的生态系统”作为俄罗斯联邦在北极地区的国家基本利益之一。落实俄罗斯在北极地区生态安全保障领域内的国家政策的主要措施是“制定特殊的自然资源利用制度和自然环境保护制度，包括监测环境污染情况”。作为俄罗斯联邦区域环境保护关键环节的特殊自然保护区域理当有效地履行这项任务。

目前在俄罗斯北极地区现有的国家特殊自然保护区域和新保护区域的大致布设位置，依照 2011 年 12 月 22 日第 2322 号俄联邦政府令《2020 年前联邦级特殊自然保护区域系统的发展构想》，在 102 个州自然保护区、42 个国家公园和 70 个联邦级州自然保护区的基础上，通过提高特别保护区系统组织和运作领域的公共行政效率，发展国家特别保护区系统。

目前，在俄罗斯北极地区有 33 个国家特殊自然保护区，总面积略大于 2030 万 hm^2（未计入水域），约占俄罗斯北极地区总面积的 5.6%。

具有高保护级别的区域（即自然保护区本身）占据所有特殊自然保护区域总面积的近 59%，在这些高级别的自然保护区内，完全禁止对自然保护区境内的自然综合体进行经济开发利用，自然界的所有组分都受到保护。目前，俄罗斯北极地区有 12 个国家自然保护区。

拉普兰自然保护区，是最早建成的北部自然保护区，建成于 1930 年，建立目的是保护北部泰加林和山地冻原的自然综合体。拉普兰自然保护区位于北极圈内，在摩尔曼斯克州的西部大陆部分。

坎达拉克沙自然保护区（1939 年），在建成后的第一阶段以保护绒鸭和恢复绒鸭数量为宗旨，后来面积得到扩大，目前该保护区的任务是保护和研究白海、巴伦支海的岛屿和沿岸带的自然综合体。

弗兰格尔岛自然保护区（1976 年），是俄罗斯最北部的自然保护区，占据楚科奇海的两座岛屿（弗兰格尔岛和赫勒尔德岛）和毗邻水域。该保护区内有典型和独有的北极岛屿生态系统，主要景观是北极冻原和山脉。该保护区保护北极熊、海象、俄罗斯唯一的白雁筑巢种群、特有的白令动植物区系的很多其他物种。

泰梅尔自然保护区（1979 年），位于泰梅尔半岛的中心和东部，包括滨海的北极冻原、贝兰加山脉南部支脉的山麓冻原、平原冻原生态系统和位于保护区南部地段的世界最北端的森林地带。

勒拿河口自然保护区（1986 年），位于勒拿河的河口部分，包括毗邻的岛屿。保护区域覆盖北极和亚北极冻原地带，成立的目的是保护雅库特在北极圈内的独特景观地区的植物和动物。

帕斯维克自然保护区（1992 年），位于科拉半岛最西北部、北部泰加林亚带、邻近北部泰加林亚带与森林冻原的边界。保护区内多为处于松林分布北界的松林景观和辽阔的湿地。

大北极自然保护区（1993 年），是俄罗斯最大的自然保护区，占据泰梅尔半岛的北部沿岸带和毗邻的岛屿。保护区的主要部分位于北极冻原亚带，最北部地段位于北极荒漠带。

格达自然保护区（1996 年），位于西西伯利亚的北部，包括格达半岛北部、喀拉海的南部岛屿、格达海峡、奥列尼海峡和尤拉茨卡亚湾。该保护区保护原始的冻原生态系统和喀拉海的近海生态系统以及鹬鸟和水禽的大规模筑巢地段。

涅涅茨自然保护区（1997 年），其大陆部分位于极地冻原的东北端，保护典型的扰动较少的冻原生态系统。该保护区还包括鸟类在孵蛋和换羽期间停留的伯朝拉湾的岛屿和巴伦支海的近岸区域。

中西伯利亚自然保护区（1985 年）、上塔兹自然保护区（1986 年）和普托拉纳自然保护区（1988 年）等其余的自然保护区分布在俄罗斯北极地区境内，具有北部泰加林和中部泰加林地貌景观。

北极地区的国家公园系统在近年才开始形成。在面积占所有特殊自然保护区域总面积 13% 的国家公园范围内，按照保护方式划分出若干功能地带：禁伐禁捕地带、特殊保护地带、教育旅游地带、休憩地带等。在禁伐禁捕地带和特殊保护地带，提供保护天然的自然综合体的必要条件，在不同的国家公园内，这两个地带可能占公园总面积的 10%～80%。现有的国家公园包括：沃德洛泽罗国家公园（2001 年）、俄罗斯北极国家公园（2009 年）、白令陆桥国家公园（2013 年）、奥涅加滨海区国家公园（2013 年）。

北极地区的国家自然禁伐禁捕区的面积占到所有特殊自然保护区域总面积的 28%。建立这一类型的受保护区域的目的是保护或者恢复自然综合体或者自然综合体的组分以及保持生态平衡。禁伐禁捕区具有综合型、景观型、生物（植物和动物）型、狩猎型、古生物型等侧重面不同的类型。在综合型和景观型的禁伐禁捕区内，对完整的自然综合体的保护程度最高。在俄罗斯北极地区的 12 个国家禁伐禁捕区中，一半以上为动物型和狩猎型，不能充分地服务于保护和恢复生态系统之目的。

根据《落实〈2020 年前联邦级特殊自然保护区域系统的发展构想〉措施计划》（俄联邦政府 2011 年 12 月 22 日第 2322 号政府令批准），计划在东西伯利亚海大陆架近岸区的岛屿上、科雷马河的河口再建立一个自然保护区 —— 熊岛自然保护区，以及建立希比内国家公园与中央楚科奇国家公园，还计划扩大帕纳亚尔维公园。

5.3.2 提高自然经济环境的生态可持续性

通过引进环保型改良技术、改革经济结构和自然资源利用结构、对生产废弃物进行合理可行的二次利用等措施提高资源使用效率。

在实行有效的经济机制（包括“绿色投资”）和按照生态系统跨地区原则实施可持续发展规划的基础上，通过减少放射量、清除区域的污染物、控制废弃物、预防环境突发事件和完善环境保护工作，减少人为活动对环境的影响。

重建和保护环境、景观、生态系统和生物多样性。

如果违反内部动力学平衡法则，则无法保留和保障生态系统的可持续性。不仅是环境质量，自然环境组分的整个综合体在可预见的未来能否存在也将受到威胁。在“组分平衡”和“大区域平衡”没有被破坏的情况下，内部动力学平衡法则作为环境负荷的调节者使用。正是这些“平衡”成为合理利用自然资源的标准，应当作为制定环境保护措施的基础。

这一法则的实质在于，自然系统拥有彼此关联的内部通量、物质、信息和动力学性能，以至于一个指标的任何变化都会引起其他指标或者同一个的但是处在其他地点或者其他时间的指标发生相应的功能和数量变化，这些变化保持着整个自然系统的物质和能量指标、信息指标和动力学指标的总和不变。这也确保了系统的保持平衡、系统内的生态闭环及系统的自我恢复和自我净化等属性。

自然平衡是生物系统最典型的性状之一，它在人为影响下可以不被破坏并转为生态平衡，即形成自然环境的天然组分或者被人为改变的组分与自然过程的平衡，这种平衡使该生态系统能够长久（有条件地永久）存在。

在多年冻土几乎遍布的情况下，应当在遵照特定的工艺技术、构筑物的使用制度并整备周围区域的情况下，根据区域冻土预测来严格控制开发地带的自然条件（包括冻土条件）的变化，从而对俄罗斯北极地区进行开发和保障地区内的自然与技术综合体的生态可持续性。

5.3.3 保护海洋生物资源

为对俄罗斯北极地区的海洋与沿岸带进行最优化的经济利用和保护生物多样性，在进行功能区划时必须综合考虑自然条件、生物多样性特征、在大规模生态系统过程中的参与情况、开发程度和自然资源利用的潜力。广阔的自然保护地带对于保护生物资源最为重要，在这些地区，由于存在沿岸冰外的冰间湖和浮冰边缘，以及群岛沿岸带有利于形成大规模的海鸟筑巢地、鳍足类动物栖息地和北极熊繁殖地，因此生物的多样性程度高。为了了解在全球气候变化影响下在这些区域的北极生态系统中发生的过程，必须在对环境状况进行综合监测的常驻科学试验场进行定期生物学和海洋学的调查研究。

由俄罗斯联邦级和区域级特殊自然保护区系统保护生物资源，其中包括禁伐禁捕区、自然遗址、自然公园和资源保留地。建立自然保护区的方式有多种，因此不同地区最常采用的保护区类型也不同。例如，摩尔曼斯克州更多的是自然遗址，而萨哈（雅库特）共和国更多的是资源保留地。地区级别的自然保护区的问题是大多缺乏用于保护的资金和人员。在某些情况下，这些保护区域被科研组织和社会组织接管。例如，“北极圈”禁伐禁捕区被莫斯科国立大学的白海生物站接管。

国际鸟盟（BirdLife International）公布的国际级鸟类关键区域是生物资源保护系统的重要部分。在俄罗斯，由俄罗斯鸟类保护联盟公布国际级关键鸟类区域。俄罗斯北极地区境内分布着 79 个国际级鸟类关键区域。北极的海岸带成为众多鸟类物种的筑巢地，很多种群沿着海岸带迁徙。岛屿和沿岸带的岸边崖壁上分布着鸟类群栖地。在迁徙前的换羽期，水禽失去了飞翔能力，难以抵御食肉动物的捕食，这时它们会利用海洋的浅水区。对于一生都在北极度过的物种来说，在寒冷期时，冰缘和大型永久性冰间湖区域对它们来说非常重要。

北极地区的国际级关键鸟类区域的面积约为 27 万 km^2，其中大多数位于偏远和交通困难地区。在一些地方，当地居民捕猎猛禽进行非法贸易、春季狩猎和采集鸟蛋等盗捕盗猎行为威胁着鸟类的生存。

北极地区约一半的国际级关键鸟类区域都不同程度地作为现有的特殊自然保护区的一部分受到保护。但是同时，依然有非常宝贵和有价值的地带处在保护范围之外。

作为旨在改善人类社会与自然环境相互关系的措施体系，环境保护的内容不仅包含保护和优化人类生存环境的途径，也包含合理利用各类自然资源的问题，环境保护的这两个方面彼此紧密相关。防止自然综合体的资源潜力和生态潜力遭到破坏或者减损，是环境保护在当前的主要方向。

在环境保护措施体系中，划分出两个主要方面：①通过停止或者限制在陆域和水域的经济开发或经济活动以保留动植物基因库，以及总体上保护作为自然环境样板的景观等方式来保护环境；②在利用自然资源过程中保护环境（合理利用自然资源）。

落实第一个方面的基础是法律规定的各现有特殊自然保护陆域和水域系统的保护级别，包括以下主要类型：国家自然保护区、国家自然公园、联邦级禁伐禁捕区，还特别划分出世界自然遗产区域。在特殊自然保护区域中，国际级的生物圈保护区占据优先地位，除了保护本国某地区的动植物基因库，生物圈保护区的法定功能还包括监测生物圈的状态。

对已经被人为改变的景观区域，不仅要采取保护措施，还要采取措施恢复其自然的生态潜力。改变最严重的景观（景观的个别组分甚至完全损毁）集中在工业化和城市化区域（城市和工业点），在这些地方，需要采取极复杂和高成本的工程（技术和工艺）措施，以预防和减少向水体和大气排放的有害物质的数量，还要制定旨在保护或者恢复受损景观的综合规划和措施。

俄罗斯联邦政府于2014年4月15日以第326号政府决议批准了《俄罗斯联邦2012～2020年国家环境保护规划》。改善生态环境、保护稀有和濒危动植物物种、发展特殊自然保护区域成为优先任务。

目前，俄罗斯参与了环境保护领域的大约100项国际协议。在完善自然保护区系统和保护世界自然与文化遗产方面的国际合作最有成效。

世界遗产委员会曾声明，在《世界遗产名录》中收录的所有自然与文化遗产都是整个人类的无价之宝，其中任何文化或自然遗产的坏变或消失都会使世界各国的遗产枯竭。1972年在巴黎召开的联合国教育、科学及文化组织大会通过了《保护世界文化和自然遗产公约》。

俄罗斯于1988年加入《保护世界文化和自然遗产公约》。截至2016年，《世界遗产名录》中收录了11个俄罗斯自然遗产，位于俄罗斯北极地区境内的弗兰格尔岛是其中之一，2010年，普托拉纳高原列入《世界遗产名录》。

特殊自然保护区域的另一个联合模式是国际生物圈保留地网。协调生物圈保留地的设立和运行的国际机构是联合国教育、科学及文化组织的“人与生物圈计划”（1971年实施）国际协调理事会。在全世界范围内和该计划的所有参与国范围内，1995年在塞维利亚（西班牙）召开的第二届国际大会上通过的《塞维利亚战略》目前是用于发展整个生物圈保留地网的基础性文件。从2001年开始，自然保护区和国家公园都被列为俄罗斯的生物圈保留地。

保护全世界的湿地被视为保持生活质量甚至是某些国家的原住民赖以生存的最重要

条件之一。正因如此，湿地被划定为需要在国际层面上加以特殊保护的单独类别的自然地物。

俄罗斯于 1975 年加入《国际湿地公约》。目前，该公约的管辖范围涉及俄罗斯的 35 个湿地，总面积 1070 万 hm^2，其中，大部分的国际重要湿地位于特殊自然保护区域（自然保护区、国家公园和禁伐禁捕区）内。

发现和保护在保护俄罗斯和世界红皮书中收录的稀有和濒危鸟类物种工作中发挥关键作用的地段，以及鸟类的大型群栖地是《俄罗斯鸟类关键区域专项规划》的主要内容，该规划由俄罗斯鸟类保护联盟制定并于 1994 年实施。

已经发现了 649 个这样的区域并且获得国际鸟盟的承认，这些区域的总面积超过 60 万 km^2。

最近几年，北极熊保护项目、白鹤种群恢复项目、麝牛引进项目是在俄罗斯北极地区境内落实的最成功的项目。

20 世纪 70 年代中期，泰梅尔半岛比卡达-恩古奥马河河口和弗兰格尔岛开始试验再次引进过去曾在这里栖息的麝牛。到 2000 年，极地乌拉尔内形成了独立生存的麝牛种群。同时，捷尔皮艾-图姆斯半岛、勒拿河河口、哈坦加湾的大别吉切夫岛以及因迪吉尔卡河下游乔库尔达赫镇地区也形成了自然生活的麝牛种群（Чибыев，2010）。

1996 年 10 月，萨哈（雅库特）共和国的布伦区从泰梅尔半岛引进第一批麝牛（24 头六个月大的牛犊）。从泰梅尔半岛共迁移了 101 头麝牛，形成了 4 个有生存能力的种群：布伦种群、阿纳巴尔种群、别吉切夫种群和阿莱哈种群。2012 年，萨哈（雅库特）共和国的麝牛数量超过 1000 头。

1997 年，一个麝牛群在亚马尔半岛落户。在冻原带进行的麝牛再驯化总体上是成功的，物种数量得到增加并且可以逐渐自由放养。

俄罗斯地理学会开展了大量的保护珍稀动物物种工作。在北极熊项目（粗略估计为 2.5 万头）框架下对俄罗斯北极地区的北极熊进行了研究。北极海域海冰面积的缩小使北极熊更多的时间是在沿岸带和岛屿上度过，这使得北极熊失去了向其主要捕食对象——在海冰上栖息的海豹靠近的机会。调查范围包括北极熊的巴伦支海种群和楚科奇-阿拉斯加种群，2014 年开始在泰梅尔沿岸带开展工作。项目合作单位包括海洋哺乳动物理事会、俄罗斯北极国家公园、泰梅尔自然保护区以及俄罗斯科学院谢韦尔佐夫生态与进化研究所。

俄罗斯地理学会从 2013 年开始支持旨在研究和保护海象不同亚种的海象项目。俄罗斯水域内生活着三个海象亚种，分别是大西洋亚种、拉普捷夫亚种和太平洋亚种。大西洋亚种和拉普捷夫亚种已列入《俄罗斯联邦红皮书》。太平洋亚种被认为是渔业物种，楚科奇自治区的原住居民可以在限额内捕猎。大西洋亚种生活在人类经济活动极活跃的地方，因此最易受到伤害。太平洋亚种的数量稳定在约 20 万头水平上。被研究最少的拉普捷夫亚种约有 3000 头，海象面临的主要威胁包括栖息环境改变、工业生产使栖息环境受到污染、惊扰动物的因素增多和盗捕盗猎。

俄罗斯地理学会从 2010 年开始支持旨在研究白鲸的种群结构、数量和季节性分布情况的白鲸项目，白鲸已经成为制定和实施合理利用俄罗斯北极海域生物资源、监控北极地区生态系统状况的标志性物种。根据越夏场地的位置，白鲸种群分为 29 个局域群，其中约 12 个群分布在俄罗斯水域（约 240 头）。项目合作单位包括海洋哺乳动物理事会、俄罗斯科学院谢韦尔佐夫生态与进化研究所、俄罗斯科学院海洋研究所、国立捕鱼船队设计院、阿尔汉格尔斯克市和哈巴罗夫斯克（伯力）市的飞行大队。

5.4 本章小结

本章深入探讨了俄罗斯北极地区的保护及其开发战略。北极地区对俄罗斯具有极高战略价值，这里不仅蕴藏着丰富的矿产资源，还拥有潜在的生物资源和科研价值。然而，俄罗斯北极地区的自然生态环境极为脆弱，气候变化的敏感性和诸多极端气候事件的频发使得该区域的生态环境面临着巨大风险。

本章首先分析了俄罗斯北极地区的脆弱性，特别是气候变化对其水文现象的影响。汛水、洪水、冰坝和冰塞洪水与增水型洪水等危险水文现象在该地区时有发生，这些现象不仅对当地居民的生活构成威胁，也对区域生态系统的稳定性造成了严重影响。同时，冰川和积雪的融化、地震活动、气候灾害、温室气体排放以及自然火灾等也都是该地区面临的重要环境问题。

其次，在讨论俄罗斯北极地区的脆弱性之后，本章进一步分析了开发活动可能会给该地区带来的风险。生态安全风险、环境污染风险、技术风险以及航道风险都是在开发俄罗斯北极地区时要重点关注的问题。为了应对这些风险，相继提出了一系列保护性开发战略，包括制定特殊的自然资源利用制度、自然环境保护制度，以及监测环境污染情况等措施。

此外，本章还强调了提高自然生态环境可持续发展的重要性。其中包括引进环保型技术、改革经济结构、合理利用生产废弃物、减少对环境的人为影响以及重建和保护生态系统。明确了保护俄罗斯北极地区的生物多样性和生态系统的多样性对于维持全球生态平衡的重要意义。

最后，本章讨论了保护海洋生物资源的重要性，并提出一系列措施来实现这一目标。其中包括建立和完善自然保护区系统、参与国际合作、实施环境保护规划以及保护国际级鸟类关键区域等。

通过本章得出的结论，可以发现俄罗斯北极地区的保护与开发需要一个综合性的战略，这个战略应当平衡经济发展和生态保护的综合需求，以确保俄罗斯北极地区的可持续发展。同时，必须采取有效措施，减少对俄罗斯北极地区这一脆弱生态系统的负面影响，以充分利用其为人类社会带来的巨大利益。

参考文献

丛晓男. 2019. 俄罗斯北方海航道发展战略演进: 从单边管控到国际合作. 欧亚经济, 4: 44-59.

范纯. 2012. 风险社会视角下的俄罗斯核电安全. 俄罗斯东欧中亚研究, 6: 14-22.

封帅. 2016. 利基航线, 俱乐部物品与北方海航道开发战略转型的路径选择: 一个中方视角. 俄罗斯研究, 1: 79-103.

郭培清, 杨楠. 2020. 论中美俄在北极的复杂关系 . 东北亚论坛, 29(1): 26-41.

何奇松. 2010. 气候变化与北极地缘政治博弈. 外交评论: 外交学院学报, 27(5): 113-122.

贺正军, 王兆明, 范兴燕, 等. 2022. 俄罗斯北极油气勘探形势与未来合作展望. 中国石油勘探, 27(6): 54-62.

胡永乐, 史卜庆, 范子菲, 等. 2020. 世界油气勘探开发与合作形势图集. 北京: 石油工业出版社.

李江海, 刘仲兰, 王洛. 2016. 北极地区大地构造图说明书. 北京: 地质出版社.

李立凡. 2015. 俄罗斯战略视野下的北极航道开发. 世界经济与政治论坛, 6: 62-73.

李连祺. 2012. 俄罗斯北极资源开发政策的新框架. 东北亚论坛, 21(4): 90-97.

李泽红, 姜曙光, 董锁成, 等. 2021. 俄罗斯北极地区资源优势与中俄北极资源合作对策. 干旱区资源与环境, 35(5): 169-174.

刘恩然, 窦洋, 辛仁臣. 2017. 俄罗斯北极地区前寒武纪岩相古地理特征. 沉积与特提斯地质, 37(2): 68-76.

刘新华. 2009. 试析俄罗斯的北极战略. 东北亚论坛, 18(6): 63-69.

马艳玲. 2010. 北极旅游 安全面临新挑战. 中国海事, 12: 69-70.

王冠, 陈涵如, 王平, 等. 2020. 俄罗斯环北极地区地表径流变化及其原因. 资源科学, 2: 346-357.

王淑玲, 王铭晗, 邵明娟, 等. 2016. 俄罗斯大陆架地质调查及矿产资源开发利用现状. 中国矿业, 25(11): 28-34.

张江河, 张庆达. 2021. 对极地地缘政治走势的新探析. 吉林大学社会科学学报, 61(5): 120-132.

张侠, 刘玉新, 凌晓良, 等. 2008. 北极地区人口数量、组成与分布. 世界地理研究, 17(4): 132-141.

朱燕, 王树春. 2021. 新版俄罗斯北极政策: 变化、原因及特点. 中国海洋大学学报 (社会科学版), 5: 46-57.

Anisimov O, Reneva S. 2006. 永久冻土与变化的气候: 俄罗斯的前景. 李娜, 译. AMBIO —人类环境杂志, 35(4): 169-175.

Alekseev G, Smirnov A V, Pnyushkov A, et al. 2022. Changes in freshwater content in the arctic basin, sea ice cover reduction and warming in the arctic. Vestnik RFFI, doi: 10.22204/2410-4639-2022-114-02-51-66.

Andreeva E N. 1998. The Russian arctic coastal zone management problems: past lessons and new realities. Ocean & Coastal Management, 41(2-3): 237.

Antrim C L. 2011. The Russian Arctic in the Twenty-First Century, Arctic Security in an Age of Climate Change. Cambridge: Cambridge University Press.

Daniels F J A, Bültmann H, Lünterbusch C, et al. 2000. Vegetation zones and biodiversity of the north-American arctic. Berichte der Reinhold-Tüxen-Gesellschaft, 12: 131-151.

Dobretsov N, Pokhilenko N. 2010. Mineral resources and development in the Russian Arctic. Russian Geology and Geophysics, 51(1): 98-111.

Kharchenko S. 2019. Automatic recognition of exogenic landform types on the arctic terrain using spectral geomorphometric variables (example of the European part of the Russia) . 19th International Multidisciplinary Scientific GeoConference SGEM2019, Informatics, Geoinformatics and Remote Sensing, 19(2.1): 785-791.

Komkov N I, Selin V S, Tsukerman V A, et al. 2017. Problems and perspectives of innovative development of the industrial system in Russian arctic regions. Studies on Russian Economic Development, 28(1): 31-38.

Kotlyakov V M, Dyakova A M, Koryakin V S, et al. 2010. Satellite image atlas of glaciers of the world. Glaciers of Asia: U.S. Geological Survey professional paper 1386–F-1: Glaciers of the former Soviet Union. Glaciers of Asia.

Liu C Y, Fan H M, Dang X J, et al. 2020. The Arctic policy and port development along the Northern Sea Route: Evidence from Russia's Arctic strategy. Ocean & Coastal Management, 201: 105422.

Sergunin A, Gjrv G H. 2020. The politics of Russian arctic shipping: evolving security and geopolitical factors. The Polar Journal, 10(2): 251-272.

Stepanov I, Makarov I, Makarova E, et al. 2023. Climate change and challenges to sustainable development in the Russian arctic. Climatic Change, 176(4): 39.

Walker D A, Raynolds M K, Daniels F J A, et al. 2005. The circumpolar arctic vegetation map. Journal of Vegetation Science, 16(3): 267-282.

Yermolaev O P, Mukharamova S S, Maltsev K A, et al. 2018. Geographic information system and geoportal? River basins of the European Russia? IOP Conference Series Earth and Environmental Science, 107(1): 012108.

Zolotukhin A, Gavrilov V. 2011. Russian Arctic petroleum resources. Oil & Gas Science and Technology–Revue d'IFP Energies Nouvelles, 66(6): 899-910.

Абрамченко В В, и др. 2017. Национальный Атлас Арктики. Москва: АО Роскартография.

Александрова В Д. 1977. Геоботаническое районирование Арктики и Антарктики. Ленинград: Наука.

Алексеев Г В, Священников П Н. 1991. Естественная изменчивость характеристик климата Северной полярной области и северного полушария. Ленинград: Гидрометеоиздат.

Алексеевский Н И, Добролюбов С А, Тикунов В С. 2013. Российская Арктика в XXI веке: Природные условия и риски освоения. Москва: Феория.

Акимова А В, Березнер О С, Дорожкина Л А, и др. 2013. Государственный доклад «Осостоянии и использовании минерально-сырьевых ресурсов Российской Федерации в 2012 году». Минерал-Инфо, 324.

Астафьев В А, Самойлова И Ю, Макаров О А. 2013. Характеристика воды реки Лена и здоровье населения республики Саха (Якутия). Бюллетень Восточно-Сибирского научного центра СО РАМН, 6(94): 97-101.

Балыкин П А. 2011. Насущные вопросы российского рыболовства. Известия ТИНРО, 165: 56-64.

Банщикова Л С. 2004. Анализ динамики заторов льда по обобщенным графикам уровней воды. Санкт-Петербург: Гидрометеоиздат. Сборник работ по гидрологии, 27: 154-162.

Берлянт А М, Дронов В П, Душина И В, и др. 1989. География: Справочные материалы: книга для учащихся среднего и старшего возраста. Москва: Просвещение.

Богоявленский В И, Лаверов Н П. 2012. Стратегия освоения морских месторождений нефти и газа Арктики. Морской сборник, 6: 50-58.

Боков В Н, Клеванцов Ю П, Рожков В А. 1993. Оценки межгодовой изменчивости скорости ветра над морем. Известия РАН. Физика атмосферы и океана, 29(3): 253-289.

Бочарникова А В. 2017. Коренные народы и особо охраняемые природные территории: Опыт соуправления природными ресурсами. Москва: ЦС КМНС.

Бредихин А В, и др. 2013. Российская Арктика в XXI веке: Природные условия и риски освоения. Москва : Феория.

Бузинов Р В, Парфенова Е П, Гудков А Б, и др. 2012. Оценка эпидемической опасности почвы на территории Архангельской области. Экология человека, 4: 3-10.

Воронина С А, Порфирьев Б Н, Семикашев В В, и др. 2017. Последствия изменений климата для экономического роста и развития отдельных секторов экономики Российской Арктики. Арктика: Экология и экономика, 4(28): 4-17.

Герасимова М И, Хитров Н Б. 2012. Сопоставление результатов диагностики почвенных разрезов по трем классификационным системам. Почвоведение, 12: 1235-1243.

Григоренко Ю Н, Маргулис Л С, Новиков Ю Н, и др. 2007. Морская база углеводородного сырья России и перспективы ее освоения. Нефтегазовая геология, Теория и практика, 2.

Добрышман Е М. 1980. Динамика экваториальной атмосферы. Ленинград: Гидрометеоиздат, 288.

Дружинин Н И, Шишкин А И. 1989. Математическое моделирование и прогнозирование загрязнения вод суши. Ленинград: Гидрометеоиздат, 389.

Елизаров В В. 2014. Демографическое развитие России и ее регионов: Общее и особенное. Уровень жизни населения регионов России, 1(191): 57-72.

Жуковина М Г. 2019. Об экологической безопасности Северного морского пути. Полярные чтения на ледоколе «Красин», 626-631.

Журавель В П. 2018. Арктика как постоянно развивающееся многомерное пространство. Арктика и Север, 31: 62-79.

Иллиес Й, Тиле Г У, Тобиас В, и др. 1988. Экологические очерки о природе и человеке. Москва: Прогресс, 640.

Ипполитова Н А. 2017. Минеральные ресурсы Сибири и их использование. Интернет-журнал“Науковедение”, 9(4): 11.

Карнович В Н, Кулешова Т В. 1984. Прогноз максимальных уровней воды при заторах льда на Северной Двине.

Метеорология и гидрология, 12: 111-113.

Комарова В Л. 1964. Флора СССР. Москва: Наука, 262.

Курлович Л Е, Спирина А Г. 2004. Притундровая леса на территории республика Саха (Якутия). Лесное хозяйство, 6: 11-13.

Львович М И. 1963. Человек и воды: Преобразование водного баланса и речного стока. Москва: Географгиз, 568.

Магомедова М А, Морозова Л М, Эктова С Н, и др. 2006. Полуостров Ямал: растительный покров. Тюмень: Сити-пресс, 392.

Михаил Б, Анна В. 2019. Перспективы и неопределенности развития Северного морского пути. Морские порты, 6.

Молчанов В П, Акимов В А, Соколов Ю И. 2011. Риски чрезвычайных ситуаций в Арктической зоне Российской Федерации. Москва: ВНИИ ГОЧС, 299.

Моргунов Б А, Мельников Б П, Тамбиев С Б. 2011. Консультативное совещание по разработке международной программы «Партнерство Российской Федерации и Глобального экологического фонда по устойчивому управлению окружающей средой в Арктике в условиях быстро меняющегося климата» («Арктическая повестка-2020»). Российские полярные исследования, 2(4): 35-36.

Осокин Н И, Сосновский А В. 2014. Пространственная и временнáя изменчивость толщины и плотности снежного покрова на территории России. Лёд и Снег, 4(128): 72-80.

Полянин В С, Шиловский О П. 2017. Геология России. Часть 2. Подвижные пояса неогея: учебное пособие. Казань: Казан, ун-т, 152.

Романенко Ф А, Харченко С В. 2022. Кистории геоморфологического картографирования Арктики. Геоморфология, 53(1): 3-25.

Слуковский З И, Денисов Д Б, Даувальтер В А, и др. 2023. Озёра города Мурманска: гидрологические, гидрохимические и гидробиологические особенности. Апатиты: ФИЦ КНЦ РАН, 174.

Секретарева Н А. 2004. Сосудистые растения Российской Арктики и сопредельных территорий. Москва: Товарищество науч. изд, КМК, 129.

Семенов Б А, Цветков В Ф, Чибисов Г А, и др. 1998. Притундровые леса европейской части России: природа и ведение хозяйства. Архангельск, 1998: 332.

Семенов И В, Сиско Р К, Петров Л С, и др. 1985. Атлас Арктики. Москва: Издательство ААНИИ и ГУГК, 204.

Скрябин С З, Караваев М Н. 1991. Зеленый покров Якутии. Якутск: Кн, изд-во, 172.

Судариков В Н. 2012. Геология и минеральные ресурсы Мирового Океана. Оренбург: ОГУ, 139.

Тахтаджян А Л. 1978. Флористические области Земли. Ленинград: Наука, 247.

Тимофеева Л А, Фрумин Г Т. 2015. Проблемы нормирования качества поверхностных вод. Ученые записки, 38: 215-229.

Толмачев А И, Юрцева Б А. 1960. Арктическая флора СССР. Ленинград: Наука, 102.

Телишевский Д А. 1986. Комплексное использование недревесной продукции леса. Москва: Легкая промышленность, 261.

Филиппович Н Я. 1972. Полюс холода: Верхоян. метеорол. станция и ее история. Ленинград: Гидрометеоиздат, 72.

Чалов Р С, Плескевич Е М, Баула В А, и др. 2001. Русловые процессы и водные пути на реках Обского бассейна. Новосибирск: РИПЭЛ плюс, 298.

Чибыев В Ю. 2010. Ондатра аласных экосистем Лено-Амгинского междуречья. Якутск: Издательство ЯГУ, 131.